August V.T. Spies

Reminiscenzen von Aug. Spies

Seine Rede vor Richter Gary, sozialpolitische Abhandlungen, Briefe, Notizen

August V.T. Spies

Reminiscenzen von Aug. Spies
Seine Rede vor Richter Gary, sozialpolitische Abhandlungen, Briefe, Notizen

ISBN/EAN: 9783743684386

Hergestellt in Europa, USA, Kanada, Australien, Japan

Cover: Foto ©Suzi / pixelio.de

Weitere Bücher finden Sie auf **www.hansebooks.com**

With Compliments

"There will be a time when our silence will be more powerful
than the voices you strangle to-day."

Reminiscenzen

— von —

AUG. SPIES.

Seine Rede vor Richter Gary, Sozialpolitische Abhandlungen, Briefe, Notizen, ꝛc.

Uebersetzt und redigirt von Albert Currlin.

Preis: Broschürt 50 Cents, gebunden $1.00.

1888.

Herausgegeben von Frau Christine Spies,
(Mutter von Aug. Spies)
154 Bryson-Str., Chicago, Ill.

Vorwort.

———

„Die Zeit wird kommen, wenn unser Schweigen mächtiger sein wird, als die Stimmen, welche Sie heute erdrosseln"...... in Befolgung dieser prophetischen, an der Schwelle von Leben und Tod gesprochenen, sicher in nächster Zukunft in Erfüllung gehenden Worte, ist das vorliegende Werkchen veröffentlicht worden. Dasselbe entstammt mit nur geringer, dem Leser leicht erkenntlichen Ausnahme, der Feder unseres e r m o r d e t e n Freundes selbst.

Die ersten vier Abschnitte sind aus dem Englischen in's Deutsche übertragen, während der fünfte Abschnitt: „Produkte seiner journalistischen Thätigkeit," eine Reihe, zu propagandistischem Zwecke auserlesener Artikel, die Spies während seiner mehrjährigen Thätigkeit als Redakteur der „Arbeiter-Zeitung" verfaßte, enthält. Diesem schließen sich von unserem Freunde während seiner Gefängnißhaft geschriebene „Plaudereien" an, den Schluß bildet die Schilderung der „letzten Stunden" des Agitator's. Im „Anhang" findet der Leser die letzten an Mutter, Schwester und Gattin geschriebenen Briefe, ein „Fragment," Sympathie — resp. Beileidsbeschlüsse der „Central Labor Union" von Chicago und die Pittsburger Proklamation der J. A. A. Das Ganze giebt ein getreues, wenn auch weniger in Detailschilderungen sich ergebendes Bild, von dem idealen Streben, der agitatorischen Thätigkeit, dem Wollen und Können des fähigen, unermüdlichen und selbstlosen Arbeiterführers und Freundes der Armen und Unterdrückten.

Ja, u n e r m ü d l i c h und s e l b s t l o s! — Ich betone dies besonders deshalb, weil selbst noch während der Prozeßkomödie, als die g e s e t z l i c h e Ermordung von Spies und Genossen eine längst beschlossene Sache war, Staatsanwalt G r i n n e l l, mit offenbarer Zustimmung des Richters G a r y, zu den gemeinsten Mitteln der Verläumdung griff. Um die Geschworenen zu beeinflussen? — O nein, an diesen war nichts mehr zu beeinflussen, sie wußten was ihre Aufgabe war. Die Beeinflussung, welche mit Hülfe einer corrupten Presse auch erfolgreich war, galt der ununterrichteten, nichtdenkenden, gegen alles Neue vorurtheilsvollen Volksmasse.

„Diese Menschen haben keine Prinzipien. Aus selbstsüchtigen, gemeinen Motiven hetzten sie das Volk auf, um im Trüben fischen zu können;" echote Grinnell der famosen „Grand-Jury," welche unsere Freunde des Mordes anklagte, nach. Keine Prinzipien? — Elende Verläumder, die ihr seid! Giebt es edlere, höhere Prinzipien, als diejenigen, für welche die Ermordeten lebten, kämpften und starben? „Tod der Ausbeutung des Menschen durch den Menschen, der Corruption, Willkür und Prostitution!" war ihr Feldgeschrei. Sie strebten die ökonomische Unabhängigkeit und dadurch die individuelle Freiheit und Glückseligkeit eines J e d e n, die Wohlfahrt und die Menschwerdung A l l e r, an.

Für geringen Lohn und wenig Anerkennung verrichtete S p i e s Jahre lang eine wahre Herkulesarbeit. Gehaßt von den Gegnern, verkannt von Freunden und Bekannten; oft nicht verstanden, stets bemäkelt und nicht selten verläumdet und verfolgt von den eigenen Gesinnungsgenossen — heute „Hosianna!" morgen „Kreuzige ihn!" —

das war sein Loos. Geistig begabt, mit reichem Wissen ausgestattet, energisch, thätig, unbestechlich, opferwillig; stets ein mitfühlend Herz für Anderer Leiden, eine offene Hand für Arme und Unglückliche — das waren seine hervorragenden Charakterzüge. Und wer sind Diejenigen, welche Spies und Genossen verläumdet, ihrem Streben unlautere Motive unterschoben haben? Lohnschreiber, Advokaten ohne Praxis, Berufs= resp. Beutepolitiker, Pfaffen, Land= und Geldwucherer, Volksbetrüger und Arbeiterausbeuter! Lauter Elemente, die bar alles idealen Strebens, nur die Uebervortheilung und Unterdrückung ihrer Nebenmenschen im Auge habend, zu den gefährlichsten der menschlichen Gesellschaft zählend, noch zu allen Zeiten die Verachtung aller wahrhaft Großen und Guten herausgefordert haben. Sie waren die Verfolger, Ankläger, Richter und Henker!

Welches Interesse sie daran haben konnten, Spies und Genossen aus dem Wege zu räumen? — Leset dieses Buch mit Aufmerksamkeit und Ueberlegung und Ihr werdet finden, daß die Vergewaltigten rastlos und furchtlos bemüht waren: einestheils das Laster zu entlarven, die Corruption anzubranden, den Volksbetrug bloszustellen, den Verrath an der Freiheit zu brandmarken; anderentheils die Masse aufzurütteln, sie zu organisiren, zu belehren, zu revolutioniren, sie kampffähig zu machen. Mit Ausnahme vielleicht von der Stadt New York, sind die Arbeiter in keiner Stadt dieses Landes besser organisirt, klassenbewußter, muthiger gesinnt, noch haben sie durch Agitation und Organisation größere materielle Vortheile errungen, als hier in Chicago. Und dies ist zum großen Theil das Verdienst von Spies und Genossen!

Was Wunder also, daß sie den ächten, unverfälschten Haß des Geldpöbels und dessen Trabanten auf sich gezogen haben? Diese haben nur ein Ideal — ihren Bauch! nur einen Gott — ihren Geldsack! Wer sich gegen sie versündigt, sie gefährdet, ist ein „Feind der bestehenden Ordnung," ein „gemeingefährlicher Mensch," ein „Verbrecher" der unschädlich gemacht werden muß! Und zu dem Klassenhaß der Kapitalisten gesellte sich für Spies auch noch der Privathaß Einzelner, die er in seiner Eigenschaft als Redakteur der „Arbeiter=Zeitung" bloßstellte, sie moralisch auspeitschte. Hier nur ein Beispiel dieser Art: Im Jahre 1883 beschloß die Verwaltungsbehörde der öffentlichen Schulen von Chicago, ein, einem gewissen E. S. Dreyer, Bankier, gehörendes Grundstück zum Preise von $32,000 zu kaufen. Spies erhielt die Mittheilung, daß der „ehrbare" Mr. Dreyer kurze Zeit vorher den Versuch gemacht habe, dasselbe Grundstück zu dem verhältnißmäßig hohen Preise von $17,500 loszuschlagen. Eine Untersuchung dieser Angelegenheit brachte Spies zu der Ueberzeugung, daß der Mr. Dreyer im Begriff stand, im Bunde mit einigen „Volksvertretern," das Volk von Chicago um $14,500 zu berauben. Eine Bloßstellung des Schwindels folgte und mit dem „Geschäftche" war's aus. Der Leser wird es nun leicht begreiflich finden, daß dieser um seine Beute gebrachte Geldjude Dreyer Spies' Todfeind wurde.. — Nun, dieser Mr. Dreyer war Mitglied und leitender Geist derselben Grand=Jury (Groß=Geschworenen), welche Spies und Genossen des Mordes anklagte. Giebt dies nicht zu denken?!

Kein Zweifel, Spies und seine Kameraden wurden ermordet, weil sie „gefährliche Menschen" waren — — gefährlich den plündernden und schändenden Polizeihauptleuten, den „krummen," diebischen Politikern, den räuberischen, volksfeindlichen Geldprotzen! — —

„Wie es sich mit der Heumarktbombe, dem Tode des Polizisten Mathias Degan verhält," fragst Du geneigter Leser? Dir soll Auskunft werden. — Die am Abend des 4. Mai auf dem Heumarkt abgehaltene Bürger=Versammlung, war durchaus gesetzlichen, friedlichen und ordnungsmäßigen Charakter's. Dieselbe war von Gewerkschaften zu dem Zwecke einberufen worden, um gegen die Tag's zuvor ausgeübten Polizei=Morde, gegen die Brutalität der Polizei im Allgemeinen, zu protestiren.

Die Redner befleißigten sich, nach übereinstimmender Zeugenaussage, einer durchaus gemäßigten Sprache. Carter Harrison, der damalige Mayor von Chicago, machte vor Gericht die beschworene Aussage, daß die Versammlung friedlichen Charakters gewesen und daß er, als Höchst-Commandirender der Polizei, dem dienst-thuenden Polizei-Inspektor Bonfield den Befehl ertheilt habe, die für Eventualitäten bereit stehenden Polizeimannschaften zu entlassen. Was that aber dieser Bonfield? Er wartete bis Mayor Harrison vom Schauplatz verschwunden war, und kommandirte dann, entgegen dem ausdrücklichen Befehl seines Vorgesetzten, 200 schwerbewaffnete Polizisten nach dem, nur einige hundert Schritte von der Polizeistation gelegenen Ver-sammlungsplatz ab; um, wie der Befehl des Kapt. Ward lautete, „die Versammlung auseinander zu treiben.‟ Muß sich nun hier nicht jedem denkenden Menschen die Frage aufdrängen — wie kam Bonfield dazu, ohne irgend welchen Grund und entgegen dem Willen von Mayor Harrison, 200 Polizisten auf eine friedliche Bürger-Versammlung zu hetzen und entgegen seiner Instruktion, den Bestimmungen der Staats- und Bundes-Gesetze, diesen Bürgern eines ihrer heiligsten Rechte zu rauben? Ist da nicht Grund zur Annahme vorhanden, daß Bonfield in „höherem Auftrage‟ handelte? Sicher, dieser Lohnmörder würde nicht gewagt haben, seinem Vorgesetzten zu trotzen, die Staats- und Bundes-Gesetze zu übertreten, hätte er nicht gewußt, daß sein Schicksal in den Händen der ihm günstig gesinnten Mächtigen ruhte. Zu erwähnen ist hier noch, daß Ober-Prätorianer Bonfield kurz vor dem Polizei-Riot zu einem Chicagoer Bürger sagte: „Hätte ich nur einmal 3000 dieser Lumpen-Hunde (womit er die sozialistisch ge-sinnten Arbeiter meinte) beisammen, ohne daß sie ihre Weiber und Kinder bei sich hätten, dann würde ich kurzen Prozeß mit ihnen machen......‟ Und wer waren diese „Mächtigen,‟ in deren Auftrag Bonfield handelte? Es waren die, durch die „Bürger-Association‟ vertretenen Geldprotzen Chicago's. Ihnen war die von den Ermor-deten geleitete Agitation ein Gräuel, die Arbeiterbewegung ein Gräuel, die Achtstunden-Forderung ein Gräuel! Sie wollten Ruhe haben um jeden Preis — in Ruhe das Volk berauben, in Ruhe ihren Raub verprassen! Somit sind die eigentlichen Anstifter des Heumarktblutbades in den Reihen der Monopolisten zu suchen und der Mann, welcher die Schandthat zur Ausführung brachte, war Mr. Bonfield!

Mr. Bonfield befindet sich aber heute noch in Amt und Würde; schwingt heute noch seinen Knüppel zum Schutze von „Gesetz und Ordnung.‟

Es ist eine unbestrittene und nicht zu bestreitende Thatsache, daß die Heumarkt-Versammlung gesetzlichen und friedlichen Charakters war; daß die daselbst versammelten Bürger eines ihrer heiligsten, durch die Constitution der Ver. Staaten garan-tirten Rechte ausübten und daß die Versammelten demzufolge nicht nur berechtigt, sondern auch verpflichtet waren, unter allen Umständen und mit allen ihnen zu Gebote stehenden Mitteln, die Eingriffe in ihre Rechte zurückzuweisen. „Freie Männer,‟ „Bürger einer Republik,‟ die sich von Polizisten, ihren bezahlten Dienern, ohne sich zu vertheidigen, ihre Rechte schmälern oder rauben lassen, verdienen den Spott der Ty-rannen, den Knüppel der Büttel, die Verachtung aller Muthigen und Braven!

Das Recht der Selbstvertheidigung ist heilig, unantastbar — Bonfield und seine bewaffneten Horden waren die Angreifer — der Bombenwurf geschah, falls aus der Volksmenge kommend, in Selbstvertheidigung! Würde in diesem Lande Frei-heit und Gerechtigkeit bestehen, dann wäre Bonfield des Mordes angeklagt und schuldig befunden, und dem unbekannten Bombenschützen der Dank der Nation ausgesprochen worden. Denn nur seiner muthigen That ist es zu verdanken, daß nicht statt 7 mör-derischer, hochverrätherischer Polizisten, 200—300 gute Bürger ermordet worden sind.

Daß der Bombenwerfer bis auf den heutigen Tag noch nicht entdeckt wurde, ist allgemein bekannt; ich stehe jedoch von der Erörterung dieses Umstandes ab, da ja Spies und Genossen nicht wegen des Bombenwurfes, sondern wegen der angeblichen „intellektuellen Urheberschaft" desselben, prozessirt und e r m o r d e t worden sind.

„Intellektuelle Urheberschaft"...... welche teuflische Niedertracht schließt die juristische Bedeutung dieser beiden Worte nicht in sich, wenn in Ausübung gebracht im Dienste der Gewaltigen, zur Verfolgung und Unterdrückung der um Freiheit ringenden Menschen!

Dieses Gesetz der „intellektuellen Urheberschaft" steht im Widerspruch mit der Geschichte dieses Landes, dem Geiste der Verfassung, den Bestimmungen unserer Constitution, der Wohlfahrt dieser Republik; ist volksfeindlich, verbrecherisch, teuflisch!

Hier die Beweise: In der Unabhängigkeits=Erklärung — der prinzipiellen Grundlage dieser Republik — heißt es: „Wenn eine lange Reihe von Mißbräuchen und Anmaßungen ohne Unterlaß zu dem einzigen Zwecke, das Volk unter die Botmäßigkeit des Despotismus zu bringen, verfolgt worden ist, hat das Volk nicht nur das Recht, sondern auch die P f l i c h t, die Regierung zu stürzen und sich für seine künftige Sicherheit andere Einrichtungen zu schaffen."

Wie vermag man nun solch' eine despotische Regierung zu stürzen? Doch sicher nur durch Agitation, Conspiration und Rebellion. Das Gesetz der „intellektuellen Urheberschaft" macht aber das Agitiren geradezu zu einem mörderischen Beruf, der eventuell mit einem sog. schimpflichen Tod bestraft wird; macht es somit zum Verbrechen, wenn Bürger dieses Landes kraft der Unabhängigkeits=Erklärung ihre Pflicht zu erfüllen bestrebt sind. Ich will dies an einem Beispiel näher erläutern: In diesem Lande hat die Räuberei der Monopolisten, die Corruption der Politiker, die Parteilichkeit der Richter, solch' gefahrdrohende Dimensionen angenommen, daß es jedem freien Mann, jedem Freund des Volkes zur doppelten Pflicht wird, gegen diese Uebelstände laut zu protestiren, das Volk vor der ihm drohenden Gefahr zu warnen. — Eine Organisation, eine dem Bestehenden oppositionelle politische Partei wird geschaffen. Dieselbe wird durch die „krummen" Praktiken der Politiker am Stimmkasten betrogen, von den Behörden chikanirt, ihre Versammlungen durch die Polizei hintertrieben resp. vergewaltigt. Da steht ein mutiger Mann, ein wahrer Freund der Freiheit und des Volkes auf, protestirt mit Donnerstimme gegen die Schandthaten der Reichen und fordert das Volk auf, dem hochverrätherischen Treiben der Letzteren ein Ziel zu setzen. Mit der Unabhängigkeits= Erklärung und der Constitution in der Hand, weist er nach, daß das Versammlungsrecht, das Stimmrecht, die Rede= und Preßfreiheit, unantastbar, unveräußerlich sind; daß es deshalb die heiligste Pflicht des Volkes ist, diese freiheitlichen Einrichtungen mit Gut und Blut zu schützen — da beginnt in der Versammlung zerstreute Pinkerton's resp. Geheimpolizisten Skandal, die in der nächsten Polizeistation bereit stehenden Polizisten rücken an, um die Versammlung gewaltsam auseinander zu treiben. Die Stöße und Hiebe fallen hageldicht auf die Schultern und Köpfe der „freien Bürger" — Einer derselben, erfahrener, vorsichtiger, muthiger wie die Anderen, schleudert — in Selbstvertheidigung oder in Vertheidigung der constitutionell garantirten und bedrohten Rechte — eine Bombe unter die mörderischen, rebellischen Polizisten, das Wurfgeschoß explodirt und tödtet zwei, zehn, fünfzig der Blauröcke. Die herrschende Klasse schnaubt Rache, läßt durch ihre Büttel den Redner, den Vorsitzer, überhaupt alle „gefährlichen Elemente" der Opposition verhaften, des Mordes anklagen, prozessiren und kraft der „intellektuellen Urheberschaft" **gesetzlich** zum Tode verurtheilen. Dadurch fügt die herrschende Klasse den Verbrechen der Volksberaubung, Corruption und Constitutionsschändung, auch noch die

der brutalen Gewalt und des vorbedachten, gemeinen Mordes, bei. Die Volksführer werden gehenkt, kunstgerecht erwürgt, weil sie ihre Bürgerpflicht erfüllten und
ihre Mitbürger aufforderten, dasselbe zu thun. Die Besten des Volkes sind ermordet, die
Schlechten triumphiren!

Und solch' eine juristische Schusterei sollte eines freien Volkes würdig, sollte
Gerechtigkeit sein?! — Hohngelächter der Hölle!! Ich wiederhole: — Das „Gesetz" der
„intellektuellen Urheberschaft" ist eine Schmach für diese Republik, ein Verstoß gegen den
Geist unserer Verfassung, ein Damoklesschwert für das um seine Befreiung ringende
Volk. Und vermittelst dieses schändlichen „Gesetzes" drehte man unseren Freunden den
Strick!

„Aber Spies und Genossen haben nicht nur agitirt und organisirt; sie haben auch
das Volk aufgefordert sich zu bewaffnen," wirft man hier ein. Ei, sicher haben sie dies
gethan, und zwar wiederum in Erfüllung ihrer Bürgerpflicht......„Das Recht
Waffen zu tragen soll dem Volke nicht genommen werden,"
besagt die Constitution der Ver. Staaten!

Gewalt sollen sie gepredigt haben? Dies ist nicht wahr! Sie sagten dem Volke nur
was da kommen könnte, kommen würde; schilderten demselben den bösen, gewaltthätigen
Charakter der herrschenden Klasse und ermahnten es, auf seiner Hut zu sein. „Bewaffnet
Euch, mit wirksamen, modernen Waffen, damit Ihr im Stande seid, den gewaltthätigen Uebergriffen von Oben, einen mächtigen Widerstand von Unten
entgegenzusetzen." Das waren ihre Lehren. Und hierzu waren sie gesetzlich berechtigt,
ja, als gute Bürger verpflichtet.

Waren sie nicht Sozialisten resp. Anarchisten? — Zweifellos waren sie dies.
Aber solange als in den Ver. Staaten die Gewissensfreiheit constitutionell garantirt ist,
kann Niemand rechtmäßig wegen der Verkündung einer neuen Lehre bestraft, oder
gar zum Tode verurtheilt werden. Das Geschrei der Gegner daß „Anarchie" kein Prinzip
enthalte, sondern nur die „Lehre von der Vernichtung, Zerstörung, der Gewalt" sei, ist
absurd, böswillig, erlogen. Anarchie ist das Gegentheil von Zwangs-Autorität,
Tyrannei, und bedeutet auf gut deutsch — Freiheit, Ordnung und Humanität! Eine eingehende Erklärung von Sozialismus und Anarchismus findet der Leser
speziell in dem 4. Abschnitt dieses Werkchens.

Somit steht fest, daß die ermordeten oder im Kerker schmachtenden Anarchisten sich
weder gegen die Constitution der Ver. Staaten vergangen, noch sich eines sonstigen
Verbrechens schuldig gemacht haben; womit nicht gesagt sein soll, daß es unbedingt ein
Vergehen sein muß, wenn man die Gesetze übertritt. Im Gegentheil, noch jede große,
gemeinnützige That, mußte in Uebertretung der Gesetze und herrschenden Bräuche
ausgeführt werden. Ich stimme diesbezüglich mit einem meiner alten stockamerikanischen
Freunde überein, der da sagt: „Ich bin ein gesetzliebender Mann; aber verdammt will
ich sein, ehe ich mich durch irgend ein Gesetz an der Ausübung einer guten volksbefreienden That hindern lasse!"

Freilich muß man dann auch gewärtig sein, daß man dafür verfolgt, lebenslänglich
eingekerkert, geköpft, oder „am Halse aufgehängt wird, bis man todt ist."

Die Akteure in dem Anarchisten-Drama wissen so gut wie Schreiber dieser Zeilen,
daß unsere Freunde keine gemeinen Verbrecher, keine Mörder waren. Sie wurden
durch die Büttel der Geldprotzen vergewaltigt und vernichtet, weil sie die aufrichtigen und
muthigen Freunde der Armen und Unterdrückten waren; weil ihre unerschrockene
Agitation den Reichen gefährlich wurde, diesen Angst und Schrecken einjagte. Die aus
Besorgniß um ihren Raub toll gewordenen Geldprotzen ordneten die Ermordung
von Spies und Genossen an — aus Geschäftsrücksichten, zur Stillung ihres Rachedurstes!

Das Ganze war weiter nichts, als ein lange vorbereiteter diabolischer Gewaltakt, begangen von den Vertretern e i n e r an den Vertretern einer a n d e r e n Gesellschaftsklasse. Die Freunde der acht Männer hätten deshalb auch weniger auf die Dirne Justitia, die Düfteleien der Advolaten, als auf die eigene Thätigkeit, die r e a l e Macht, bauen sollen. Die im Dienste der Reichen stehende Justiz wird stets und unter allen Umständen ein verdammendes Urtheil gegen die ehrlichen Repräsentanten des arbeitenden Volkes abgeben. Ihr Bernf ist es ja gerade, die Privilegien der Besitzenden zu schützen, sie heilig zu sprechen; verkenne man dies nie!......

Mitschuld an dem Verbrechen vom 11. November tragen in erster Linie die deutschamerikanischen Kapitalistenblätter, die leitenden Geister der Arbeits-Ritter und des Nord-Amerikanischen Turnerbundes, sowie eine große Anzahl von sog. Gesinnungsgenossen, jämmerliche Schwätzer und Schreihälse, die sich früher aus irgend einem — oder auch aus keinem! — Grund, „Anarchisten" und „Revolutionäre" nannten. Hier die Beweise: Die deutsch-amerikanische Presse hat nicht nur seit Jahren das Vorurtheil und den Haß der „Yankees" gegen die, ihrer Mehrzahl nach aus Deutsch-Amerikanern bestehenden Sozialisten resp. Anarchisten a u f g e s t a c h e l t, sondern sie hat sich auch während des Prozesses ebenso verrätherisch wie feig gegenüber ihren angeklagten „Landsleuten" benommen. Wären Spies, Lingg, Engel, Fischer, Neebe und Schwab Irländer gewesen, würden sie, wenn überhaupt, nur zu leichter Strafe verurtheilt worden sein. Hätte die deutsche Presse dieses Landes nur halbwegs ihre Pflicht gethan, der M o r d wäre nie verübt worden.

Und die Turner und „Ritter?" Haben sie ihre Schuldigkeit gethan? Spies war ein thätiges, gut stehendes Mitglied der Ersteren, Parsons der Letzteren. Ein Hauptprinzip der beiden Vereinigungen ist die „Brüderlichkeit," „kameradschaftliches Benehmen." Wenn ein Turn= oder Ritterbruder in Noth, ist es seinen Kameraden zur Pflicht gemacht, ihm beizuspringen, ihn zu beschützen. Geschah dies im Falle von Spies und Parsons? Nein! Das Wenige, was von einer kleinen Schaar B r a v e r geschah, wurde gethan entgegen dem Willen der „O b e r =Turner" und „O b e r =Ritter." Man wird hier einwenden, die Turner hätten nichts mit dem „Anarchismus" zu thun. Phrasen, leeres Stroh! Es handelte sich für sie nicht um den Anarchismus, sondern um ihr Mitglied S p i e s. Und diesem konnte damals ebensowenig wie heute, irgend welche Unehrenhaftigkeit nachgewiesen werden. Schlimmsten Falles war er ein p o l i t i s c h e r, aber kein gemeiner „Verbrecher!" Und was waren seiner Zeit die Gründer der amerikanischen Turnerei?!..... ......

Und nun zu dem wundesten Punkt—zu den direkten und indirekten Verräthern an den eigenen Genossen. Vor dem 4. Mai spreizte sich jene Sippschaft gleich einem Pfau und schmückte sich mit den schönsten freiheitlich schillernden Federn. Sie waren die „Ritter ohne Furcht und Tadel," die „unerschrockenen Kämpfer für Freiheit und Recht;" waren stets mannsfertig im Falle der Gefahr die Redner in Ausübung ihrer constitutionellen Rechte „mit ihren Leibern" zu decken, prahlten immer mit ihrer Todesverachtung, wenn es gelte den Vergewaltigungsversuchen der Geldprotzen gegenüber zu treten, hatten nur Spott und Hohn für die „irischen Knüppelhelden," die „spindeldürren MilizJungens." Und wenn sie erst einmal Dynamit gesehen, eine Bombe berührt hatten.... das mußte unverzüglich am Biertisch erzählt, in der Stadt herumgeklatscht werden. Schwadroneure, Renommisten, selbstgefällige Klaqueure!

Und nach dem 4. Mai, als ihre Kameraden eingekerkert waren und die heute herrschende „Ordnung" in ihrer scheußlichsten Form sich zeigte? Die Willkür und Brutalität der Polizei nackt ging und der Geldpöbel Orgien feierte? Wo waren jene Schwätzer da? Zerstoben, verschwunden, unsichtbar! Und nicht Wenige derselben trifft der Vorwurf, daß sie während des Prozesses und bis zum 11. November 1887 ihr Bestes versuchten die Arbeiter einzuschläfern, die Braven zu entmuthigen, um einen Befreiungsversuch resp. eine „tolle That" des Volkes zu verhindern. Die große Masse der Arbeiter war muthig, begeistert und opferwillig. Nicht so das Gros der sog. „Führer," die offiziellen, an der Krippe sich mästenden „Sozialisten" und „Anarchisten" — ein knochen- und markloses Gemisch, nicht näher zu bezeichnender Elemente, die durch die Explosion vom 4. Mai an die Oberfläche geschleudert worden waren, oder deren hyänenartige Natur sie instinktmäßig dazu trieb, sich an dem Unglück Anderer zu mästen. O, daß ich jene feigen Heuchler, Schleicher und Schufte nie hätte kennen lernen! Sie waren die schlimmsten Feinde der „Achte," Verräther an ihren Genossen und Prinzipien.................

Es war die Central Labor Union resp. die in derselben vertretenen Gewerkschaften, unter Leitung von Männern wie Neebe, Mittag, Poch, Schmiedinger, Urban, Zeller, Belz, Benthin u. A., welche durch ihren Muth und ihre Thatkraft es ermöglichten, daß die von der Polizei unterdrückte „Arbeiter-Zeitung" wieder erscheinen, ein Widerstand gegen die Polizeibrutalität geschaffen werden konnte. Es waren hauptsächlich Mitglieder genannter Körperschaft, einfache Arbeiter, welche dem ersten Rufe des wackeren Dr. Ernst Schmidt folgten und ein Vertheidigungs-Comite organisirten. (Die sog. „besseren Elemente" der Arbeiter-Bewegung zeigten sich erst, nachdem die Gefahr nicht mehr so groß war und der Ruhmesschimmer in der Ferne winkte.) Hierdurch wird auch die Lüge Grinnell's und gewisser „Arbeiter-Führer" festgenagelt, daß unsere Genossen keine Arbeiter resp. keine Repräsentanten des Proletariats gewesen seien. Im Uebrigen verweise ich auf die im „Anhang" enthaltenen Sympathie-Bezeugungen der Central Labor Union von Chicago, aus welchen klar hervorgeht, was die hiesigen Arbeiter über unsere Ermordung und deren Ermordung denken.

„Menschen sterben, Prinzipien sind unausrottbar.".............Was haben unsere Gegner, die volksfeindlichen Monopolisten, mit der Ausführung des fünffachen Bluturtheils erreicht? Haben sie die Arbeiter einzuschüchtern, die Arbeiter-Bewegung zu hemmen, den revolutionären Geist der letzteren auszurotten vermocht? Ist der Sozialismus resp. Anarchismus erdrosselt, todt? Das Gegentheil ist der Fall! Die Arbeiter-Bewegung ist heute mächtiger, zielbewußter und einheitlicher als je. Diese Gewaltthat der Kapitalisten hat uns von vielen Krakehlern und anderen schlimmen Elementen befreit, und viel dazu beigetragen, die so schädlichen Reibereien und gegenseitigen Anfeindungen, sowie die lächerliche Prinzipienreiterei, aus den Reihen der denkenden Arbeiter zu verbannen. Die Letzteren sind zu der Einsicht gelangt, daß die Situation eine ernste, der Feind ein rücksichtsloser und gewaltthätiger ist, dem das kämpfende Proletariat in geschlossener Phalanx gegenübertreten muß, wenn es nicht unterliegen soll. —

Ihr habt aber doch fünf unserer Besten ermordet, sie auf „schimpfliche Weise" um's Leben gebracht — — ? Thoren, die Ihr seid! Menschen sterben, Prinzipien leben fort! Und der „schimpfliche Tod," erlitten für ehrliche Ueberzeugung, im Kampfe für Wahrheit und Recht, ist die höchste Weihe, welche Denjenigen verliehen werden kann, die sich einen Platz im Pantheon der Menschheit erobert haben. Aus den Reihen der Revolutionäre, der Rebellen, gingen noch stets die Gefeiertsten der Unsterblichen hervor! Den jüdischen Agitator Jesus Christus hat Eure Klasse vor ungefähr 1900 Jahren unter Hohn und Spott an's Kreuz geschlagen; heute preist Ihr ihn als Euren Erlöser, verehrt Ihr ihn als „Gottes Sohn." Wer weiß, ob nicht Eure Kinder schon der Niedertracht der Väter fluchen werden..........Vielleicht hat Mr. Grinnell selbst noch Gelegenheit zu bereuen, daß er, den Juden nachäffend, in seiner am Schluß des „Anar-

chisten-Prozesses" gehaltenen Blutrede den Geschworenen in bezeichnender Weise zurief:
„Ihr Blut komme über uns und unsere Kinder!" Sei dem, Euer
Wunsch werde erfüllt! Sicher ist — das arbeitende Volk wird weder je der Mörder
noch seiner Märty er vergessen; die soziale Revolution zieht trotz Kerker und Galgen siegreich ihre Bahnen weiter; sie wird in nicht allzuferner Zeit Befreierin, Richterin
und Rächerin sein! — „'s ist der Geschichte eh'rnes Muß!"

Vorläufig aber hat die wahre Menschlichkeit leider noch Ursache, in Hinblick auf
die Ermordung von Spies, Parsons, Engel, Fischer und Lingg, in den
tief erschütternden poetischen Schmerzensschrei mit einzustimmen, den Lenau über das
Märtyrium des Reformators Savonarola ausstößt und der da lautet:

> „O Menschen, Menschen, arge Thoren!
> Weh euch! was habt ihr hier gethan!
> Wer giebt zurück, was ihr verloren,
> Was ihr zerstört in eurem Wahn?!
>
> Ihr habt den freundlichen Genossen,
> Der eures Jammers sich erbarmt,
> Das treuste Herz habt ihr verstoßen,
> Und wisset nicht wie ihr verarmt!
>
> Was hilft es, daß die Sonne scheinet
> Und daß die Erde lustig blüht:
> Der es so gut mit euch gemeinet
> Wenn er zu Asche hier verglüht?
>
> Ja! wenn ein Herz der Frühling hätte,
> Er finge laut zu klagen an
> Vor seinem heißen Todesbette,
> Den er euch nicht ersetzen kann.
>
> Nun mögen euch die Wälder rauschen,
> Die Frucht ist süß und kühl ihr Dach,
> Dem Sang der Vögel mögt ihr lauschen,
> Mögt laben euch am frischen Bach.
>
> Den grünsten Wald habt ihr zerrüttet
> Der Schatten euch und Frucht gereicht;
> Den reinsten Quell habt ihr verschüttet,
> Den hellsten Vogel fortgescheucht. — —
>
> Doch kann der Henkerstod nicht bannen
> Das Wort der Märtyrer, es fliegt
> Aus Flamm' und Rauch, gestärkt von dannen
> Tönt mächtig fort und fort—und siegt!
>
> Vergebens hat er nicht gestritten
> Den harten, ruhelosen Streit,
> Und nicht umsonst hat er gelitten
> Und sich dem Märtyrtod geweiht.
>
> Nicht also treulos wird erfunden,
> Die Menschheit je, so kümmerlich,
> Daß allen Herzen unempfunden
> Ein Gotteshauch vorüberstrich.
>
> Die Wahrheit siegt, die Feinde wanken,
> Herein der Menschheit Frühling bricht;
> Er weht dem Volk, dem müden, kranken,
> Genesungsluft in's Angesicht."

Albert Currlin.

Inhalt.

			Seite
	Vorwort.		
1. Abschnitt:	Autobiographische Skizze,	. . . .	1
2. "	Als Redakteur der „Arbeiter Zeitung",	. . .	12
3. "	Rede gehalten vor Richter Gary,	. . .	44
4. "	Die Achstunden = Bewegung und der Polizei Riot auf dem		
	Heumarkt,	. . . . .	25
5. ."	Was ist Sozialismus und was ist Anarchismus?	.	63
6. "	Produkte seiner journalistischen Thätigkeit,	. .	74
7. "	Plaubereien,	. . . . .	138
8. "	Die letzten Stunden,	. . . .	163
9. "	Anhang,	. . . . .	170

Autobiographische Skizze.

„Barbaren, Wilde, unwissende und ungebildete Anarchisten von Mittel=
Europa, Männer, die den Geist unserer freien amerikanischen Institutionen nicht
zu fassen vermögen!" — — solch ein Mann bin ich!

Mein Name ist August Vincent Theodor Spies, ich wurde im Jahre 1855
in Deutschland auf dem Gipfel des Landecker Berges in der unmittelbaren Nähe
der Ruinen der alten Raubritter=Burg Landeck geboren. Mein Vater war ein
Förster; das Forsthaus war ein Regierungsgebäude und diente — nur in anderer
Form — demselben Zwecke, zu dem vor einigen Jahrhunderten das alte Schloß
benutzt worden war.

Die edlen Raubritter, deren Spuren an den alten hinterbliebenen Ruinen
noch zu erkennen, sind verschwunden und haben der mehr civilisirten und weniger
gefährlichen Art des Raubes und der Ausbeutung, wie sie von den heutigen
Regierungen, in den neuen prachtvollen Gebäuden ausgeführt wird, Platz
gemacht. Allein, obwohl das Volk die alten übrig gebliebenen Ruinen noch immer
mit „Raubschloß" bezeichnet, sieht es doch mit ganz anderen Gefühlen zu den
neuen Regierungsgebäuden, in denen es täglich, ja stündlich ausgeraubt wird,
empor; ja; ich glaube es würde für diese „gesetzlichen" Institutionen sein Herzblut
vergießen!

Welch ein Unterschied zwischen diesen „Barbaren" und dem gebildeten
amerikanischen Volke! Heiße die Amerikaner kämpfen für die Erhaltung unserer
räuberischen Handels=Einrichtungen, heiße sie für die „gesetzlichen" Unterneh=
mungen der Handels=Magnaten, Eisenbahn=Könige und Fabrikherrn in den
Kampf ziehen — sie werden, ich fürchte, viel eher dem Rufe folgen, als die
„Barbaren von Mittel=Europa, die den Geist unserer freien amerikanischen
Institutionen nicht zu verstehen vermögen!"

Die große Mehrzahl des amerikanischen Volkes kennt nicht den ernsten Sinn
der Wahrheit, der in den folgenden Worten eines ausgezeichneten Philosophen
und Dichters enthalten ist:

> „Was von den Vätern Dir als als Erbschaft überkam —
> Mußt Du erwerben, willst Du es besitzen!"

Historisch betrachtet, ist mein Geburtsort ein recht interessantes Fleckchen
Erde und mag dies als Entschuldigung gelten, daß ich gerade diesen Platz aus=
erwählte, um darauf geboren zu werden. Ich gebe zu, daß ich den Irrthum

nicht begehen, nicht als „Fremder" hätte geboren werden sollen. Möglich, daß ich diesen fatalen Streich nicht begangen hätte, wenn ich schon vor meinem Eintritt ins Leben mit der Macht der Vorsehung begabt gewesen wäre. Ich hätte dann wissen können, daß ich im Begriffe stand, ein monströses Verbrechen zu begehen — ein Verbrechen, das 30 Jahre später in Chicago mit dem Tode bestraft werden soll. Ich würde dann gewußt haben, daß der Gott der Christen, in seiner unerforschlichen Weisheit, durch einen jüngsten Entschluß die Sache so arrangirt hat, daß fortan alle guten Menschen in Amerika, unter den Schutzzoll der „Ver. Monopole" geboren werden...... Da mir aber das Gefährliche des Unternehmens nicht bekannt war, stolperte ich eben gedankenlos, ohne zu wissen was ich that, auf die Bühne des Lebens. Ich offerire dies jedoch nicht als Milderungsgrund, verdamme auch nicht solche weise und intelligente Männer, wie Grinnell und d e s s e n Geschworenen welche sind, weil sie zu hängen beabsichtigen werthlose Missethäter, die nicht einmal Verständniß für die Wahl ihres Geburts= orts an den Tag legten.* Die Gesellschaft muß sich gegen Verbrechen. solcher Art zu schützen wissen!

Doch, zurück zum Schlosse Landeck. Folge mir dahin, Leser, an einem schönen, klaren Sommertag. Wir steigen auf den Thurm hinauf. Sei aber achtsam, sonst fällst Du über Schutthaufen! Dies hier!? O, dies ist nur ein Stück einer alten Folter, wir fanden es einst mit mehreren häßlich aussehenden Instrumenten in einem unterirdischen Gange, sie wurden dazu benutzt, um „Ordnung" unter den Opfern zu halten...... Doch weshalb schauderst Du? Die Mittel der heutigen Polizei sind nicht solgrausam und barbarisch, allein sie sind eben so wirksam und dienen demselben Zwecke......

So, jetzt nimm meine Hand, — ich helfe dir auf die Spitze der Ruine, — doch nimm Dich vor den Fledermäusen in Acht! Diese flatternden Freunde der Finsterniß haben große Aehnlichkeit mit den Königen, Pfaffen und Herren, sie ruhen aus im Schatten der „guten alten Zeit" und werden sehr aufgeregt, wenn Du sie aufstörst oder sie dem Lichte aussetzest. Aber auch Ottern hatten diesen Platz zu ihrem Lieblings=Aufenthalte gewählt und drohten Jedem Untergang, der es wagte, seinen Fuß auf diese Denkmäler der Vergangenheit zu setzen; doch wir tödteten sie. Es waren die Gefährten der Fledermäuse und Eulen, und deren Schicksal beunruhigte diese, und brachte sie zu dem Glauben, daß etwas „Fürchter= liches" sich ereignen müsse; daß selbst die Geister der alten „edlen Ritter" und „hohen Damen" zurückkehren und die rohe Ausrottung dieser verehrungswürdigen Reptilien rächen würden, — allein bis jetzt hat sich noch nichts Derartiges ereignet. Ich brauche nicht erst zu bemerken, daß das Werk des Fortschritts durch die Existenz dieses giftigen Gewürms sehr gehemmt wurde; seit dessen Vertilgung haben wir außerordentliche Fortschritte gemacht! — — Du lachst? O, nein! Ich spreche nicht von dem andern Gewürm, woran Du zu denken scheinst! —

---

* Grinnells Hauptargument, grund dessen er eine Verurtheilung wegen Mordes verlangte, war, daß die Angeklagten „Fremde" seien.

Doch hier sind wir auf der Höhe. Eine prachtvolle Aussicht, nicht wahr!? Dort drüben, (westlich) ungefähr eine halbe Stunde von hier, wirst Du eine andere Ruine bemerken, es ist die Burg „Dreieck" und dort, südwestlich, siehst Du in gleicher Entfernung eine andere Burg, „Wildeck."

Jetzt wende Deine Augen dorthin! Sieh' die fruchtbaren Thäler, die prachtvollen Haine und Felder und blühenden Dörfer! Du kannst davon ungefähr ein Dutzend von diesem Berge aus sehen, und glaubst Du, daß alle dieselben und noch andere, welche während des dreißigjährigen Krieges zerstört wurden, den Räubern auf diesen drei Schlössern unterthan und tributpflichtig waren? Ja, die Leute in diesen Dörfern arbeiteten ihr ganzes Leben hindurch vom frühesten Morgen bis in die späte Nacht, um die Truhen der reichen Blutsauger zu füllen, die dafür die Güte hatten, „Ruhe und Ordnung" unter dem armen Volk aufrecht zu halten.

Wenn zum Beispiel einer dieser geknechteten Unterthanen seine Unzufriedenheit über die bestehende Ordnung der Dinge ausdrückte, wenn er es wagte, sich über die schweren, unerträglichen Bedrückungen zu beklagen, dann verlangte „Gesetz und Ordnung," daß er auf eines jener schrecklichen Instrumente, die Du vorhin mit Schaudern betrachtet hast, gespannt und in Gehorsam und Unterwürfigkeit h i n e i n g e f o l t e r t werde. „Die Gesellschaft mußte sich gegen diese Klasse von Verbrechern schützen!" Die edlen Ritter hatten ihre Grinnells, Bonfields, und Pinkertons gerade so gut, wie ihre Nachkommen von heute und obwohl sie diesen an Bildung nachstanden, erfüllten sie ihre Aufgabe doch in wahrhaft wunderbarer Weise. Zur Erreichung ihres wohlthätigen Zweckes hatten dieselben noch nicht einmal die Hülfe einer Chicagoer "Gentlemen jury" nöthig.......

Diejenigen dieser Unterthanen, welche in dem Wahne beharrten, daß es unmöglich der Zweck der Gesellschaft, noch der Wille der Vorsehung sein könne, daß Tausende guter Menschen sich für den Ruhm, die Bereicherung und Verschwendung einiger weniger undankbarer und lasterhafter Schwelger zu Tode arbeiten sollten, wurden auf gräßliche Art hingerichtet.

Kaum 200 Fuß von unserem Standpunkte ist ein senkrechtes Loch, vulkanischen Ursprungs, es ist ungefähr 8 Fuß lang und 3 Fuß breit, seine Tiefe ist unergründlich. Die alten Ueberlieferungen erzählen, daß unzählige junge Mädchen ihr Grab in diesem Loche gefunden haben. Die „edlen" Ritter raubten in den Zeiten der Ordnung und der Ruhe die hübschen Mädchen aus den Dörfern, brachten sie auf ihre Schlösser, unterwarfen sie ihren Lüsten, und wenn sie ihrer überdrüssig waren, oder ein besseres Wild gefangen hatten, dann war der unergründliche Abgrund stets bereit, die Opfer dieser Scheusale aufzunehmen.

O, ich sehe Du schüttelst ungläubig den Kopf; hast Du denn niemals die Bekanntschaft des Abgrundes gemacht, in welchen die edlen Ritter unserer Zeit in den großen Städten ihre Opfer verschwinden lassen? Er ist gräßlicher wie dieser! Es ist der unergründliche Abgrund der — Prostitution!

Du glaubst nicht, daß das Volk solche Gräuelthaten würde geduldet haben?

Mein Freund, Dein rebellisches Gefühl reißt Dich hin! Diese guten Leute
ertrugen diese Schandthaten gerade so ruhig, wie unsere „Gesetz und Ordnung"
liebenden Arbeiter sie heute noch ertragen; und was mit Denen geschah, die sich
widerspenstig zeigten, habe ich Dir ja vorhin erzählt!

Meine Worte machen Dich traurig; aber laß mich Dich auf etwas Anderes
aufmerksam machen. Siehst Du den Thurm zwischen jenen zwei Bergen? An
der Seite dieses Thurmes befinden sich jetzt noch die Ruinen der ersten Kirche, die
zwar in den Zeiten des alten Heidenthums, aber von freien und die Freiheit
liebenden Deutschen gebaut wurde. Der Gründer war Lullus, ein Apostel des
heiligen Bonifacius. Mit dieser Kirche und anderen, die im achten Jahrhundert
gebaut wurden, kam das Gift des orientalischen Kriecherthums, das Evangelium
der Erniedrigung des Menschen, Entsagung und Klosterthum in das Land. Die
alten Cherusker und Katten, die die römischen Adler in den Staub reißen konnten,
vermochten dem gehirnberückenden Gifte von Rom nicht zu widerstehen, welches
sich wie ein furchtbarer Strom aus der unversiegbaren Quelle der christlichen
Kirche über das Land ergoß.

Es ist wahr, die gesunden, klardenkenden Deutschen fielen den frömmelnden
Ideen einer versunkenen und verweichlichten Race nicht leicht zum Opfer, sie
waren niemals gute Christen, wurden jedoch genugsam angesteckt, um das
Bewußtsein ihres Stolzes und ihrer Mannbarkeit auf eine Zeit lang zu verlieren und, als natürliche Folge davon, in's Sklavenjoch zu fallen. — Wenn
das Leben keinen Werth hatte, weshalb dann nach Freiheit streben?! —
Mein Freund, die Ruinen dieser Kirche sind die Denkmäler einer Zeit, welcher
solche Räuberburgen wie diese, auf welcher wir jetzt stehen, ihre Entstehung
verdankten. Das Volk würde dieselben viel früher zerstört haben, wenn nicht
die Priester zwischen ihm und „Gesetz und Ordnung" gestanden hätten. Der
Priester ist ein wesentlicher, unsichtbarer Theil eines Despoten und Unterdrückers,
er ist der verbindende Haken an der Kette zwischen demselben und seinen Opfern.

Diese zwei Ruinen, einst heilig wie die Säulen der gesellschaftlichen Ordnung, sind prophetische Monumente. Männer werden einst auf den Ruinen der
heutigen gesellschaftlichen „Ordnung" stehen und wie Du jetzt, ausrufen: — war
es möglich?! Doch jetzt wende Dich um, verfolge die Bergkette gegen Nordost;
dort am Horizont, wo Erd' und Himmel sich zu vereinigen scheinen, wirst Du
einen grauen Punkt sehen, er sieht aus wie eine kleine Wolke, das ist die Wartburg, dort war es, wo Dr. Martin Luther arbeitete, ein Werkzeug derselben
revolutionären Kräfte, die sich nach und nach in diesen Dörfern entwickelt hatten.

Es ist unsere Gewohnheit, große Vorgänge als das Verdienst einzelner
Männer anzusehen; dies ist immer falsch, und so war es mit Luther. Das deutsche
Volk konnte die byzantinische Philosophie, wie sie in den Lehren des Juden- und
Christenthums enthalten, nicht bewältigen. Die Idee, daß dieses Leben nur
dazu geschaffen sei, um uns durch Leiden zu reinigen und auf ein anderes vorzu-
bereiten, wirkte abstoßend auf den fröhlichen Sinn der Deutschen, und was noch

abstoßender wirkte, war die Erkenntniß, daß Tyrannei und Knechtschaft aus der Saat dieser Lehren erwuchsen und dort, wo einst segenspendende Freiheit gedieh, Wurzeln schlugen und derart um sich griffen, daß Geduld aufhörte, eine Tugend zu sein.

Der rebellische Geist des Volkes, seine Abneigung gegen die Lehre der Selbstverleugnung, welche ihm von der Kirche aufgezwungen ward, wurde von Priestern einige Jahrhunderte hindurch erfolgreich niedergehalten; als aber die Ungerechtigkeiten des Adels und die individuelle Bedrückung dem Volk unerträglich wurden, da brach der lang zurückgehaltene Unwille unaufhaltsam hervor und Luther fand ein fruchtbares Feld. Von der Wartburg rollten die Wogen der Reformation gewaltig weiter, der Westen hatte den furchtbaren Kampf mit dem Osten aufgenommen. Die Liebe zur Freiheit, welche Generationen hindurch in den Herzen der Menschen verschlossen war, brach nun plötzlich hervor, ein reiner, klarer Strom; der magische Bann war gebrochen......

Allein der Adel, obgleich er von dem Joche der römischen Kirche befreit sein wollte, hing zu sehr an dem ihm von derselben gewährten Rechte der Volksausbeutung und widersetzte sich gewaltsam dem auftauchenden Bestreben nach ökonomischer Freiheit; der gewöhnliche Mann mußte sich damit begnügen das religiöse Joch abgeschüttelt zu haben. Luther wurde bald das Werkzeug der verrätherischen Reichen — und kämpfte mit aller Macht gegen das erwachende Volks-Bewußtsein. Er verdammte die treuen Führer des Volkes, besonders den furchtlosen Thomas Münzer und dessen Gefährten auf gehässigere Weise, als er s e l b s t kurz vorher vom Papst verflucht worden war. Und als dann das nach Freiheit dürstende Volk Sensen, Aexte und Heugabeln ergriff und die edlen Ritter von ihren Räubernestern vertrieb, da war es Luther, der eine Verschwörung derselben gegen das Volk zu Stande brachte; alle religiösen Streitigkeiten wurden bei Seite gesetzt und all' die kleinen Tyrannen verbanden sich, um das Volk zu unterdrücken; ob Katholik oder Lutheraner, Alle vereinigten sich zur Unterdrückung der Arbeit. (In Amerika spielt sich heute ein ähnliches Schauspiel ab: Republikaner und Demokraten „umarmen sich gleich Nectar und Ambrosia," wo immer die Arbeit um ihre Befreiung ringt.) Selbstverständlich, das Volk war nichts weiter als eine Bande von Mordbrennern und Verschwörern! Vernehme was Thomas Münzer sagte:

„Sehet hier, die ihr die Hefe in die Suppe des Wuchers seid — Diebe und Räuber sind die Großen, die Herren; sie nennen Alles ihr Eigenthum — die Fische im Wasser, die Vögel in der Luft und die Produkte des Bodens fallen ihnen zur Beute; und dennoch predigen sie dem Armen das Gebot Gottes vor „Du sollst nicht stehlen!" Dies gilt aber nicht für sie selbst. Sie berauben den armen Landmann und Arbeiter, bis ihm nichts mehr übrig bleibt, und wagt derselbe dann seine Hand an die „heiligen" Gegenstände zu legen, dann wird er gehängt, und der Lügen-Doctor sagt: Amen! Diese Herren sind selbst daran schuld, daß der Arme sie haßt; Die Ursache der Rebellion wollen sie nicht beseitigen, wie können sich dann die Dinge zum Bessern ändern? Wenn ich dies sage, bin ich ein Aufrührer — möge es so sein!" — Nein, diese Worte wurden nicht im Gerichtshofe des famosen Gary gesprochen! Du bist im Irrthum, Leser, die Sprache ist nicht mehr neu, sie ist bereits 400 Jahre alt, und der Mann, der sie gebrauchte, war in seinem Rechte; er legte die heilige Schrift aus und sagte, daß sie nicht allein die Seligkeit verheiße, sondern auch die Gleichheit und Brüderlichkeit der Menschen auf dieser Erde befehle. Die Größen der „Ordnung und des Gesetzes" enthaupteten ihn dafür.

Die Rebellen waren zuerst siegreich, allein sie waren zu schwach gegen die vereinigten Kräfte ihrer Unterdrücker. Am Fuße dieses Berges wurden sie besiegt. Dort unten, wo Du den großen Stein, umgeben von mächtigen Eichen, siehst, wurde die Schlacht für die Freiheit geschlagen und verloren.... Nein, nicht verloren! sondern nur unterbrochen durch den temporären Sieg der Feinde.

Der Geist der Reformation war der „ewige Geist des freien Gedankens" und nichts war im Stande, sein Fortschreiten zu hindern; Folterqualen und Gefängnisse waren nutzlos. Im Gegentheil! das Blut der Märtyrer entzündete die Flammen der Freiheit, bis sie von Land zu Land flogen, überall auf ihrem unaufhaltsamen, siegreichen Fluge das Feuer der Unzufriedenheit bei den Unterdrückten anfachend.

Diese Ruinen legen noch immer Zeugniß ab von ihrer fürchterlichen Gewalt! Die größte, denkwürdigste That dieses aufrührerischen und gesetzlosen Geistes war jedoch die Eröffnung der neuen Welt. Die Reformation gebar den jungen Riesen „Amerika;" sie gab England einen Cromwell und Frankreich einen Richelieu; ihre gährenden Kraft trieb die Hugenotten von Frankreich und die Puritaner von England; hätte die Reformation ihr Haupt nicht erhoben und wären ihre Anhänger nicht so verfolgt worden, die ersten Ansiedler des Westens würden als gute, gesetzliebende Bürger in Frankreich und England geblieben sein. Allein die Gesellschaft mußte vor diesen „gefährlichen Elementen" beschützt werden und sie zogen es vor, über den Ocean zu fliehen, um nicht als Opfer ihrer vorgeschrittenen Ideen zu fallen.

Die Reformation, mein Freund, die gerade hier ihren Anfang nahm, in dem Lande, wo vier Jahrhunderte später die „barbarischen Anarchisten" geboren wurden, „die den Geist der freien amerikanischen Institutionen nicht zu fassen vermögen," brach nieder die feudale Schranke, welche den Fortschritt verhinderte. Ein dreißigjähriger Krieg, der das Land in eine Wüste verwandelte, errang es, daß die Freiheit des Gedankens und der Grundsätze sowohl wie auch wissenschaftliche Forschungen nicht länger als religionsfeindlich unterdrückt werden konnten. Das „gute, gesetzliebende" Volk zeigte sich als fanatischer Gegner Derer, die diesen Wechsel forderten, und Ströme von Blut flossen, ehe ein Resultat erreicht war. Wohin auch immer Du Deine Augen wendest, triffst Du auf Ruinen, auf Zeugen des schrecklichen Krieges, der noch nicht beendet — des Krieges für menschliche Emancipation und Freiheit: in ökonomischer, politischer und religiöser

Hinsicht! Jede dieser Ruinen ist ein Meilenstein an dem Wege des gesellschaft=
lichen Fortschritts! Zu unseren Füßen liegt der in der Geschichte berühmte Weg,
auf welchem Napoleon's siegreiche Armeen, sehr gegen den Willen ihres „großen
Kaisers," den Samen der „Freiheit, Gleichheit und Brüderlichkeit" bis in den
fernen Osten trugen und dort für die in Blindheit lebenden, bedrückten und
getretenen Millionen eine neue Zukunft eröffneten; ja, selbst jetzt noch zeitigt
jener Samen gute Früchte. Rußlands Gefängnisse, Galgen und Sibirien sind
sprechende Zeugen! Nun Freund, ehe wir uns weg wenden von diesem geschicht=
lichen Rückblick, laß uns noch einen Blick werfen in den Spiegel der letzten 1000
Jahre — verfolge aufmerksam den Weg, der von jener Kapelle zu diesem
Schlosse, von hier zu der Wartburg und von der Wartburg zu jenem Schlacht=
felde dort unten und von dort zu diesen Ruinen führt; dann folge ihm nach
England, Frankreich und Amerika, folge ihm bis zu diesem Tage und dann sage
mir, ob Du nicht in den Spiegel der Zukunft blickst! — Du thust es!!

Ich habe mich lange damit aufgehalten, meinen (barbarischen) Geburtsort
zu beschreiben, doch während ich dieses that, beleuchtete ich in großen Zügen die
Geschichte von tausend Jahren. Der gegenwärtige Stand der Gesellschaft ist nur
das Resultat des Kampfes während dieser und vorhergehender Perioden — ja, —
des Kampfes! — „Du kannst die Welt nicht reformiren, wenn Du sie mit dem
wohlriechenden Oel der Rose besprengst," sagt Mirabeau und die Geschichte
bestätigt seinen Ausspruch; denn noch in keiner Zeit haben die Beherrscher und
Unterdrücker unserer Race ihren Griff am Halse ihrer Opfer gelockert, es sei denn,
sie sind dazu gezwungen worden — durch Logik und Argumente? — Nein!!
Blut, köstliches Blut war jedesmal der Preis der Freiheit!

Meine Jahre der Kindheit waren angenehm und heiter. Das Elternhaus,
der Spielplatz und die Schule, waren meine Welt. Wie verschieden davon ist
die Jugend der Kinder der Arbeiter in diesem „großen civilisirten" und, wie Herr
Grinnell sagt, „fortgeschrittenen Lande!" Die Kinder der Armen in diesem
Lande haben keine Jugend, der Frühling des Lebens hat keinen Sonnenschein,
keine Knospen, keine Blumen für sie! Wenn sich ein Zweck in ihrem Dasein
erkennen läßt, so ist es der des „Dienens," um das Leben für Diejenigen, welche
sie in den Staub treten, glücklich und angenehm zu machen! In Deutschland
müssen die Kinder von ihrem 6ten bis zu ihrem 14ten Jahre die Schule besuchen;
jedes Kind in dem „barbarischen Lande" muß also acht Jahre die Schule besuchen
und kann daher nicht „zahlend" gemacht werden, weder von seinen Eltern noch
von den Fabrikbaronen.

In diesem „aufgeklärten" Lande Amerika aber besuchen die Kinder der
Arbeiter die Schule durchschnittlich nur zwei Jahre; sie lernen gerade genug,
um als Maschinen verwendet zu werden und als solche werden sie im zartesten
Kindesalter an die „wohlwollenden und christlichen" Herrschaften vermiethet.
Ihr Lebenssaft, der doch so nothwendig zu ihrer körperlichen und geistigen Ent=
wickelung ist, wird auf diese Weise den unschuldigen Kleinen entzogen und in

Gold für die „Gesetz und Ordnung" liebenden „achtbaren" Bürger verwandelt. Die armen Kinder sterben an Schwindsucht bevor sie entwickelt sind oder verfallen später dem Whiskey in dem Glauben, durch ihn die verlorenen Kräfte wieder zu erlangen. Entgehen sie einem frühen Tode, so enden sie gewöhnlich in einer jener „Wohlthätigkeits=" oder Besserungs=Anstalten, die unter dem Namen Irrenhaus, Zuchthaus und Armenhaus bekannt sind.

Aber wehe dem Frechen, der diese Ordnung der Dinge zu tadeln wagt! Er ist ein Feind der Civilisation und der „Gesellschaft," und diese muß sich gegen solche Verbrecher schützen! — Dann kommt der sternenbebannerte Mephisto, Bonsfield, mit seiner ritterlichen „Garde der Freiheit" — dann kommt der Retter des Staates, Grinnell, mit einer Miene, die einem sycilianischen Räuber Ehre machen würde, — dann kommen die gemietheten Geschworenen und dann kommen die Aasgeier der Gesellschaft; und — uni sono ist der Verdammungsspruch — einstimmig der Schrei: „An den Galgen"!! Die Gesellschaft ist gerettet, die „Freiheit und Ordnung" des Polizei=Knüppels triumphirt! Selah!

Ich beabsichtige nicht zu sagen, daß die Lage der Arbeiter in Deutschland besser sei, als in diesem Lande, aber ich behaupte, daß ich dort niemals solche Leiden, von Entbehrungen herrührend, gesehen, wie hier; außerdem sind daselbst die Frauen und Kinder mehr beschützt.

Ich wurde für den Regierungsdienst (zum Forstfache) erzogen. Als Kind hatte ich Privat=Lehrer, später besuchte ich die polytechnische Schule in Kassel. Plötzlich starb mein Vater und hinterließ eine große Familie in sehr mäßigen Verhältnissen; ich war damals 17 Jahre alt, und da ich das älteste der Kinder war, hielt ich es für meine Pflicht, meiner Familie nicht beschwerlich zu fallen, sondern selbst für meinen Unterhalt zu sorgen. Ich gab mein Studium auf und ging nach Amerika, wo ich eine Anzahl wohlhabender Verwandten wohnen hatte und noch habe. Ich kam 1872 nach New York und erlernte auf den Rath meiner Freunde das Geschäft eines Möbelschreiners. Ein Jahr darauf kam ich nach Chicago und, kurze Unterbrechungen ausgenommen, lebte hier bis jetzt. Einmal hatte ich die Absicht, mich auf dem Lande niederzulassen und arbeitete auf einer Farm, aber ich sah sehr bald, daß die kleinen Farmer und Pächter in einer noch schlechteren Lage wie die Arbeiter der Städte, und ebenso abhängig waren, und kehrte nach der Stadt zurück. Ich reiste auch durch den Süden, um Land und Leute kennen zu lernen und schloß mich einmal einer Expedition nach dem oberen Canada an, die jedoch keinen Erfolg hatte.

Als ich in diesem Lande ankam, wußte ich nichts vom Sozialismus, außer was ich drüben in der Presse, dieser „Volks=Erziehungsinstitution," gelesen hatte und bildete mir daraus die Ansicht, daß die Sozialisten eine Bande unwissender und arbeitsscheuer Vagabunden seien, die „Alles vertheilen" wollten. Da ich in Deutschland nicht viel mit Leuten, die ihren Lebensunterhalt durch ehrliche Arbeit gewinnen mußten, zusammen gekommen bin, war ich erstaunt und erschrocken über die Lage der Lohnarbeiter der neuen Welt. Die Fabrik mit ihren schändlichen

Verwaltungsregeln: Die Ueberwachung, das Spionier-System, die Unterwürfigkeit und der Mangel an Männlichkeit unter den Arbeitern, das anmaßende und verletzende Benehmen der Fabrikherren und deren Mameluken — Alles dieses machte einen tiefen Eindruck auf mich, den ich niemals habe los werden können. Zuerst konnte ich nicht begreifen, wie die Arbeiter, und unter ihnen waren viele alte Männer mit bereits gebeugtem Rücken, schweigend und ohne Zeichen der Entrüstung jede Beleidigung ertrugen, welcher sie unter der Laune ihres Vormannes oder Arbeitgebers ausgesetzt waren. Ich wußte damals noch nicht, daß es eine Gunst war arbeiten zu dürfen, und daß es in der Gewalt der Besitzer der Fabriken und Werkzeuge war, diese Gunst zu verweigern; ich wußte damals noch nicht, wie schwer es ist, Arbeit zu bekommen, ich hatte keine Vorstellung davon, daß Tausende und aber Tausende arbeitsloser Menschen existirten, die bereit waren sich unter beinahe jeder Bedingung zu verdingen; ja, die thatsächlich um Arbeit bettelten! Ich erfuhr dies jedoch sehr bald und wußte dann, warum die Leute so unterthänig waren, und warum sie jede Laune ihrer Herrn und jede Beschimpfung ertrugen!

Persönlich hatte ich keine große Schwierigkeiten mein „Leben zu machen." Ich hatte viele Vortheile vor meinen Mitarbeitern voraus. Ich würde ohne Zweifel ein erfolgreicher Geschäftsmann geworden sein, wenn ich den gewissenlosen Eigennutz hätte, der diese Leute charakterisirt, und wenn ich so wie diese den Hamster zum Vorbilde genommen hätte. (Der Hamster gehört zu der Familie der Ratten und sein einziges Streben ist zu stehlen und zusammenzuraffen; nicht selten werden in seiner Höhle ganze Kornlager entdeckt; seine größte Freude scheint zu sein, „zu besitzen," denn er stiehlt viel mehr als er verbraucht; er gleicht darin den meisten unserer „achtbaren" Bürger, die stehlen ohne Rücksicht auf ihre Verbrauchsfähigkeit. Meine Ansicht war es immer, daß der einzige Zweck des Lebens der Genuß desselben und die vernünftige Anwendung dieser Anschauung die wahre Moral sei; ich glaubte, daß Selbstverleugnung, wie sie von der Kirche gelehrt wird, ein Verbrechen gegen die Natur sei.)

Ich gewahrte nun, daß die große Masse des Volkes ihr Leben in elender Plackerei, begleitet von Entbehrungen und Noth verbrachte, und es war nur natürlich, daß ich nach den Ursachen forschte. Bis zu dieser Zeit hatte ich weder ein sozialistisches Buch noch eine unparteiische Abhandlung über Sozialismus gelesen. War diese Selbsterniedrigung und Selbstkreuzigung des Volkes eine freiwillige, oder war es dazu gezwungen? und wenn so, von wem? —

Ungefähr um diese Zeit, als ich in den Werken Aristoteles blätterte, fiel mir folgende Stelle in's Auge: „Wenn in Zukunft jedes Werkzeug nach Bestimmung oder Befehl seine Arbeit verrichten wird, gerade wie das Kunstwerk des Daedalus, welches sich selbst bewegte, oder wie die beiden automatischen Instrumente des Hephaestos, auf die er sich stützte, wenn er zur Arbeit ging, wenn so die Webestühle ohne menschliche Hülfe das Gewebe erzeugen werden, dann werden wir weder Herren noch Sklaven mehr nöthig haben."

Ist diese, von dem großen Denker lange voraus gesehene Zeit nun nicht
gekommen? Ja, sie ist da! Wir haben nun solche Maschinen.... aber die Herren
und Sklaven sind doch noch da! Das rief in mir die Frage wach: ist der letzteren
Existenz auch nothwendig?

Antiporas, ein griechischer Dichter, der um die Zeit Cicero's lebte, hatte in
gleicher Weise die Erfindung der Wassermühle als Befreier der männlichen und
weiblichen Sklaven begrüßt. „O, diese Heiden!" schreibt Karl Marr, nachdem
er Obiges citirt hat, „sie wußten nichts von politischer Freiheit und Christenthum!
Sie sahen nicht, wie leicht diese Maschinen dazu verwendet werden konnten, die
Stunden der Arbeit zu verlängern und die Lasten der Sklaven zu erschweren.
Sie (die Heiden) entschuldigen die Sklaverei des Einen damit, daß sie die
menschliche Entwickelung eines Andern ermögliche. Aber die Sklaverei der
Massen zu predigen, nur um einzelne rohe, anmaßende Emporkömmlinge zu
„hervorragenden Spinnerei=Besitzern," „wohlhabenden Wurstmachern" und „ein=
flußreichen Schuhwichse=Händlern" zu machen — dazu fehlte ihnen der hierzu
nothwendige, spezifisch christliche Charakter."

Ich glaube es war im Jahre 1875, zur Zeit als die „Arbeiter=Partei von
Illinois" organisirt wurde, als ich mit einem Freunde zum ersten Male eine
sozialistische Versammlung besuchte. Die Rede, welche dort von einem jungen
Arbeiter gehalten wurde, mag in rhetorischer Hinsicht nicht glänzend gewesen sein,
aber der Inhalt derselben war es! — Ich will nur erklären, daß ich mit einem
Male den Schlüssel zu den vielen Fragen gefunden, die mich schon seit so langer
Zeit beschäftigten.

Ich verschaffte mir nun jedes Buch, welches ich über diesen Gegenstand
erlangen konnte: ob gegen oder für Sozialismus kam nicht in Betracht; ich
glaubte, wie so viele rechtdenkende Menschen heute auch glauben, daß die Wahr=
heit nur vor die Oeffentlichkeit gebracht, der Versuch nur gemacht zu werden
brauchte, um jeden guten Mann oder Frau in den Reihen für die gute Sache der
Menschlichkeit zu sehen. In meinem jugendlichen Enthusiasmus vergaß ich
die Erfahrung, die der geschichtliche Fortschritt lehrt, auf diesen Fall anzuwenden.
Allein zu meiner großen Enttäuschung mußte ich bald die Erfahrung machen, daß
die große Masse der Menschen Automaten sind, unfähig zu denken, ohne Selbst=
bewußtsein, einfach Produkte der Gewohnheit. —

>„Denn aus Gemeinem ist der Mensch gemacht,
>Und die Gewohnheit nennt er seine Amme."
>   Schiller.

Nichts konnte mich jedoch entmuthigen; ich fing an, deutsche, französische,
und englische sozial=wissenschaftliche Schriftsteller zu studiren und gewann bald eine
andere Ansicht über diesen Gegenstand. Buckle's „Geschichte der Civilisation,"
Karl Marr' „Kapital" und Morgan's "Ancient Society" haben einen großen
Einfluß auf mich ausgeübt; ich wurde jetzt ein genauer Beobachter jeder sozialen
Erscheinung, und die letzten zehn Jahre waren meinen Bestrebungen sehr günstig;
stets von Neuem fand ich die Ansichten meiner Lehrer bewahrheitet.

Ich glaube es war im Jahr 1877, als ich ein Mitglied der sozialistischen Arbeiter-Partei wurde. Die Ereignisse dieses Jahres, die rohe Gewalt, mit der die vertrauenden und jammernden Arbeiter überall zurückgewiesen wurden, zeigten mir deutlich, daß Widerstand unumgänglich nothwendig sei. Doch dazu gehörte eine feste Organisation. Kurze Zeit darauf schloß ich mich dem Lehr- und Wehr-Verein an. Dieser war eine bewaffnete Organisation von 1500 wohl einexercirten Männern. Sobald unsere Patrizier sahen, daß die „Canaille" sich zur Vertheidigung rüstete, um einer Wiederholung des scandalösen Angriffs von 1877 begegnen zu können, befahlen sie ihren Gesetzes-Agenten in Springfield, (der Sitz der Staatsregierung und Legislatur) sofort den Arbeitern das Tragen von Waffen zu untersagen. Der Befehl wurde befolgt.

Die Arbeiter fingen auch an sich mit Politik, einer unabhängigen Politik, zu befassen, ich selbst war verschiedene Male einer ihrer Candidaten; doch als die Patrizier und deren politische Söldlinge sahen, daß es den Arbeitern gelingen könnte, einige ihrer Candidaten zu erwählen. organisirten sie sofort eine Verschwörung, um die Arbeiter durch betrügerisches Zählen aus den ihnen zukommenden Aemtern fern zu halten. Hierauf wandten die Proletarier der Wahlurne mit Abscheu den Rücken!

Obgleich ich selbst während der letzten Jahre lebhaften Antheil an der Politik genommen und meine Freunde dafür zu interessiren suchte, war ich überzeugt, daß der gesellschaftliche Krebsschaden hierdurch nimmer gehoben werde würde, ich glaubte nicht einmal daß eine Verbesserung der Lage der Arbeiter hierdurch zu erreichen sei, ich empfahl Betheiligung an politischen Fragen, einzig und allein als Mittel um Propaganda zu machen. Wenn man glaubt, wie ich es thue, daß das Materielle die Grundlage aller sozialen, politischen und moralischen Unternehmungen ist, so kann man den Gedanken nur zurückweisen, daß das Fundament der heutigen Gesellschaft durch Verschiebungen oder Flickerei gebessert werden könne; — dasselbe muß beseitigt, durch ein neues ersetzt werden! Die wirthschaftliche Emanzipation kann nur durch einen sozialen Kampf erreicht werden; nicht durch Politik, obgleich dieselbe eines der nöthigen Agitationsmittel sein mag, die nothwendig sind, um den Entscheidungskampf herbeizuführen.

Näher hierauf einzugehen, würde uns zu weit führen.

Wie ich bereits früher gesagt, arbeitete ich nach meiner Landung in New York in einem Möbel-Geschäfte; da ich aber einen sehr unabhängigen Charakter hatte, eröffnete ich in 1876 in Chicago selber ein kleines Geschäft und ernährte durch dieses meine Mutter und vier Geschwister, die inzwischen von Deutschland hierher gekommen waren und lebte mit ihnen bis zu meiner Verhaftung. Die nächsten drei Jahre verliefen sehr ruhig.

Als Redakteur der Arbeiter-Zeitung.

Im Jahre 1872 gründete die Chicagoer Sektion der alten Internationalen den „Vorbote," ein in deutscher Sprache erscheinendes sozialistisches Wochenblatt. Der „Achtbare" Pinkerton lügt in einer von ihm in Buchform veröffentlichten Räubergeschichte dem „erleuchteten" amerikanischen Volke vor, „Vorbote" bedeute auf Englisch "Free-booter" (Freibeuter). Der „Vorbote" verblieb bis kurz nach den im Sommer 1877 stattgehabten Miliz- und Polizei-Riots ein Wochenblatt und erschien dann als „Arbeiter-Zeitung" dreimal die Woche. Die durchaus ungerechtfertigte Niederknüppelung und Ermordung von Arbeitern, der gesetzwidrige Angriff der Polizei auf eine friedliche Arbeiter-Versammlung während genannter Riots, gab der Arbeiterbewegung in Chicago einen solch' kräftigen Impuls, daß es schon im Jahre 1879 möglich ward, die „Arbeiter-Zeitung" täglich, nebst Sonntags-Ausgabe („Fackel") erscheinen zu lassen. Diese Zeitungen, herausgegeben von der „Soc. Publ. Soc.," welch' letzterer Jedermann, der zur Soz. Arbeiter-Partei zählte und 10 Cts. Eintrittsgeld entrichtete, beitreten konnte, waren sehr erfolgreich. Im Frühjahr 1879 erhielt das sozialistische Ticket, an dessen Spitze Dr. Ernst Schmidt als Mayors-Candidat stand, 12,000 Stimmen. Im Sommer desselben Jahres brachte das Benehmen einiger Mitglieder in Bezug auf die Richter-Wahl Unzufriedenheit in die Reihen der jungen Partei, wodurch nicht nur die Zahl ihrer Anhänger, sondern auch die der Abonnenten ihrer Blätter, bedeutend reducirt wurde. Mißverwaltung und andere Ursachen trugen ferner dazu bei, die „Arbeiter-Zeitung" an den Rande des Bankerotts zu bringen. Es war im Frühjahr 1880, als ich auf das ernstliche Ersuchen der „Soc. Publ. Soc." die Verwaltung der Zeitung übernahm und gelang es mir, das Schiff vor dem Sinken zu retten. Kurze Zeit darauf wurde ich zum Chef-Redakteur erwählt, welche Stellung ich bis zum 5. Mai 1886, den Tag meiner Verhaftung, inne hatte.

Sechs Jahre anstrengender Arbeit! Neben meiner editoriellen Thätigkeit (Tages- Sonntags- und Wochen-Ausgabe) hatte ich dem geschäftlichen Theil der Zeitung vorzustehen — eine tägliche Arbeitszeit von 12—16 Stunden! Die Anstrengung war so groß, daß ich mehrere Male physisch niederbrach; meine starke Constitution triumphirte jedoch immer wieder, so daß ich im Stande war, meine Arbeit fortzusetzen.

Die meisten Leute glauben, daß es ein Leichtes sei, eine Zeitung zu redigiren. Dieselben werden mich entschuldigen, wenn ich mir erlaube, ihnen zu widersprechen. Ich bin nicht gerade anmaßend, aber in dieser Angelegenheit bin ich dreist genug zu behaupten, daß es kaum einen arbeitsameren, aufreibenderen und undankbareren

Posten giebt, als den eines Redakteurs einer täglichen Zeitung. Ist nun dies zutreffend für eine gewöhnliche Zeitung, dann ist es sicher dreifach zutreffender in Bezug auf Arbeiter-Zeitungen, die fortschrittliche Ideen lehren. Jeder Leser der letztgenannten Journale ist ein Kritiker, der es als seine heiligste Pflicht erachtet, an der Zeitung Mängel zu entdecken. Und unter allen Kritikern, ist der Deutsche der kleinlichste, der unermüdlichste, der heftigste, der unbarmherzigste! Von den Lesern solcher Zeitungen, die einem fortschrittlichen Geiste folgen, reitet so ziemlich jeder sein Steckenpferd und — wehe dem Redakteur, der sich weigert, in jedem einzelnen desselben das langgewünschte soziale Universalmittel zu erkennen.

Ja, noch mehr. Er wird als so eine Art öffentlicher Diener betrachtet, von dem man stets erwartet, daß er zu Jedermanns Verfügung sein soll. Jede diesbezügliche Enttäuschung ist nur ein weiterer Beweis, daß er ein „eingebildeter Esel" 2c. ist.

Eine Leserin ist unzufrieden mit dem Betragen ihres Ehegatten. Sie kommt, um den Redakteur zu sprechen. Es ist eine lange und traurige Geschichte, die sie zu erzählen hat. Thränen, nasse Taschentücher und schmerzerfüllte Blicke sind Zeugen des Unglücks der Armen.

„Madame, wünschen Sie eine Scheidungsklage anzustrengen — soll ich Ihnen einen Rechtsanwalt empfehlen" unterbricht sie der Redakteur ungeduldig, da die Setzer Manuscript benöthigen — „Ich werde . . . . . ."

„Nein, nein! hören Sie nur, ich bin gleich zu Ende," fährt Madame unerschütterlich fort. Und sie kommt endlich „zu Ende;" d. h., nachdem sie ein halbes Dutzend Mal versichert hat, kurz sein zu wollen, plaudert sie noch eine Stunde weiter, und erklärt zum Schluß, daß sie noch viel mehr erzählen könnte, wenn sie nur wollte.

Eine Scheidung? O nein! daran hatte sie nie gedacht. Sie fühlte einfach das Bedürfniß, irgend welchen Rath ertheilt zu erhalten, von dem Redakteur des Blattes, „das so wacker für die Rechte der Frauen einsteht."

Am nächsten Morgen erscheint der Gatte der Armen. Er kam, mit dem Redakteur ein „Hühnchen zu pflücken," stand aber in Rücksicht auf das Wohlbefinden seiner werthen Persönlichkeit davon ab und begnügte sich damit, die „ver— Zeitung" abzubestellen.

Es war nichts Ungewöhnliches, daß Ehemänner bei mir um Rath nachsuchten, wie die Untreue ihrer „schwächeren Hälften" zu kuriren sei. Aber jene unermüdlichen Schutzgeister, die stets mit guten Rathschlägen aufwarten, Poeten und ähnliche Herrn, erachte ich doch als die schlimmste der zahlreichen Plagen, die zusammenwirken, um das Leben eines „Zeitungsmenschen" zu vervollständigen und angenehm zu machen.

Der Redakteur einer Arbeiter-Zeitung hat sich aber mit noch vielen andern, sogar sehr wichtigen Dingen, zu beschäftigen. Hier ist ein Arbeitgeber, der einen seiner Arbeiter um dessen Lohn betrogen hat; dort ein Anderer, der einer seiner Arbeiterinnen einen unzüchtigen Antrag gestellt hat; da verlor ein Arbeiter eine

Hand oder mehrere Finger, weil der Arbeitgeber zu geizig war, an der Maschine Schutzvorrichtungen anbringen zu lassen; dort wurde ein Mann entlassen, weil er seinen im Ausstand befindlichen Mitarbeitern Sympathie entgegenbrachte ꝛc. — Es ist nun die Pflicht einer Arbeiter-Zeitung, alle diese Dinge zu notiren, sie zur Kenntniß des Publikums zu bringen und die Wirkungen eines ökonomischen Systems zu zeigen, unter welchem die Produzenten nur eine Waare — eine spezielle Art von Waare sind, von welcher der Markt überfüllt ist, und die, gleich werth-losen Lumpen, ohne Schwierigkeit in den Straßen und Alley's aufgelesen werden kann. Es ist die Pflicht der Arbeiter-Zeitungen, sage ich, diese Dinge zu veröffent-lichen, da die kapitalistischen Blätter sich weigern, dies zu thun. Warum? Nun, weil die Arbeitgeber ihre Spalten mit Anzeigen füllen und die Veröffentlichung solcher Schändlichkeiten dazu angethan sind, „die Harmonie zwischen Arbeit und Kapital" zu stören.

Erschienen nun solche Berichte in der „Arbeiter-Zeitung, dann brachte der betrf. Arbeitgeber eine Antwort zu Papier, in welcher er die Beschuldigungen in Abrede stellte, und von seinen Angestellten verlangte, seine Angaben mit ihren Unterschriften zu bekräftigen. Kraft dieses Dokumentes verlangte er dann einen Widerruf in unseren Spalten. Während nun in einzelnen Fällen die Beschuldi-gungen unbegründet oder übertrieben gewesen sein mochten, ergaben angestellte Untersuchungen, daß die große Mehrzahl der Klagen nur zu wahr waren und daß die Arbeiter gezwungen worden waren, die Zurückweisung zu unterzeichnen, wenn anders sie sich nicht der Gefahr aussetzen wollten, ihrer Arbeit verlustig zu gehen.

Ja, eine solche Thätigkeit gleicht der Aufgabe eines Sisyphus!

Eine andere Plage, der ich mich jedoch leicht zu entledigen verstand, waren die Politiker. Als dieselben sahen, daß sie absolut keinen Einfluß auf mich auszuüben vermochten, gaben sie ihre Versuche auf und bezeichneten mich als einen „Crank."

In dieser Zeit des Handels und des Schachers, lieber Leser, ist Alles „Ge-schäft" und es muß als ein charakteristischer Umstand verzeichnet werden, daß wer nicht im Markte, nicht zu kaufen ist, ohne Ausnahme als „Crank" angesehen wird. Sicher, ein sehr ermunternder Zustand der Dinge!

Während ich nun auf diese Weise den Zorn sämmtlicher Fabrikherren und Politiker auf mein Haupt geladen hatte, gab es noch einen andern Menschenschlag, der mir besonders geneigt war — die Polizei!

Die „Arbeiter-Zeitung" war das einzige Blatt in der Stadt, das es wagte, die schändlichen, verbrecherischen Gewaltthätigkeiten dieser rohen und verkommenen Horde an's Tageslicht zu bringen; ihre schwindelhaften Praktiken und sonstigen ritterlichen Vergnügungen gebührend zu beleuchten. Augenscheinlich war dieselbe nicht sehr er-baut von der Veröffentlichung ihrer professionellen Manipulationen, denn ich wurde öfters bedroht und unsere Berichterstatter häufig insultirt, wenn sie auf den Polizei-stationen vorsprachen. Vor ungefähr drei Jahren wurde ein junges Dienstmädchen (Martha Seidel) auf die Veranlassung einer maliciösen Person hin wegen einer Geringfügigkeit verhaftet und in der West Chicago Polizeistation eingesperrt.

Entgegen allen Gesetzen wurde das Mädchen, die eine recht nette Erscheinung war, mehrere Tage in der Polizeistation festgehalten und dann heimlich nach dem County=Gefängniß gebracht. Als sie in letzterem Platze anlangte, war sie besinnungslos und zeigte Symptome einer schweren Krankheit. Es ging das Gerücht, daß nicht Alles mit rechten Dingen zugegangen sei. Ich suchte das kranke Mädchen in Begleitung ihrer Mutter auf und dieser erzählte sie dann eine erschüt= ternde Geschichte. Während sie sich in der Station befand, wurde sie aus ihrer Zelle geholt und nach der Privat=Office des dienstthuenden Sergeanten geführt. Ihr Zustand zeugte für die Wahrheit ihrer Angabe: **daß sie zu wieder= holten Malen vergewaltigt worden war** — ihre Leibwäsche war ebenfalls Beweismaterial für das Geschehene...... Ich erlangte einen Verhafts= befehl gegen den betreffenden Sergeanten, der von dem Mädchen als der Verüber des Schurkenstreiches identificirt und dann verhaftet wurde...... Soll ich diesem noch hinzufügen, daß dieser „Gentleman" freigesprochen wurde gleich jedem andern Polizisten, der je in Cook County einer Gerichtskomödie unterworfen worden ist?— Das arme Mädchen erlangte, so viel mir bekannt, nie wieder ihre volle Gesundheit.

Freunde theilten mir zu jener Zeit mit, daß die Polizei entschlossen sei, mit mir „quitt" zu werden; dieselben warnten mich, besonders vorsichtig zu sein, falls ich Nachts ausginge, wenn nicht ich per Gelegenheit zufällig durch eine „Gesetz= und Ordnungs" Kugel in's Jenseits befördert werden wollte. Diese Freunde, darunter einige Politiker, die öfters in Contakt kamen mit den „Friedens="Wächtern, waren überzeugt, daß die Polizei nicht ruhen werde, bis sie ihren Racheburst gestillt habe.

Ich führe diesen speziellen Fall deshalb an, weil ich in demselben als öffent= licher Ankläger fungirte. Das Mädchen und deren Eltern waren arme, unwissende Menschen, die nicht wußten, was zu thun und weder Grinnell (der Staatsanwalt) noch die Bürger=Association (eine kapitalistische Verschwörerbande, die angeblich im Interesse der öffentlichen „Ordnung" besteht) schenkten der Sache die geringste Aufmerksamkeit. Ich erzähle diesen Fall auch aus dem Grunde, weil er mehr als viele andere dazu angethan ist, die freundschaftlichen Gefühle, welche Bonfield's „Gesetz= und Freiheitsgarde" für mich hegte, zu zeigen.

Während der in dieser Stadt im Mai 1886 herrschenden Schreckenszeit, sagten die sternenbebannerten, schießenden und niederknüppelnden „Geweihten der Freiheit," als sie in Privathäusern nach Dynamit schnüffelten: wir wollen gerade so viel von dem „Stoff" finden, um Spies damit, ‚in die Luft zu blasen zu können." Und, Zweifler der ich zwar bin, war ich doch im Innersten davon überzeugt, daß die Absicht der Prätorianer des Geldsacks durchaus ernst und ehrlich gemeint war. —

Nach dieser Abschweifung will ich wieder zurück kehren zu meiner Thätigkeit in der Arbeiterbewegung und als Redakteur der „Arbeiter=Zeitung." Die im Jahre 1880 in Chicago tagende National=Convention der Greenbackler war die Ursache zu einer Spaltung innerhalb den Reihen der Soz. Arbeiter=Partei. Es waren da Welche, die die Unterstützung des Greenback=Tickets befürworteten; aber noch viel mehr Andere, die unter keinen Umständen einen Compromiß eingehen wollten.

Die „Arbeiter-Zeitung," zu jener Zeit von Paul Grottkau redigirt, nahm den Standpunkt der letzteren ein. Mehrere Versuche wurden gemacht, die beiden Fraktionen wieder zu vereinigen, die jedoch resultatlos waren. Die Anti-Compromiß-Candidaten hielten im folgenden Jahre (1881) in Chicago eine National-Convention zum Zwecke der Reorganisation ab, an der ich als Delegat theilnahm. Aber erst volle zwei Jahre später ward auf einem in Pittsburg, Pa., abgehaltenen Congreß die neue Organisation vervollständigt, indem die „International Working Peoples' Association" gegründet wurde. Auf diesem Congreß fungirte ich als Sekretär. Die daselbst angenommene Platform (wir publiziren dieselbe zur Information der Leser im Schlußtheil dieses Werkchens) basirt auf den ökonomischen Prinzipien des Sozialismus. Aus sechsunddreißig Städten der Ver. Staaten waren Delegaten erschienen und aus einer gleichen Anzahl von Orten waren Zuschriften und Glückwunschschreiben eingelaufen. Die Arbeit des Congresses wurde allgemein gebilligt und erstarkte die neue Organisation in kurzer Zeit. Und hierdurch vermehrte sich auch unsere Arbeit. Es war nichts Außergewöhnliches für mich, wöchentlich in drei oder vier Versammlungen zu sprechen und noch nebenbei meine editorielle Arbeit zu verrichten. Wie es mir möglich war, während vieler Jahre eine solch' anstrengende Arbeit zu verrichten, vermag ich heute selbst nicht mehr zu begreifen.

Der Redaktionsstab bestand aus drei Redakteuren und vier Berichterstattern, manchmal mehr. Schwab, einer der Redakteure und ich, wurden häufig ersucht, in auswärtigen Städten Vorträge zu halten; ebenfalls Parsons und Fielden. Ich habe in den meisten großen Städten und Industriecentren dieses Landes Reden gehalten. Es war bei solchen Gelegenheiten, daß ich kennen lernte die schreckliche, kaum begreifliche Armuth und die Leiden der „Hennen, welche die Eier legen für die großen Männer der Nation." Leser, hast Du jemals den Kohlenfeldern von Pennsylvanien und Ohio einen Besuch abgestattet? Deine Zeitungen haben Dir wohl viel erzählt von dem Elend der Kohlengräber in Belgien, Deutschland oder Frankreich. Aber die Herausgeber der großen Zeitungen dieses Landes, sind entweder direkt oder indirekt finanziell interessirt in diesen Unternehmungen; deshalb ihr tiefes Schweigen über diesen Gegenstand. Dieselben argumentiren ähnlich dem Vogel Strauß, der, wenn verfolgt, seinen Kopf im Sand versteckt, um dadurch der Entdeckung zu entgehen. Diese patriotischen und christlichen Zeitungsherausgeber glauben, daß, wenn sie Schweigen beobachten über gewisse Gegenstände, diese ihre wirkliche Bedeutung verlieren und sozusagen ihrer Entdeckung entgehen würden. Ehe jedoch der von ihnen als ihr Privateigenthum usurpirte Planet noch viele Umdrehungen macht, mögen dieselben ausfinden, daß ihre Calculationen durchaus falsch berechnet waren. Möglich — obwohl dieselben gleich der Madame Pompadour denken: "Apres nous le deluge!" (Nach uns die Sündfluth.)

Während des großen Streiks in 1884, als die Staats-Miliz von Ohio und mehrere hundert H a l s a b s c h n e i d e r, die euphemistische „Pinkerton-Garde" genannt werden, Besitz ergriffen hatten von den Städten und Kohlengruben, und die streikenden Kohlengräber ähnlich wie Kriegsgefangene behandelten — nur in weniger rücksichtsvoller Weise, unternahm ich eine Reise durch das Hocking-Valley, um die daselbst herrschenden Zustände aus eigener Anschauung kennen zu lernen.

In Columbus, Ohio, wollte es der Zufall, daß ich denselben Zug bestieg, mit dem eine Heerde Slovaken und Ungarn nach dem Hocking Valley transportirt wurde. Mehrere polnische Juden, welche die Armen für die Kohlen-Monopolisten angeworben hatten, um die Plätze der Streiker einzunehmen, bewachten dieselben — gleich einer Heerde Rinder — damit sie nicht entfliehen konnten. Dieselben waren nicht gerade zusammengekettet wie Zuchthäusler. Nein, das wäre unamerikanisch, eine Verletzung des Rechts des freien Contrakt's gewesen! Es war auch nicht nöthig, die armen Teufel zusammenzuketten, da denselben mit Erschießen gedroht worden war, falls sie einen Fluchtversuch machen würden. Und um dieser Drohung mehr Gewicht beizulegen, hatte der Staat Ohio eine Miliz-Abtheilung zur „Bewachung“ der modernen Sklaven abgesandt...... Als ich den Versuch machte, mit einem der Angeworbenen zu sprechen, trat einer der Juden dazwischen und als ich dem Schufte sagte, er würde gut daran thun, seinen Cadaver aus dem Bereiche meiner Stiefel zu bringen, rief er einen Pinkertonstrolch zu Hülfe, der mich in barschem Tone aufforderte, den Waggon zu verlassen. Ich appellirte an den Conducteur, konnte aber keine Satisfaktion erhalten. Es that ihm leid, aber seine Befehle waren solche, daß er es nicht wagte, dazwischenzutreten. Es schien jedoch, daß inzwischen einer der Menschenfleischhändler meinen „Reporter-Stern“ entdeckt hatte, denn die Strolche baten nicht nur plötzlich um Verzeihung und änderten ihr Benehmen, sondern holten auch einen der Anwälte des Kohlen-Syndikat's, der sich auf dem Zuge befand, herbei, und stellten mich demselben vor. Er war sehr froh, einen Zeitungs-Correspondenten zu treffen, der die Dinge „im Thale“ zu schildern im Begriffe stehe — „ja“ sagte er, indem er eine Cigarre seinem Etui entnahm und sie mir offerirte, „mein werther Herr, ich versichere Ihnen, es ist schändlich, schändlich, wie wir in der Presse des Landes mißreprä-sentirt worden sind. Sie sind von Chicago, das freut mich. Es würde mir sehr angenehm sein, wenn es mir vergönnt wäre, Sie persönlich durch das ganze Thal zu begleiten; leider halten mich dringende Geschäfte davon ab — — aber, das läßt sich schon arrangiren, steigen Sie in dem Hause von Mr. Buchtel ab — Herr Buchtel ist der Superintendent der Compagnie, o ja, er wird sich geehrt fühlen, Sie als Gast zu begrüßen. Außerdem befindet sich ja auch kein Hotel im Umkreis von vierzig Meilen. Herr Buchtel wird Ihnen alles Wissenswerthe in dieser Angelegenheit mittheilen; ja, er wird Sie überall begleiten. Sie reiten doch? selbstverständlich — er hat famose Renner.“

„Ist Aussicht vorhanden, daß dieser unglückliche Streik auf ausgleichender Basis beigelegt wird?“ fragte ich.

„Streik?“ „Beilegen?“ rief er verwundert aus.

„Nun, befinden sich im Thale nicht gegen oder über 8000 Mann im Ausstand und......"

„Das heißt" fiel er mir in's Wort, „so berichten die Zeitungen und das ist der Grund, weshalb ich wünsche, Sie sollen bei Mr. Buchtel absteigen, der wird Ihnen volle Information ertheilen...... Unsere Leute befinden sich nicht im Ausstand; dieselben sind zufrieden und glücklich und sollen auch so sein! Wir bezahlen ihnen stets hohe Löhne und sind dieselben recht gut situirt. Es befinden sich jedoch einige Agitatoren unter denselben, welche dieses Durcheinander hervorgerufen haben. Wir werden dieselben jedoch bald los sein; die meisten derselben befinden sich bereits hinter Schloß und Riegel und Diejenigen, welche noch frei herum laufen, werden bald ausfinden, daß dies eine recht ungesunde Gegend für sie ist. Die Miliz und die Pinkertons sind nicht zum Spaß hier.... jene Leute schüchterten die vielen Tausenden von Kohlengräbern ein, diese wären nur zu willig, jede Minute zur Arbeit zurückzukehren —"

„Gut," sagte ich, „aber es wurde mir mitgetheilt, daß die streikenden Kohlen= gräber im Durchschnitt kaum $15 den Monat verdienten, ehe die jüngste Lohn= reduction eintrat und daß dies die Ursache des Streikes sei.—"

„Bah! Irgend ein Mann kann monatlich zwischen $35 und 40 verdienen, vorausgesetzt, daß er arbeiten will. —"

„Dann werden Sie nicht zum alten Lohnsatz zurückkehren?"

„Niemals! es ist für uns weniger eine Geld= als eine Prinzipien=Frage! Mag es kosten, was es will; wir wollen ein= für allemal das Prinzip festsetzen, daß es uns zusteht, den für das Graben von Kohlen zu bezahlenden Preis fest= zusetzen, und wenn's in diesem Lande noch Gesetze giebt, wer= den wir auch erfolgreich sein...... Das Kohlengraben mit diesen Burschen (auf die Emigranten hinweisend) kostet uns zwar dreimal mehr als wir unsern früheren Leuten zu bezahlen pflegten; aber wir können dies riskiren, wenn ein Hauptprinzip in Frage kommt...... Aber hier sind wir in Logan angelangt, hier muß ich aussteigen. Joe! (einem der Pinkerton's zurufend) bringen Sie meinen Freund S...., wenn Sie in Buchtel=Station angelangt sind, nach Herrn Buchtels Haus. (Er wird (zu mir sprechend) sich freuen, Sie kennen zu lernen."

„Was Sie mir mittheilten, ist authentisch, ist es nicht?" fragte ich, als er uns zu verlassen im Begriffe stand — „kann ich es benützen?"

„Sicher, sicher; ich bin der General=Verwalter der Gesellschaft. Adieu!"

Sobald er fort war, schrieb ich das mir von ihm Mitgetheilte nieder und wandte mich noch einmal an einen der Emigranten. Dieser konnte mich jedoch nicht verstehen. Ich entdeckte jedoch einen Anderen, der sich in Deutsch verständlich machen konnte. Ich fragte ihn, ob er wüßte, wohin er und seine Kameraden sich begäben. Er wußte es nicht. Wußten dieselben, daß sie auf dem Wege waren, ihren gleich unglücklichen Brüdern das Brod zu rauben? Daß sie benutzt werden sollten als Peitschen auf die Rücken ihrer kämpfenden Brüder und daß sie sich in Lebensgefahr befanden? Ja, es wurde denselben mitgetheilt in einem Kosthaus und als sie auf diese Information hin sich weigerten, weiter zu gehen, erschien die Miliz, worauf sie willenlos mitgingen. Woher dieselben kamen? Aus Pennsylvania. Agenten (die Juden) kamen zu denselben und versprachen ihnen hohe Löhne. Hatten sie ihre Fahrt selbst zu bezahlen? Ja, der Fahrpreis wurde ihnen abgezogen von ihrem Monatslohn, wo sie zuletzt gearbeitet hatten.*) Was dieselben verdienten? $18 den Monat; sie hatten davon $16 für Kost und Logis, Wäsche, Oel und Pulver zu bezahlen.

Der Zug hielt an. Wir befanden uns halbwegs zwischen zwei Stationen. Die Scabs wurden in weniger als zwei Minuten hinausgeschafft und unter starker Eskorte den Berg hinaufgetrieben. „Es wäre nicht klug — sie würden sie tödten, wenn wir sie an der Station ausladen würden," antwortete mir Joe, der Pinkerton, auf meinen fragenden Blick. Die Station diesseits Buchtel verließ ich den Zug, um den Pinkertonstrolch los zu werden, der mich zu Mr. Buchtel bringen sollte. Ich sagte demselben, daß ich mich am Abend daselbst einfinden würde.

Es war ein kleines, finster und ärmlich aussehendes Miner-Städtchen, das ich nun betrat und das in traurigem Contrast stand zu dessen malerischer Umgebung. Auf dem Rücken eines der Hügel, die mit reichem Baumwuchs bedeckt sind und, umgeben von welchen das enge Thal eine Idylle sein könnte, würden uns nicht die daselbst zerstreut liegenden ärmlichen Hütten entgegenstarren — hatte zwei Tage vorher ein blutiger Kampf zwischen betrunkenen Pinkerton's stattgefunden, wobei zwei der Kämpfenden getödtet und mehrere derselben verwundet wurden. Der Kampf entspann sich „um den Besitz" mehrerer Prostituirten, die, wie es scheint, von dem generösen Kohlen-Syndikat zur speziellen Accommodation s e i n e r Beschützer von „Gesetz und Ordnung" importirt worden waren. Dies kommt Dir wohl unglaublich vor, Leser? Und doch, früher hat man in diesem stillen Thale weder von Prostituirten etwas gewußt, noch je welche gesehen...... Zwar wurde über diesen Vorfall der Welt berichtet, daß zwei Mann der stehenden Armee Pinkerton's, während sie Wache gestanden, von den Streikern überrascht und getödtet worden seien; und dies wurde behauptet trotz der Thatsache, daß die Wunden der Pinkerton's von Kugeln aus Winchester-Gewehren (Pinkerton'sche Waffen) herrührten. Und auf diesen lügnerischen Bericht hin verlangte das Syndikat eine Verstärkung der Militärmacht! was, wie ich beifügen muß, pflichtschuldigst gewährt wurde.

Das Städtchen war überfüllt mit neuangekommenen Milizsoldaten und war das Kriegsrecht proklamirt worden. Die Bewohner sollten wohl gezüchtigt werden, weil dieselben es geschehen ließen, daß die Pinkerton's sich gegenseitig umbrachten? — Nun, der Platz ist nahezu der Mittelpunkt der Kohlenregion; von hier aus konnten die Truppen leicht nach irgend einem Punkt gesandt werden....

Ich sprach im Lager der Miliz vor; „die Jungens" befanden sich in prächtigen Verhältnissen. Die Gesellschaft lieferte willig Alles, was sie verlangten. Von

---

*) Dies beweist, daß in solchen Dingen ein geheimes Einverständniß unter den Kohlenbaronen besteht.

hier aus schlug ich den Weg, der über einen der Berge führt, nach Buchtel ein. Es war für mich ein unangenehmer Umstand, daß ich einen blauen Anzug trug; dadurch rief ich bei vielen Leuten den Verdacht rege, ein Pinkerton zu sein. Als ich auf dem Gipfel des Berges angelangt war, traf ich ein ungefähr 14 Jahre altes Mädchen, das Beeren suchte. Als sie mich erblickte, schrie sie erschreckt auf und wollte davon laufen. „Ich werde Dir kein Leid anthun, mein gutes Kind; bitte, sage mir, ob ich auf dem rechten Wege nach Buchtel bin!" rief ich ihm zu. Sie schien sich's zu überlegen, ob sie stehen bleiben oder davon laufen und ge= schossen werden wolle, da sie mich für einen Pinkerton hielt. Sie stand still, das arme Ding; war aber so verwirrt, daß sie anfangs meine Fragen nicht zu beant= worten vermochte. Sie war barfuß und ärmlich gekleidet; aber sonst ein nettes, reinlich aussehendes Mädchen.

Ich versicherte ihr noch einmal, daß ich ihr nicht's zu Leid thun würde. Ich fragte sie, wo sie wohne. „Da drüben," sagte sie, auf eine, ungefähr ¼ Meile entfernt liegende Hütte weisend. „Kann ich bei Deiner Mutter ein Glas Milch bekommen?" fragte ich die Kleine. „Nein, der Sheriff nahm unsere Kühe hin= weg und ich fürchte, Vater würde es nicht gerne sehen, wenn Sie nach unserem Haus kämen; er liebt die — die — Mr. Pinkerton's nicht," antwortete sie.

„Aber Kind, ich bin ja kein Pinkerton," entgegnete ich.

„Nicht? Sicher nicht? Ich dachte, Sie wären einer, deshalb fürchtete ich mich so."

„Du hast wohl keine Beeren gefunden? — ich sehe keine hier — warum weinst Du?"

„Nein, ich fand keine. Es waren Beeren hier, aber Jedermann sucht und pflückt sie......"

Es war mir nicht recht klar, warum das arme Ding so bekümmert um die Beeren war. Sie ging längs mit mir, ihrer Hütte zu und fragte mich, ob ich sie nicht meine Reisetasche tragen lassen wolle. —

„Warum willst Du sie tragen?"

„Sie werden nicht ärgerlich, werden Sie — Sie sprechen so freundlich zu mir — Sie sind reich, sind Sie nicht? Ich würde so glücklich sein — ich werde die Reisetasche bis nach Buchtel für Sie tragen, wenn Sie mir 25 Cts. oder, wenn dies zu viel ist, 10 Cts. dafür bezahlen."

„Wie, hast Du so große Freude am Geld? ich werde Dir das Verlangte geben, wenn Du mir einen Trunk frisches Wasser besorgst."

Mittlerweile hatten wir ihr Haus erreicht. Zwei Männer saßen unter der offenen Thüre, augenscheinlich in traurige Gedanken versunken. Ich theilte denselben mit, wohin ich gehen wolle und ersuchte dieselben um ein Glas Wasser. Es waren Schottländer, ziemlich intelligent und gefällig. Sie erzählten mir die Einzelnheiten in Bezug auf die Tödtung der zwei Pinkerton's und gaben mir andere wünschenswerthe Auskunft. Und als ich ihnen sagte, wer ich sei, wurden sie sehr mittheilsam. Beide arbeiteten schon seit langer Zeit in den Gruben;

aber während der letzten beiden Jahre war es ihnen nicht mehr möglich, das nackte Leben zu verdienen; mehrere Jahre zurück hatten sie die Hütte gekauft, sonst wäre es ihnen gleich den andern Minern ergangen — sie wären ausgesetzt worden und hätten im Freien zu campiren. Ich fragte sie, ob sie nicht einen kleinen Imbiß für mich zubereiten könnten. Ich war sehr hungrig und gab dem Mädchen, das mich ängstlich beobachtete, so daß ich mein Versprechen nicht vergessen sollte, einen halben Dollar. Mein Verlangen schien die guten Leute sehr unangenehm zu berühren, sie gingen in das Haus und hielten — allem Anschein nach eine Besprechung. Nach einer kleinen Weile erschien die Frau des Einen und sagte mit thränenerfüllten Augen: „Mein Herr, wir haben weder ein Krümchen Brod noch sonst etwas Eßbares im Haus; wir hatten seit gestern Morgen, außer einigen Aepfeln, nichts zu essen. Mein Mann war diesen Morgen in der Stadt, um vom Unterstützungs-Comite der Streiker etwas Mehl zu erlangen, bekam aber keins; wir haben ausgefunden, daß die Eisenbahn-Gesellschaft die Beförderung dieser Art Fracht absichtlich verzögert, manchesmal um eine Woche, manchesmal noch länger. Die Männer schämen sich, Ihnen zu sagen, daß wir nichts zu essen haben, daß das jüngste Kind krank ist, weil es ihm an der nöthigen Nahrung fehlt."

War so etwas möglich? Ich vermochte es kaum zu glauben! Aber das Benehmen des Mädchens — ihre Dürftigkeit — ihr sonderbares Verlangen nach Geld! Ja, es war wahr! —

Ich entfernte mich und konnte, kurz nachdem ich den Bergrücken passirt hatte, Buchtel, d. h. eine ungefähr zwei Meilen lange Reihe ärmlicher Hütten sehen.

„Halloh! kommen noch mehr, he?"

Es war ein alter, sehr aufgeweckter Irländer, wie ich bald auszufinden Gelegenheit hatte, der mich auf solche Weise anredete.

„Warum mordet Ihr die Leute nicht direkt, statt sie langsam zu Tode hungern zu lassen?" fuhr der Alte fort, ehe ich Zeit hatte, auf seine erste, etwas mysteriös klingende Bemerkung zu antworten. Auch er sah in mir einen „Pinkerton" und betrachtete mich mit fragender Miene.

„Muß Jeder, der einen blauen Rock trägt, nothwendiger Weise ein Pinkerton sein?" sagte ich lachend.

Der Alte war sehr vergnügt, als er seinen Irrthum erkannt und wurde sehr enthusiastisch, als ich ihm den Zweck meines Kommens mitgetheilt hatte.

„Ich freue mich, mein Herr" — sagte er — „Ihre Bekanntschaft gemacht zu haben. Ich kam heute Nachmittag hier herauf, um nach einem Lagerplatz für mich, Weib und Kinder umzusehen; die großen Bäume hier gewähren immerhin ein wenig Schutz. Es herrschte eine ziemliche Aufregung in der Stadt diesen Morgen; mehr als 75 Familien wurden aus den Häusern der blutsaugerischen Compagnie verjagt. Sie alle haben nun im Freien zu campiren. Als der Gouverneur (der höchste Staatsbeamte) jüngst hier war, ermahnte er uns, „Gesetz und Ordnung" zu achten und versprach, falls wir aus unseren Wohnungen vertrieben würden, eine Anzahl Militär-Zelte zu senden. Nun, als wir um Zusendung derselben an ihn telegraphirten, weigerte er sich, sein Wort zu halten.. Eine Anzahl kranke Leute fanden Unterkunft bei solchen Minern, die ihre eigenen Häuser besitzen. Die Pinkerton's haben die Straßen blockirt und drohten dem Stadtmarschall, der diesem schändlichen Treiben abhold ist, daß sie ihn verhaften und nach Logan bringen würden, falls er in irgend einer Weise gegen sie auftrete. Es herrscht kein Gesetz hier, nicht ein Jota davon! — diese betrunkenen, bestialischen Halsabschneider bekommen all' die guten Dinge welche sie wünschen, sie leben gleich Grafen — sicher sie thun: wir müssen sie an der Tafel sitzen sehen, bedient mit allen Delikatessen der Saison, nebst Cigarren, Schnaps und Wein, und dann verhöhnen sie uns und unsere hungrigen Kinder noch, indem sie den Letzteren die guten Sachen vor's Gesicht halten—"

In dieser Weise fuhr der alte Mann zu erzählen fort und beantwortete alle an ihn gestellten Fragen, bis wir die ersten Hütten erreicht hatten. Dieselben waren überfüllt von mageren, abgehärmten Frauen und Kindern.

„Einige der Familien," bemerkte mein Begleiter, „wohnen zusammen in einer Hütte;" d. h., die Frauen und Kinder derselben, die Männer schlafen im Freien."

„Aber," sagte ich, „das was Sie Häuser nennen, sind ja nur Hütten mit je einem Zimmer; ich denke, in denselben hat kaum e i n e Familie Platz!"

„Das sagen Sie — ich kann Sie aber herumführen und Ihnen beweisen, daß jedes Privathaus — d. h. solche, welche nicht dem Monopol gehören — von 3—4 Familien bewohnt wird; das ist eine Thatsache —" war des Alten Antwort.

Er hatte bald eine Anzahl Männer um sich versammelt, denen er den Zweck meiner Mission erklärte und sie zur selben Zeit instruirte, die Kohlengräber einzuladen, Abends 7 Uhr an einem bestimmten Ort zu einer Versammlung zu erscheinen.

Zur festgesetzten Stunde versammelten sich ungefähr 500 Kohlengräber, die in kleinen Gruppen zusammen standen und die Situation besprachen. Auch 80 bewaffnete Pinkertonstrolche waren erschienen. Keiner der Streiker wagte, die Versammlung zu eröffnen; als ich aber einen alten Karren bestieg und die Anwesenden aufforderte, mir auf einen öffentlichen Platz zu folgen, woselbst ich eine Rede halten würde, da folgten mir Alle, einschließlich der Pinkerton's, nicht ein Mann blieb zurück. Meine Rede bestand in der Wiedergabe der Conversation, die ich am Morgen mit dem General-Verwalter des Syndikats hatte. Ich fügte nichts hinzu, ich las einfach die von mir gemachten Notizen vor. Und niemals in meinem Leben habe ich eine mehr „aufrührerische Rede" gehalten, als diese!

Die Versammlung hatte sich während dessen bedeutend vergrößert, die Bewohner des ganzen Städtchens waren erschienen. Diese Alle konnten doch nicht wohl „Agitatoren" sein!

Aber warum sollten die „zufriedenen Arbeiter" so entrüstet werden über das, was jener Herr sagte? Sonderbar!

Als ich denselben die verschiedenen Punkte der Reihenfolge nach vorlas, wie sie mir ihr „Herr" angegeben hatte, entgegneten sie wie folgt:

„35—40 Dollars den Monat! o, dieser Schuft! Wir erhielten durch= schnittlich keine $15 — zieht man hiervon $2 für Oel und Pulver und $5 für Miethe ab, dann verbleiben noch $8 den Monat zur Erhaltung einer Familie ......Er soll hierher kommen und seine Lügen in unserer Gegenwart wieder= holen..... Dann soll er auch erklären, warum er das, letztes Frühjahr mit uns getroffene Uebereinkommen gebrochen hat — dachte er vielleicht, daß ein monat= licher Verdienst von $8 zuviel sei zur Erhaltung einer Familie?......Hätten wir uns der letzten Reduktion unterworfen, dann würde es uns nicht möglich sein, $12, d. h. nach Abzug der Unkosten $5, den Monat zu verdienen......"

Diese Ausrufe kamen aus Aller Mund. Ein tosendes Gelächter, das die Erde erschüttern machte, schallte mir aus der Versammlung entgegen, als ich ihres „Bossen" Geschichte wiedererzählte, daß sie so gut situirt seien, wie sehr für sie gesorgt werde, daß sie so glücklich seien und daß sie so gerne wieder zur Arbeit zurückkehren würden — wenn nur die „Unfrieden stiftenden Agitatoren" aus dem Wege geschafft wären.

„Ja," bemerkte ein alter, energischer Amerikaner, „sie wollen uns auch noch das letzte Restchen Männlichkeit austreiben. Sie glauben dies dadurch zu errei= chen, daß sie Diejenigen, welche noch Muth und unabhängigen Sinn besitzen, in's Gefängniß und in's Zuchthaus stecken — um die Andern dadurch einzuschüchtern. Wenn sich ein Mann nicht gleich einem Hund treten läßt, dann wird er als „Agitator" bezeichnet!"

Diese in ruhigem Tone gemachte Erklärung rief einen stürmischen Applaus hervor. Jemand rief: „Laßt uns die Pinkertonstrolche aus der Stadt hinaus jagen!" — „Ja, die Bluthunde schlugen heute Morgen auf dem Hügel eine Frau nieder und traten sie mit Füßen!" rief ein Anderer. „Die Kerle befinden sich entgegen dem Gesetz hier, das ist Thatsache," sagte lakonisch mein irischer Freund. Es entstand eine allgemeine Bewegung, die Pinkertons zogen sich aus der Masse zurück.... „Seid Ihr von Sinnen?" rief ich der Masse zu, „seht Ihr denn nicht, daß Jene mit Winchester=Gewehren bewaffnet sind? Daß sie Euch in wenigen Minuten vernichten können? Eure constitutionellen Rechte und Gesetze sind lächerliche Waffen, wenn Ihr Gesetzesübertretern gegenüber steht, die mit sechs= zehnschüssigen Gewehren bewaffnet sind......"

In diesem Augenblick warf ein Pinkertonstrolch einen Stein nach mir, der knapp an meinem Kopf vorbeisauste...... Die Situation war eine durchaus kritische. Noch einen Augenblick und die Masse würde sich gegen die Mordknechte gewandt haben, die gierig auf eine Gelegenheit zum Feuern warteten. Aber meine Selbstbeherrschung und meine warnenden Worte blieben nicht ohne Wir= kung. Ich fuhr zu reden fort, ging auf ein anderes Thema über und zeigte die Ursachen der herrschenden sozialen Mißstände. Die Versammlung beruhigte sich wieder und lauschte aufmerksam meiner Rede bis zur Vertagung, obgleich die viehisch betrunkenen Pinkerton's es an Provokationen nicht fehlen ließen. Ich führe dieses Vorkommniß, werther Leser, an, um Dir zu zeigen, daß es nicht Socialismus war, was die Gemüther der Leute entzündete, denn als ich zu denselben über Sozialismus sprach, beruhigten sie sich und zeigten großes Interesse für meine Rede; es waren die Worte der Kapitalisten, ihrer „Bossen" — es war die Lehre des Kapitalismus, welche die Leute empörte und sie zu äußerster Wuth anstachelte!

Der Sozialismus birgt nichts in sich, das zu Gewaltstreichen und Blutthaten aufreizt; diese Eigenschaften sind speziell den Prinzipien des Kapitalismus eigen — Prinzipien, begründet und aufrecht erhalten durch rohe Gewalt.

Wer, frage ich, sind die Aufrührer?!

Nach Schluß der Versammlung sagte mir der Commandirende der Pinkerton's, „daß ich das Thal ohne Verzug verlassen müsse, für Leute meines Schlags hätten sie keinen Gebrauch."

Während ich dem letzten Theil seiner Bemerkung beipflichtete, hielt ich mich doch verpflichtet, ihm zu erklären, daß ich dableiben würde, solang ich Lust hätte.

Die Miners ersuchten mich, einige Tage da zu bleiben, so daß sie im Stande wären, eine Versammlung aller Streifer der Gegend zu arrangiren; ich konnte jedoch nicht länger verweilen, da mich meine Pflichten nach Chicago zurückriefen. Die Leute führten mich dann im ganzen Ort herum und zeigten mir die kaum glaublichen, ärmlichen Verhältnisse, in denen sie lebten. Sie erhielten einmal die Woche von auswärtigen Freunden etwas Mehl, das aber kaum zu 3—4 Mahlzeiten reichte; sonst füllten sie ihren leeren Magen mit Aepfeln, Beeren und Kartoffeln, wenn sie welche hatten. Als ich fragte, ob ich nicht etwas zu essen bekommen könne, fing ein großer, kräftiger Mann zu weinen an, die Thränen rollten ihm über die Wangen. „Wir waren heute zweimal auf dem Depot," sagte er, da wir sicher glaubten, unser Proviant wäre angekommen..... aber ich glaube, daß die Eisenbahn-Gesellschaft, welche Eins mit dem Kohlen-Syndikat ist, die an uns gesandte Fracht, wie sie dies gewöhnlich thut, an einen andern Ort befördert hat und sie daselbst liegen läßt, bis sie ruinirt ist. Später heißt es dann, es sei dies aus Irrthum geschehen...... Ich verkaufte diesen Morgen einen Theil meiner Werkzeuge und versuchte in dem Laden der Compagnie etwas Mehl zu kaufen, konnte aber keins erhalten, es wurde mir der Bescheid, sie verkauften nichts an die verfl...... Streifer. Ich erlangte dann etwas Brod für meine Kinder, ich habe deren sechs. Meine Frau und ich hatten aber während der letzten drei Tage nicht ein Krümchen Brod zu essen."

Und so erging es beinahe Allen. Ich vertheilte die paar Dollars, welche ich bei mir hatte, unter die Kinder, welche es kaum zu begreifen vermochten, daß sie so „viel Geld" auf einmal erhielten.

Ich wurde stets von einem halben Dutzend Pinkerton's bewacht und schlief die Nacht im Freien. Die freundliche Offerte der Armen, in einem ihrer „Häuser" zu schlafen, lehnte ich dankend ab.

Während der Nacht versuchte eine Anzahl polnischer „Scabs", welche seit ungefähr einer Woche in einer der Gruben gearbeitet hatten und gleich Gefangenen behandelt worden waren, zu entkommen. Die Pinkertons schossen auf die Fliehenden, tödteten zwei und verwundeten eine Anzahl derselben — zu Ehren des „Rechts des freien Contrakts"!

Ich trat den nächsten Tag den Heimweg an. Ich hatte genug gesehen. Das Syndikat errang einige Monate später den Sieg über seine Arbeiter, etablirte „seine Prinzipien" und demonstrirte der staunenden Welt — „daß es noch Gesetze in diesem Lande gebe"!

Die Achtstunden-Bewegung und der Polizei-Riot auf dem Heumarkt.

Die „Achtstunden-Frage" ist nicht neu. Vor mehr als 20 Jahren schon wurde von einer Anzahl Gewerkschaften eine Reduktion der täglichen Arbeitszeit von 10 auf 8 Stunden verlangt. Das Hauptargument zur Unterstützung dieser Forderung lautete — daß die Einführung arbeitsparender Maschinen solch' eine Reduktion nothwendig mache; da sonst eine große Anzahl fleißiger Arbeiter ihrer Beschäftigung verlustig gehen würde ꝛc...... Wendel Phillips war u. A. ein eifriger Befürworter der Achtstunden-Reform. Hätten die Kapitalisten zu jener Zeit diese Forderung bewilligt, dann hätte nach meiner Ansicht die ökonomische Entwickelung in diesem Lande einen friedlichen Charakter angenommen und die meisten seitdem stattgefundenen Streiks hätten vermieden werden können. Viele Tausende der Insassen der Zuchthäuser, Arbeitshäuser und Irren-Asyle würden dann heute wahrscheinlich gute Bürger sein. Viele Tausende unserer Schwestern, die heute in dem Giftsumpf der Prostitution verkommen, könnten treue Gattinnen und glückliche Mütter sein...... Aber all' dies ist nur sentimentales Geschwätz! Unsere guten Bürger bezahlen regelmäßig ihre monatlichen Beiträge zu den verschiedenen „Wohlthätigkeits"-Anstalten, der „Temperenz-League," der „Mission," der „Ethischen Gesellschaft," der „Patrioten-Liga," „Kirche" ꝛc. — Kann man von denselben mehr erwarten? Sie schaffen eine Heimath für Solche, welche sie heimathslos gemacht haben; sie trösten Diejenigen, welche sie ruinirt, deren Glück sie zerstört haben....lassen aber dabei nie das Geschäft aus dem Auge.

Mann kann aus einer Person mehr Geld in 10 Stunden herausschlagen als in 8, das steht fest. — .

Die Geschichte der Achtstunden-Bewegung ist allgemein bekannt. Ich brauche sie nicht zu wiederholen. Eine Anzahl Staats-Legislaturen (darunter die von Illinois) ebenso der Congreß, passirten schon vor Jahren Gesetze, durch welche 8 Stunden Arbeit zum legalen Arbeitstag erklärt wurden. Da den Kapitalisten aber diese Gesetze nicht zusagten, verblieben sie ein todter Buchstabe. Im Herbst 1884 kam die „Föderation der Handwerker- und Arbeiter-Unionen der Ver. Staaten und Canada" zur Ansicht, daß die Achtstunden-Reform nie verwirklicht werde, wenn nicht die daran am meisten Interessirten, die Arbeiter, für deren Durchführung selbst einstehen würden. Es wurde ein Tag zum Beginn eines allgemeinen Streikes festgesetzt; später kam man jedoch zur Einsicht, daß es geboten sei, die Sache noch um ein Jahr zu verschieben und wurde dann der 1. Mai 1886 als Tag bestimmt, an welchem das Achtstunden-System in Kraft treten sollte. Man nahm an, daß die Arbeitgeber dieser Reform keinen ernstlichen Widerstand entgegensetzen würden; da es klar war, daß die Dinge nicht mehr lange so weiter gehen könnten, ohne verderbliche Folgen fürchten zu müssen. Ich theilte diese hoffnungsvolle Ansicht nicht. Und weil ich nicht so kurzsichtig war, wie die sog. konservativen Gewerkschaftler, beschuldigten mich diese, Reformen feindlich gesinnt zu sein. Ich will hier einen Artikel anführen, den ich zur Abwehr dieser Anklagen geschrieben habe:*

......„Ein Mann, dessen Namen Edmonston ist, und den die Ironie des Schicksals zum Sekretär einer nationalen Arbeiter-Organisation bestimmt hat, schrieb eine Antwort, auf einige im „Alarm" in Bezug auf die Achtstunden-Proklamation erschienenen Bemerkungen. Er ist augenscheinlich einer jener Menschen, die da glauben, „weil Gott ihnen das Amt, er ihnen auch den Verstand gab." Statt daß er zeigt, daß unsere Stellung in der Achtstunden-Frage eine unhaltbare ist, überschüttet er die Anarchisten mit einer reichen Auswahl gehässiger Schlagworte und sieht in seiner Einfalt in den Anarchisten Menschen, bei denen es im „Oberstübchen" nicht ganz geheuer ist. Der Dummkopf versteht von ökonomischen Fragen so viel, als der Esel von der Homer'schen Poesie.

„Wir stehen der Achtstunden-Bewegung n i c h t f e i n d l i c h gegenüber, sondern erkennen in derselben eine Phase des sozialen Kampfes; wir sagen einfach voraus, daß dieselbe eine verlorene Schlacht sein wird und wir beweisen, daß selbst, wenn das Achtstunden-System zu dieser späten Stunde noch etablirt werden sollte, die Lohnarbeiter dadurch nichts gewinnen könnten. Dieselben würden dann immer noch die Sklaven ihrer Herren sein.

„Angenommen, die Arbeitszeit würde auf 8 Stunden reduzirt, dadurch würde unsere Produktionsfähigkeit nicht verringert werden. Der Verkürzung der Arbeitszeit in England folgte unverzüglich eine allgemeine Vermehrung von arbeitsparender Maschinen, welcher die Entlassung einer verhältnißmäßigen Anzahl

---

* Derselbe ward geschrieben in Beantwortung eines Briefes von Mr. Edmonston, Sekretär der „Federation of Trades and Labor Unions," erschien im „Alarm" vom 5. September '85 und definirt in präciser Weise meine Position.

Arbeiter auf dem Fuße folgte. Das Gegentheil, von dem was man zu erreichen trachtete, trat ein. Die Ausbeutung der Arbeiter wurde intensiver betrieben. Dieselben hatten nun schwerer zu arbeiten, produzirten nun mehr als früher. „Für einen Mann nun, der wünscht ein Lohnsklave zu bleiben, ist die Verbesserung und Einführung einer jeden neuen Maschine ein gefährlicher Concurrent. Die unorganische Maschine vermag billiger zu arbeiten als der organische Mensch! Mr. Edmonston erblickt in der Lohnsklaverei den Eckstein der Civilisation. Wäre er sich nun consequent, dann müßte er der Reduktion der Arbeitszeit opponiren......Er scheint zu glauben, daß durch die Achtstundenarbeit die Unbeschäftigten Arbeit erhalten würde und der Ueberproduktion Einhalt geboten werde. Dies wird jedoch nicht der Fall sein. Falls der Achtstundenkampf für die Arbeiter siegreich enden sollte, dann würde dies die Vernichtung der kleinen Fabrikanten und Handwerker zur Folge haben. Diese selbst und Diejenigen, welche sie jetzt beschäftigen, würden auf den Arbeitsmarkt geworfen werden. Die Produktion würde sich vermehren durch die Errichtung größerer Etablissements, größerer Arbeitstheilung rc., während die Kaufkraft des Volkes, falls nicht verringert, so doch sich gleich bliebe.

„Was E. „Ueberproduktion" nennt, würde auch dann bestehen bleiben. Diese Anomalie wird gerade so lange bestehen, als die besitzende Klasse das Privilegium eignet, die Güter der Welt zu vertheilen, wie ihr beliebt.

„Aber," wendet Mr. E. ein, „Kapital war und ist nur der Diener der Arbeit, und wenn es sich mehr anmaßt, übertritt es seine Grenzen und macht sich eines Uebergriff's schuldig, welcher der Correction unterworfen ist."

„Wie naiv! — Wir sollten denken, daß das Kapital seine Schranken übertritt," wenn es sich weigert der Diener von mehr als 2,000,000 Männern und vielleicht derselben Anzahl von Frauen in diesem Lande zu sein. Diese Leute hungern, viele davon sind verhungert — warum, Mr. E., weisen sie die Uebertreter nicht zurück? Wir wünschten, Sie dieses thun zu sehen!

„Wenn Sie sagen: Kapital ist der Diener der Arbeit," dann lügen Sie! Es ist der Diener seines Besitzers. Besitzt Arbeit Kapital? Nein! Die Menschen mit dem „desorganisirten Gehirn" würden die Arbeit zur Besitzerin des Kapitals machen. Aber das wollen Sie nicht und doch sagen Sie, „von Rechtswegen sollte das Kapital der Diener der Arbeit sein......" Denken Sie nicht, daß Sie einem Narren ziemlich ähnlich sind?

„Nun einige praktische Winke für unsere Freunde in Bezug auf den nächstes Frühjahr projektirten Achtstunden=Streik. Die Anzahl der organisirten Lohnarbeiter in diesem Lande beträgt ungefähr 800,000,* die Zahl der Unbeschäftigten gegen 2,000,000. Werden die Fabriklords unter solchen Umständen Euer bescheidenes Gesuch gewähren? Nein, Freunde! die kleinen Kapitalisten können und die großen wollen nicht. Dieselben werden Eure Plätze durch Arbeitslose

---

* Gegenwärtig die dreifache Zahl.

besetzen.......Ihr werdet dies zu verhindern suchen?......Dann kommt
die Polizei und die Miliz......"

Da wir nun klar voraus sagten, was kommen würde und was auch seither
eingetroffen ist, versuchten unsere Verfolger dem Publikum glauben zu machen,
daß wir uns „verschworen" hätten, am 1. Mai eine Revolution zu machen, zu
stürzen die Regierung der Ver. Staaten, um an deren Stelle die Anarchie zu
setzen — und zur Ausführung dieses leichten Unternehmens sollen wir uns verschworen haben, „an irgend einer Straßenkreuzung" eine Bombe zu werfen —
zu dumm!

Diese Verschwörungsgeschichte wäre ein famoser Stoff für eine komische
Oper. Sicher, Grinnell hat Offenbach übertroffen.

Die Central Labor Union, der Central-Körper der deutschen Gewerkschaften,
brachte den Ball in's Rollen. In verschiedenen Stadtheilen wurden große
Massenversammlungen abgehalten, in welcher die Achtstunden-Frage besprochen
und dafür Propaganda gemacht wurde. Die alten Gewerkschaften verdoppelten
und verdreifachten bald ihre Mitgliederzahl, während zur selben Zeit zahlreiche
neue Unionen organisirt wurden. Die „Trade und Labor Assembly" und die
Arbeits-Ritter agitirten die Frage in ihrer Weise und unabhängig, unter den von
ihnen repräsentirten Vereinen. Das Manifest des — gelinde gesagt — Wasch-
lappikus Powderly, welches besagte, daß das Land (d. h. die Kapitalisten) noch
nicht bereit sei das Achtstunden-System zu adoptiren, hatte wenig Einfluß auf die
Ritter in Chicago; dieselben wußten, daß die Kapitalisten niemals bereit sein
werden, weder für diese noch für andere Reformen, außer sie würden daraus
Vortheil ziehen können.

Einzelne der in der Central Labor Union vertretenen Körperschaften — hauptsächlich die Bäcker- Brauer- und Metzger-Unionen — verlangten eine Reduktion
der Arbeitszeit von 14 und 16 auf 10 Stunden und waren auch einige
Wochen vor dem 1. Mai siegreich. Diese Erfolge gaben der Bewegung neue
Impulse und füllten die Herzen der Achtstunden-Kämpfer mit Hoffnung und
Muth. Die „Arbeiter-Zeitung" trat für die Sache mit rücksichtsloser Energie ein
und ihrem Einfluß war der Sieg, welchen mehrere Unionen errangen, größten-
theils zuzuschreiben. Die Redner der „Internationalen" waren nahezu jeden
Abend auf den Beinen, sprachen in Versammlungen und organisirten neue
Vereine. Einige dieser Unionen traten den Arbeits-Rittern, andere der Central
Labor Union bei. Niemand entfaltete eine anstrengendere Thätigkeit, als die so
viel verleumdeten Anarchisten und thaten sie dies in keiner anderen Absicht, als um
die Bewegung erfolgreich zu gestalten. Die von der Central Labor Union am
Sonntag vor dem 1. Mai veranstaltete Achtstunden-Demonstration legte Zeugniß
von der Ausdehnung dieser Agitation ab.

Ein deutscher Gelehrter, ein Freund von mir, der auf einer wissenschaftlichen
Mission in diesem Lande begriffen war, sagte mir, daß er noch nie, weder in Lon-
don, Paris, Berlin oder Wien, eine so große und imposante Prozession gesehen

habe. An dem Seeufer, woselbst der Zug terminirte, hatten sich wenigstens 25,000 Personen angesammelt, zu denen Parsons, Fielden, Schwab und ich sprachen.

Dann kam der 1. Mai. Die Augen des ganzen Landes waren auf Chicago gerichtet. Hier, dies war Jedermann klar, würde die entscheidende Schlacht geschlagen werden. Eine Niederlage in Chicago bedeutete eine Niederlage im ganzen Lande.

Um dem Leser ein möglichst genaues Bild von dem allgemeinen, unter den 40,000 Lohnarbeitern, die ihre Werkzeuge niedergelegt hatten, um ihren Forderungen mehr Nachdruck zu verleihen, herrschenden Gefühl, deren Hoffnungen und Befürchtungen, deren Entschlossenheit und Muth, zu ermöglichen, füge ich hier folgenden, von mir am 1. Mai geschriebenen Lokal=Artikel ein:

„Die Würfel sind gefallen! Der 1. Mai 1886, dessen geschichtliche Bedeutung man in späteren Jahren erst begreifen und würdigen wird, ist da. Seit 20 Jahren hat das arbeitende Volk der Ver. Staaten Gesetzgeber und Ausbeuter um Einführung der achtstündigen Arbeitszeit angewinselt. Man verstand es, den schüchternen Bettler zu vertrösten und so verging ein Jahr nach dem andern. Vor zwei Jahren endlich ermannten sich die Vertreter einer Anzahl Arbeiter=Organisationen zu einem Beschluß in dieser Hinsicht. Der Beschluß lautete: Am 1. Mai 1886 soll in den Ver. Staaten die achtstündige Arbeitszeit eingeführt werden.

„Das ist eine vernünftige Forderung" — schrieb die Presse, schrieen die professionellen Volksbetrüger und zeterten die Ausbeuter. Man schimpfte auf die unverschämten Sozialisten, die Alles wollten und sich mit vernünftigen Forderungen, wie dieser, nicht begnügten.

So ging das fort. Es wurde agitirt und Jedermann war für die Abkürzung der Arbeitszeit. Mit dem Herannahen des Tages aber, an dem der Plan endlich zur Wirklichkeit werden sollte, machte sich bald eine auffällige Aenderung in dem Ton der Ausbeuter und ihrer Preßpfaffen bemerkbar. Was früher in der Theorie bescheiden und vernünftig gewesen, wurde jetzt plötzlich unverschämt und unvernünftig. Was man früher als lobenswerthen Gegensatz vom Sozialismus und Anarchismus angepriesen, verwandelte sich mit einemmal in „verbrecherischen Anarchismus" selbst. Der Pferdefuß der beutegierigen Höllengeister kam zum Vorschein. Das Achtstunden=Loblied hatten die Geister nur angestimmt, um ihre Gimpel, die Arbeiter, einzuschläfern, sie zu vertrösten und sie solchergestalt vom Sozialismus fernzuhalten.

Daß die Arbeiter ernstlich daran gehen würden, das Achtstunden=System einzuführen, daran dachten die Vertrauensspieler nicht, daß die Arbeiter eine solche Macht entwickeln würden, davon ließen sie sich nicht einmal träumen, — kurz, heute, wo man das Langerstrebte einführen will, wo man die Ausbeuter an ihre Verheißungen und Versprechungen mahnt, da weiß der Eine dies, der Andere jenes als Entschuldigungsgrund vorzubringen. Die Arbeiter möchten doch nur zufrieden sein und sich ganz und gar auf sie, die Ausbeuter, verlassen. Man will die Arbeiter von Neuem auf kommende Zeiten vertrösten.

Arbeiter, seid Ihr durch die Erfahrung, die Ihr gemacht, nicht gewitzigt genug, um das Spiel zu durchschauen, das man mit Euch treibt?! Wenn nicht, nun, dann ist Hopfen und Malz verloren.

Vor der Arbeitermasse selbst ist uns in dieser Hinsicht nicht bange, sie fühlt, was ihr Noth thut, wenn sie es auch nicht begreift. Uns ist bange vor den schuftigen Abwieglern, die sich durch die Glätte ihrer verrätherischen Zungen an die Spitze von Arbeiter-Vereinigungen geschwindelt haben und jetzt in der entscheidenden Stunde zum Rückmarsch, zum Retiriren blasen. Diese elenden Wichte sind erbärmlicher, als wir auszudrücken vermögen. Arbeiter, horcht nicht auf sie, ächtet sie als Verräther und Feiglinge. Wer vermag denn überhaupt zu sagen, ob die Lumpen nicht sehr nobel von den Ausbeutern für dieses Signal zum Rückmarsch belohnt werden! Wo so viel auf dem Spiel steht, wie jetzt, sind die Diebe sehr spendabel!

Arbeiter, besteht auf acht Stunden und keiner Minute mehr! Was Ihr bezüglich des Lohnes thut, das ist Eure Sache. Ihr allein könnt darüber urtheilen, und wenn George Schilling und Genossen erklären, daß sie Diejenigen seien, welche Euren Lohn zu bestimmen hätten, dann tretet die Kerle einfach in die Lumpen.

Es wird allem Anschein nach nicht ganz glatt abgehen. Viele der Ausbeuter, ja die meisten, sind entschlossen, die Arbeiter, welche sich ihrer Willkür nicht fügen, durch Aushungern zur „Vernunft", das heißt zur Knechtschaft, zurückzubringen. Es kommt nun darauf an, ob die Arbeiter sich selbst langsam aushungern lassen wollen, oder ob sie es vorziehen, ihren would-be Mördern ein Verständniß für moderne Anschauungen beizubringen. Wir hoffen, daß sie das letztere thun werden."

Am Montag, den 3. Mai, wurde der Streik allgemein. Die „Arbeiter-Zeitung von diesem Datum gibt eine vollständige Uebersicht über die lokale Bewegung jener Zeit, die sehr interessant zu lesen ist und deren editorielle Einleitung wie folgt lautet:

„Die allgemeine Sachlage heute Mittag war eine hoffnungerweckende. Eine ziemliche Anzahl von Ausbeutern hat heute Morgen kapitulirt und weitere Kapitulationen werden im Laufe des Tages erwartet. Die Frachtverlader marschirten heute Mittag in voller Zahl von Bahnhof zu Bahnhof. Es hieß, daß „Scabs" von Milwaukee importirt worden seien. Die Bahnhöfe sind von Spezialpolizisten besetzt, während unsere städtische Ordnungsbande sich unter dem Commando von 5 Lieutenants in der Armory verschanzt hat. Die Großspitzbuben haben für gute Speisen und Getränke Sorge getragen. Die Arbeiter in den Steinhöfen haben eine Union gegründet und verlangen neunstündigen Lohn für achtstündige Arbeit, und da man ihnen das nicht bewilligte, so sind sie an Streik gegangen. Die Steinhauer und Maurer sind gezwungen, mitzustreiken. In den Lumberdistrikten wird es möglicherweise zu einem Streik kommen. Die Brauer beabsichtigen einen Streik, wenn die „Bosses" heute ihre Forderung nicht voll und ganz bewilligen.

Im Möbelgeschäft besteht der Streik bezw. Lockout fort. Viele Fabrikanten haben sich bereit erklärt, eine zehnprozentige Lohnerhöhung zu bewilligen; die Möbel-arbeiter-Union geht auf keinen Compromiß ein. Die Metallarbeiter sind sieges-gewiß. Die Zahl der Streiker heute läßt sich nicht feststellen, doch dürfte sie sich auf 40,000 belaufen.

Muth! Muth! rufen wir; vergeßt nicht Herweg's Worte —

> „Deiner Dränger Schaar erblaßt,
> Wenn Du, müde Deiner Last,
> In die Ecke lehnst den Pflug,
> Wenn Du sagst: Es ist genug!"

Mehrere große Prozessionen wurden abgehalten, unter welchen besonders die, an der ungefähr 500 Nähmädchen theilnahmen, bemerkenswerth war. Diese Prozessionen waren durchaus ordnungsmäßig; aber trotzdem wurden sie mehrfach von der Polizei attackirt.

Am Nachmittag wurde ich von der Central Labor Union ersucht, in einer an 22. Str. und Blue Island Ave. abzuhaltenden Versammlung der Holzhof-Arbeiter zu sprechen. Ich hatte nicht die Absicht,t zu dieser Versammlung zu gehen. Ich war gänzlich erschöpft von den Anstrengu ngen der letzten Tage. Aber ein Comite sprach bei mir vor und drang in mich, mit zu gehen. Ich folgte......"

Hier wollen wir unsern gemordeten Freund unterbrechen und einen, in der „Arbeiter-Zeitung" vom 4. Mai veröffentlichten, von Spies selbst geschriebenen Bericht einschalten. Es ist dies nicht nur die letzte, von ihm als „freier Mann" geleistete journalistische Arbeit, sondern er schildert auch in lebendigen Farben die am 3. Mai herrschende Situation, die allgemeine Erregung der Massen, den Verlauf der betreffenden Versammlung und das bei der McCormick'schen Fabrik stattgehabte Scharmitzel zwischen der Polizei und den Streikern. Derselbe lautet:

„Vor sechs Monaten, als die Agitation für die Achtstunden-Bewegung eröffnet wurde, da waren es die Redner und Blätter der J. A. A., die verkündeten und schrieben: Arbeiter, wenn Ihr die „Achtstunden" haben wollt, dann bewaffnet Euch; man wird Euch sonst mit blutigen Köpfen heimschicken und auf Euren Gräbern werden die Vögel Maillieder singen." — „Das ist Unsinn," pflegte man darauf zu erwidern, „wenn die Arbeiter organisirt sind, dann werden sie sich die „Achtstunden" im Sonntagsstaat erobern." — Nun? Was sagt man jetzt, hatten wir recht oder unrecht? Wäre es möglich gewesen, was gestern Nachmittag hier geschehen, wenn man unsern Rath befolgt hätte?!

Lohnarbeiter, die hiesige Polizei hat gestern Nachmittag bei McCormick's Fabrik — soweit es sich feststellen läßt — vier Eurer Brüder ermordet und vielleicht 25 mehr oder weniger schwer verletzt. Wären Eure Brüder, die sich mit Steinen wehrten (einige davon hatten kleine Knippsdinger von Revolvern), mit guten Waffen und einer einzigen Dynamitbombe versehen gewesen, keiner der Mörder wäre seinem wohlverdienten Schicksal entronnen. So wurden nur Vier verun-staltet. Das ist traurig. Die gestrige Massacre geschah, um die 40,000 Streiker

in hiesiger Stadt mit Angst und Schrecken zu erfüllen; geschah, um die unzufrie=
denen und rebellisch gewordenen Arbeiter in das Joch der Sklaverei zurückzu=
treiben.   Ob man damit Erfolg haben wird — ? Ob man sich nicht am Ende
doch verrechnet hat — die nächsten Tage werden diese Frage beantworten   Wir
wollen dem Lauf der Dinge nicht mit Speculationen vorgreifen.

Die Lumberyardarbeiter auf der Südwestseite hielten gestern Nachmittag an
der Blackroad, etwa ¼ Meile nördlich von McCormick's Fabrik, eine Versamm=
lung ab, um Beschlüsse hinsichtlich ihrer Forderungen zu fassen, und ein Comite
zu erwählen, das einem Ausschuß der Lumberyardbesitzer die festgestellten For=
derungen vorlegen sollte.   Es war eine riesenhafte Menschenmenge, die sich einge=
funden hatte.   Mehrere Mitglieder der Lumberyard-Union hielten kurze An=
sprachen in englisch, böhmisch, deutsch und polnisch.   Herr Fehling wollet
sprechen, wurde jedoch, als die Versammelten erfuhren, daß er ein Sozialist sei,
gesteinigt, und mußte die improvisirte Rednerbühne auf einem Frachtwagen ver=
lassen.   Als dann noch einige Ansprachen gehalten waren, stellte der Vorsitzer
Herrn August Spies vor, der als Redner eingeladen war.   Ein Pole oder Böhme
schrie: „Das ist ein Sozialist," und wiederum erhob sich ein Sturm der Miß=
billigung, ein Lärmen und Toben, das genugsam bewies, daß dieses unwissende
Volk von den Pfaffen gegen die Sozialisten aufgehetzt war.   Der Redner ließ sich
jedoch nicht aus der Fassung bringen.   Er sprach weiter und bald herrschte die
größte Ruhe; er sagte ihnen, daß sie sich stark fühlen müßten gegenüber dem
kleinen Häuflein der Holzhofbesitzer, daß sie von ihrer einmal gestellten Forderung
nicht abweichen dürften — die Entscheidung liege in ihren Händen.   Sie brauchten
nur zu w o l l e n, und die „Bosses" würden und müßten zu Kreuz kriechen.

In diesem Augenblick schrien Einige (böhmisch oder polnisch) im Hintergrund:
„Auf nach McCormick's, laßt uns die „Scabs" vertreiben!"   Etwa 200 Mann
trennten sich nun von der Menge los und liefen nach McCormick's zu.

Der Redner wußte nicht, worum es sich handelte und fuhr in seiner Rede
fort.   Nach Schluß derselben wurde er als Comitemitglied erwählt, um den
Bosses zu erklären, daß die Streiker keine Zugeständnisse zu machen hätten.
Zunächst sprach ein Pole.   Währenddem dieser sprach, rasselte ein Patrolwagen
vorbei nach McCormick's zu.   Die Menge begann sich zu zerstreuen.   Nach etwa
3 Minuten krachten mehrere Schüsse bei McCormick's, denen bald andere folgten.
Zur selben Zeit marschirten unter dem Commando eines feisten Polizeilieutenants
etwa 75 wohlgenährte, große und starke Todtschläger auf die Fabrik zu und diesen
folgten auf dem Fuß drei weitere Patrolwagen voll Ordnungsbestien.   In
höchstens 10—15 Minuten waren 200 Polizisten zur Stelle und das Feuer auf
flüchtende Arbeiter und Arbeiterfrauen glich einer aus der Linie gerathenen wilden
Kesseljagd.   Schreiber dieses eilte, als die ersten Schüsse gefallen waren, hinauf
der Fabrik zu und ein Genosse forderte die Versammelten auf, ihren Brüdern, die
man ermorde, zur Hülfe zu eilen.   Aber Niemand regte sich.   „Was geht das uns
an?" war die stupide Antwort der zur Feigheit erzogenen Memmen.   Schreiber

stieß auf einen jungen Irländer, der ihn kannte. „Was sind das für elende Hundeseelen," rief er ihm entgegen, „die keine Hand rühren, währenddem man ihre Brüder dort kaltblütig niederschießt! — Zwei haben wir fortgeschleppt; ich glaub', sie sind todt. Wenn Sie Einfluß auf die Leute haben, um Himmelswillen, laufen Sie zurück und fordern Sie sie auf, Ihnen zu folgen." (Bezeichnend für den „ordnungsliebenden" Charakter der Polizei dürfte wohl sein, daß sich dieser „junge Irländer" später als Polizeispitzel entpuppte.) Schreiber lief zurück; er beschwor die Leute, mitzukommen — die, welche Revolver in den Taschen hätten, aber es war fruchtlos. Mit einer Gleichgültigkeit, die Jemand zur Raserei bringen könnte, steckten sie ihre Hände in die Hosentaschen und marschirten, als ginge sie das Alles gar nichts an, plaudernd nach Hause. Noch immer knallten die Revolver und noch immer eilten neue Abtheilungen von Polizei, die hier und da mit Steinen bombardirt wurden, nach dem Kampfplatz.... Die Schlacht war verloren. —

Es war gegen halb Vier, als das etwa 2—300 Mann starke Häuflein an McCormick's Werken anlangte. Der Polizist West wollte sie mit seinem Revolver zurückhalten, ein Steinregen, als Antwort, trieb ihn zur Flucht. Er ward so bös mitgenommen, daß man ihn später, etwa 100 Schritt entfernt, halbtodt und furchbar stöhnend, auffand. „Raus, Ihr verfluchten Scabs, elende Verräther!" schrie das Häuflein jetzt und bombardirte die Fenster der Fabrik mit Steinen. Das kleine Wachthäuschen wurde demolirt. Die „Scabs" waren in Todesangst — da brauste im nächsten Augenblick der telephonisch beorderte Patrolwagen der Hinmanstraße heran mit 13 Todtschlägern. Als diese sofort mit ihren Knüppeln einen Angriff machen wollten, wurden sie mit einem Steinhagel empfangen. „Zurück, auseinander!" schrie der Lieutnant — im nächsten Augenblick knallte es, die Bande hatte auf die Streiker gefeuert. Sie habe über deren Köpfe hinweggefeuert, giebt sie nachträglich an. Doch sei dem, wie ihm wolle — einige der Streiker hatten kleine Knippsdinger von Revolvern und erwiderten mit diesen das Feuer.

Inzwischen waren die anderen Abtheilungen angekommen und die ganze Todtschlägerbande eröffnete nun Feuer auf das Häuflein (20,000 schreibt das Polizeiblatt „Herald", seien es gewesen. Die ganze Versammlung hatte kaum 8000 gezählt. So wird gelogen.) Mit ihren Waffen — nämlich Steinen! — kämpften die Leute mit bewunderungswürdiger Bravour. Ein halbes Dutzend Blauröcke streckten sie nieder, und die vom Faulenzen und Wohlleben zur Vollmast entwickelten Wänste rammelten sich stöhnend am Boden herum. Vier der Kerle sollen sehr gefährlich verwundet sein, viele andere kamen leider mit leichteren Verletzungen davon. (Die Bande verheimlicht das natürlich, ebenso wie sie in '77 die Zahl Derjenigen verheimlichte, welche damals in's Gras gebissen haben.) Aber schlimmer sah es auf Seiten der wehrlosen Arbeiter aus. Dutzende, die leichte Schußwunden erhalten hatten, eilten unter den ihnen nachgesandten Kugeln davon — die Bande schoß nämlich wie immer auf die Flüchtlinge —, während Frauen und

Männer die Schwerverwundeten forttrugen. Wie viele eigentlich verwundet und wie viele tödtlich verletzt worden sind, darüber fehlt jede Gewißheit, aber wir glauben nicht fehl zu gehen, wenn wir die Zahl der tödtlich Verletzten auf etwa 6 und die der leichter Verwundeten auf 2 Dutzend angeben. Wir wissen von Vieren, von denen einer in die Milz, einer in die Stirn, einer durch die Brust und einer in die Hüfte geschossen war. Ein sterbender Knabe, Joseph Doetick, wurde auf einem Expreßwagen von zwei Polizisten heimgefahren. Die Leute sahen nicht den Sterbenden in dem Wagen; sie sahen nur die zwei Todtschläger. „Lyncht die Hallunken!" schallte es aus der Menge. Die Kerle wollten ausreißen und sich verkriechen, aber umsonst. Schon hatte man dem Einen die Schlinge eines Strickes um den Hals geworfen, da rasselte ein Patrolwagen mitten in den Haufen hinein und verhinderte das löbliche Werk. Jos. ... , der ihm den Strick um den Hals gelegt hatte, wurde verhaftet.

Später wurden die Scabs unter starker Escorte die Blue Island Avenue hinunter geführt. Frauen und Kinder brachen in Entrüstungsrufe aus, faule Eier sausten durch die Luft — nur die Männer nahmen die Sache gemüthlich und schmauchten ihre Pfeifchen, als ob Kirmeß gewesen wäre......"

Spies begab sich hierauf nach seiner Office, erregt, entsetzt, von Abscheu erfüllt, sowohl betreffs der Brutalität der Polizei als auch über die Stupidität und die Feigheit der Massen. Er selbst schreibt darüber:

„Als ich sah, daß ich von keinem Nutzen sein konnte, begab ich mich nach dem Redaktions-Lokale der „Arbeiter-Zeitung." In welch' geistiger Verfassung ich zur Zeit mich befand, vermag ich selbst nicht zu beschreiben. Ich setzte mich nieder, um einen Aufruf an die Arbeiter zu entwerfen — ich wollte ihnen das Geschehene berichten und den Rath ertheilen, nicht so einfältig zu sein, einem im Dienste der Kapitalisten stehenden, bis an die Zähne bewaffneten „Mob" mit leeren Händen Widerstand zu leisten — aber ich war so erregt, daß ich nicht zu schreiben vermochte. Ich diktirte einen kurzen Appell an das arbeitende Volk, zerriß jedoch das Manuscript, nachdem ich es gelesen, setzte mich nieder — die Setzer warteten auf Manuscript — und verfaßte das nun berühmt gewordene sogen. Rache-Cirkular in deutscher und englischer Sprache, dessen Inhalt wie folgt lautet:

„Rache! Rache!
Arbeiter, zu den Waffen!

Arbeitendes Volk, heute Nachmittag mordeten die Bluthunde Eurer Ausbeuter 6 Eurer Brüder draußen bei McCormick's. Warum mordeten sie dieselben? Weil sie den Muth hatten, mit dem Loos unzufrieden zu sein, welches Eure Ausbeuter ihnen beschieden haben. Sie forderten Brod, man antwortete ihnen mit Blei, eingedenk der Thatsache, daß man damit das Volk am wirksamsten zum Schweigen bringen kann! Viele, viele Jahre habt Ihr alle Demüthigungen ohne Widerspruch ertragen, habt Euch vom frühen Morgen bis zum späten Abend geschunden, habt

Entbehrungen jeder Art ertragen, habt Eure Kinder selbst geopfert — Alles, um die Schatzkammern Eurer Herren zu füllen, Alles für sie! Und jetzt, wo Ihr vor sie hintretet und sie ersucht, Eure Bürde etwas zu erleichtern, da hetzen sie zum Dank für Eure Opfer ihre Bluthunde, die Polizei, auf Euch, um Euch mit Blei-kugeln von der Unzufriedenheit zu kuriren. Sklaven, wir fragen und beschwören Euch bei Allem, was Euch heilig und werth ist, rächt den scheußlichen Mord, den man heute an Euren Brüdern beging und vielleicht morgen schon an Euch be-gehen wird. Arbeitendes Volk, Herkules, Du bist am Scheideweg angelangt. Wofür entscheidest Du Dich? Für Sklaverei und Hunger, oder für Freiheit und Brod? Entscheidest Du Dich für das Letztere, dann säume keinen Augenblick; dann, Volk, zu den Waffen! Vernichtung den menschlichen Bestien, die sich Deine Herrscher nennen! Rücksichtslose Vernichtung ihnen — das muß Deine Losung sein! Denk' der Helden, deren Blut den Weg zum Fortschritt, zur Freiheit und zur Menschlichkeit gedüngt — und strebe, ihrer würdig zu werden!"

Ich ordnete den Druck des Cirkulars an und beauftragte einen Mann, das-selbe Abends nach den verschiedenen Versammlungen zu bringen und daselbst zu vertheilen. Hierauf ging ich nach Hause. Am nächsten Morgen, zwischen 9 und 10 Uhr, fragte mich Adolph Fischer, einer der Setzer der „Arbeiter-Zeitung," ob ich nicht willens wäre, am Abend in einer auf dem Heumarkt abzu-haltenden Massenversammlung zu sprechen, in welcher die Brutalität der Polizei verdammt und die herschende Situation besprochen werden solle. Ich fragte, ob keine anderen Redner zu bekommen seien, da es mir kaum möglich, in einer großen Versammlung zu reden. Fischer sagte, daß die Versammlung von den Delegaten einer Anzahl Gewerkschaften berufen worden sei. Ich kümmerte mich nicht weiter um die Angelegenheit. Gegen 11 Uhr sprach ein Mitglied der Carpenter-Union bei mir vor und ersuchte mich, das Cirkular, vermittelst welchem die Heumarkt-Versammlung einberufen wurde, als Anzeige in der Zeitung zu veröffentlichen. Am Fuße desselben standen die Worte zu lesen — „Arbeiter, bringt Eure Waffen mit!"

„Dies ist lächerlich!" rief ich aus und ließ Fischer rufen. Ich sagte ihm, daß ich in der Versammlung nicht sprechen würde, wenn dies das Cirkular sei, vermittelst welchem sie angezeigt werde.

Der Mann antwortete: „Es sind noch keine von den Cirkularen vertheilt worden, wir können die anstößigen Worte herauslassen." Fischer stimmte diesem ·bei und erklärte ich denselben, daß wenn dieses geschehe, ich befriedigt sei.

Ich erwartete nicht und konnte es nicht glauben, daß die Polizei muthwilliger Weise eine friedliche Bürger-Versammlung attackiren werde. Und ich habe noch nie eine unordentliche Arbeiter-Versammlung gesehen! Die einzigen unordent-lichen Versammlungen, denen ich je beigewohnt habe, waren demokratischen oder republikanischen Ursprungs. Um 4 Uhr Nachmittags begab ich mich nach Hause, um mich ein wenig auszuruhen. Die der Aufregung des vorhergegangenen Tages folgende Reaktion wirkte mächtig auf mich ein. Ich war sehr müde und übelgelaunt. Nach dem Abendessen sprach mein Bruder Heinrich bei mir vor. Ich ersuchte ihn, mit zu der Versammlung zu gehen, was er that. Wir gingen lang= sam die Milwaukee Ave. hinunter; es war sehr warm ... Es war schon 15 Mi= nuten nach 8 Uhr, als wir an Desplaines und Lake Str. anlangten. Ich war der Ansicht, daß ich eine deutsche Rede halten sollte, die gewöhnlich einer englischen Ansprache folgte. Dies der Grund, warum ich etwas spät war.

Der Platz war besäet mit kleinen und großen Gruppen von Männern und da ich Niemand sah, von dem angenommen werden konnte, daß er autorisirt sei die Versammlung zu eröffnen, sprang ich auf einen Wagen, rief die Versammlung zur Ordnung und fragte nach Mr. Parsons, da ich annahm, daß derselbe als Redner eingeladen worden sei. Parsons war jedoch nicht anwesend, ein Bericht= erstatter theilte mir mit, daß er Parsons wenige Minuten vorher an Halsted und Randolph Straße gesehen hätte. Ich ersuchte die Versammelten, sich einige Minuten zu gedulden und machte den Versuch, Parsons zu finden. Da mir dies nicht gelang, kehrte ich nach dem Wagen zurück, wo mir Jemand mittheilte, daß Parsons, Fielden u. A. auf der Office der „Arbeiter-Zeitung" versammelt seien. Ich sandte einen unserer Angestellten nach der Office, um Parsons und Fielden rufen zu lassen und begann zu der Versammlung zu sprechen. Ich sprach ungefähr 20 Minuten. Hierauf ergriff Parsons das Wort. Die Anwesenden waren ruhig und aufmerksam. Parsons sprach längere Zeit und behandelte hauptsächlich die Achtstunden=Frage. Während er sprach, fragte ich Fielden, ob er nicht geneigt wäre, ein paar Worte zu reden. Er erklärte, es sei ihm nicht gerade um's Reden, aber er werde einige Worte sprechen und dann die Versammlung vertagen. Ich entgegnete: „Gut, ich bin's zufrieden." Es war ungefähr 10 Uhr, als Fielden zu reden begann. Einige Minuten später stiegen im Norden, schwarze, drohende Wolken auf. Die Mehrzahl der Leute — da sie Regen befürchteten — verließen nun die Versammlung. „Wartet noch eine Minute, ich werde meine Rede augen= blicklich schließen" — sagte Fielden. Zu dieser Zeit mögen kaum noch 200 Men= schen da gewesen sein; eine Minute später formirten sich an der Kreuzung der Randolph Straße 200 Polizisten in Marschlinie und eilten in doppel=schnellem Schritt, auf das kleine Häuflein zu!

Indem er seinen Stock in befehlender Weise erhob, sagte Capt. Ward, seine Worte an Fielden richtend (ich stand gerade hinter diesem): „Im Namen des Volk's des Staates Illinois, befehle ich dieser Versammlung, auseinander zu gehen!"

„Kapitän, dies ist eine friedliche Versammlung!" entgegnete Fielden. Kapt. Ward beachtete diese Worte jedoch nicht, sondern kommandirte seine Mannschaft zum Angriff. In diesem Augenblick wurde ich durch meinen Bruder und Anderen vom Wagen gezogen und gerade, als ich mit meinen Füßen den Boden berührte, ertönte ein schrecklicher Knall. „Was ist das?" fragte mein Bruder. „Ich glaube, ein Kanonenschuß," war meine Antwort. In demselben Momente begann die Polizei auf das Volk zu schießen; Alles lief davon. Ich verlor meinen Bruder in dem Gedränge. Die Menschen fielen, von Kugeln getroffen, rechts und links. Als ich die, nördlich von Crane's Fabrik gelegene Alley passirte, flüchtete sich eine Anzahl Polizisten in dieselbe, von denen Einzelne jammerten, daß sie verwundet seien. Dieselben waren augenscheinlich von ihren eigenen Kameraden geschossen worden und suchten Schutz in der Alley. Ich war in parallel laufender Linie mit denselben und umsausten uns die Kugeln gleich einem Bienenschwarm. Ich fiel ein= oder zwei=mal über am Boden liegende Verwundete und gelangte unverletzt nach Zepf's Bierwirthschaft. Hier vernahm ich zum ersten Mal, daß der laute Knall durch die Explosion einer Bombe verursacht worden sei. Ich vermochte keine Einzelnheiten zu erfahren und fuhr eine halbe Stunde später nach Hause, um=auszufinden, was aus meinem Bruder geworden. Hier erfuhr ich, daß er gefährlich verwundet ward. Sich umdrehend, zur Zeit als ich sagte: „Ich glaube ein Kanonenschuß," sah er, wie ein dicht hinter mir stehender Mann seinen Revolver auf mich angelegt hatte, um mich meuchlings zu erschießen. Er griff nach dem Laufe des Revolvers und wurde durch die für mich bestimmte Kugel schwer im Unterleib verletzt.*

Am nächsten Morgen berichteten die Zeitungen, daß die Polizei die ganze Nacht nach mir gesucht und daß sie den Befehl hätte, mich zu verhaften. Dies war gelogen; Niemand begehrte während der Nacht Einlaß in meine Woh= nung. Ich begab mich zur gewöhnlichen Zeit nach meiner Office und ging an meine Arbeit. Gegen 9 Uhr Morgens machte Spitzel Bonfield sein Erscheinen und theilte mir mit, daß der Polizeichef mich zu sprechen wünsche. Ich folgte ihm nach der Central=Polizeistation. Zwei andere Spitzel verhafteten Schwab und meinen Bruder Christian, der auf die Office gekommen war, um Auskunft über die Geschehnisse der vergangenen Nacht zu erhalten. Der Umstand, daß sein Name Spies war, genügte, ihn zu verhaften und ihn des Mordes anzuklagen.

Dies war am 5. Mai 1886. Ich sitze seitdem hinter Kerkermauern (Spätjahr 1886). Die Komödie, genannt Prozeß währte 8 Wochen und endete, wie dem Leser wohl bekannt, mit unserer Verurtheilung...... Und, fügen wir hinzu, mit der **kaltblütigen Ermordung** von S p i e s, P a r s o n s, E n g e l, F i s c h e r und L i n g g, und der lebenslänglichen Einsperrung von Neebe, Schwab und Fielden — im Zuchthaus zu Joliet!

*   *   *

Wir vermögen das Kapitel über die Achtstunden=Bewegung nicht zu schließen, ohne diesem eine Anzahl, von Aug. Spies über diesen Gegenstand geschriebene Abhandlungen, oder Bruchstücke solcher, beizufügen. Es geschieht dies einestheils, um die f r e c h e L ü g e Grinnell's und ihm gleich verwandter Seelen — die behaupteten, Spies und Genossen seien Gegner dieser Bewegung gewesen —

---

* Es besteht kein Zweifel darüber, daß Spitzel unter der Masse und zu dem Zweck postirt waren, um bei Ankunft der Polizei die den Kapitalisten verhaßten Volksredner zu ermorden.

zurückzuweisen; anderntheils, um dem Proletariat Gelegenheit zu geben, aus jener großen Bewegung durch Belehrung für die Zukunft einen Vortheil zu ziehen, es ihm zu ermöglichen, ein Urtheil darüber zu fällen, ob Spies und Genossen, resp. die A n a r ch i st e n im Allgemeinen, die Situation nicht richtig erkannt — ob sie es nicht waren, welche mit prophetischem Blick und unerschrockenem Muth, d a s vorher verkündeten, was da kommen würde, falls das arbeitende Volk den Kapitalisten wehrlos gegenüber stände — —

*   *   *

Am 5. September 1885, also nahezu 8 Monate vor dem großen Kampf, schrieb Spies:

„......Wird am 1. Mai der achtstündige Arbeitstag von den Arbeiter= Organisationen erklärt und machen diese den Versuch, der Erklärung die Aus= führung folgen zu lassen, d a n n s e tz t e s K e i l e, denn von einem Nachgeben der Fabrikanten kann schlechterdings keine Rede sein. Die Klein=Fabrikanten, welche zumeist mit fremdem Kapital und schlechten Geräthschaften arbeiten, kön= nen die Forderung nach ihrer Berechnung nicht bewilligen, ohne sich zu ruiniren. Einzelne können die Bewilligung nicht machen, weil sie nach ihrer Berechnung dadurch concurrenzunfähig werden würden — b l e i b t a l s o n u r d e r K a m p f. Wo dieser Kampf enden wird, darüber kann man freilich nur Vermuthungen hegen. Wir erinnern daran, daß der Kampf, welcher mit der „Befreiung" der schwarzen Sklaven endete, sich ursprünglich darum drehte, ob die Sklaverei auf Kansas ausgedehnt werden solle oder nicht......"

*   *   *

In einer am 12. Oktober 1885 von der Central Labor Union nach der Vor= wärts Turnhalle einberufenen, von Tausenden besuchten Massenversammlung, in der Fielden, Simpson, Grottkau u. A. sprachen, gelangten folgende, von Spies entworfene Resolutionen unter stürmischem Applaus zur Annahme:

„In Erwägung: Daß unter den organisirten Arbeitern dieses Landes eine Bewegung im Gange ist, die dahin zielt, am 1. Mai n. J. den achtstündigen Arbeitstag einzuführen und

In Erwägung: Daß zu erwarten steht, daß die Klasse professioneller Faulenzer (die herrschende Klasse), welche an unserem Lebensnerv nagt, diesem Versuch allen möglichen Widerstand entgegensetzen wird durch Pinkertons, Polizei und Miliz; — deshalb sei es

Beschlossen: Daß wir die Lohnarbeiter auf die Nothwendigkeit aufmerksam machen, sich zu b e w a ff n e n, um ihren Ausbeutern mit solchen Argumenten gegenüber zu treten, auf die a l l e i n sie horchen: Gewalt! Und

Beschlossen: Daß, während wir uns von der Einführung des achtstündigen Arbeitstages sehr wenig versprechen, wir uns dennoch m i t H e r z u n d H a n d verpflichten, u n s e r e n r ü ck st ä n d i g e n B r ü d e r n i n d i e s e m K l a s s e n k a m p f m i t a l l e n K r ä f t e n u n d M i t t e l n beizustehen,

so lange sie eine offene und entschlossene Front zeigen unserm gemeinsamen Gegner, den aristokratischen Vagabunden und Ausbeutern. Unser Kriegsruf sei:
Tod den Feinden der menschlichen Rasse!"

* * *

Am 11. Januar 1886 hielt Spies in der Aurora Turnhalle, vor zahlreich
versammeltem Publikum, eine beifällig aufgenommene Rede über die Achtstunden-
Bewegung, deren wesentlicher Inhalt wie folgt lautet:

„Bösartige oder beschränkte Menschen haben das Gerücht ausgesprengt, die
Internationale sei gegen die Einführung des achtstündigen Arbeitstages. **Dies
muß als eine Lüge gebrandmarkt werden.** Die Internationale
ist für diese Maßnahme, welche unter den gegebenen Verhältnissen zu einer
Nothwendigkeit geworden ist. Aber sie hat ihre speziellen Anschauungen. Sie
faßt die Forderung eines verkürzten Arbeitstages nicht als das Endziel, nicht als
Alles, was die Arbeiter anstreben sollten, auf. Die Internationale unterstützt die Achtstundenbewegung, und ein jeder ehrliche, denkende, sich seiner Lage
bewußte Arbeiter muß dies thun. Indem aber sie für die Verkürzung der Arbeitszeit eintritt, geht sie von einer ganz anderen Anschauung aus, als die sogenannten
wahren Gewerkschaftler.

Ist die Forderung eines verkürzten Arbeitstages berechtigt? Die Nichtarbeitenden, die Angehörigen der faulenzenden Klasse, erklären, daß diese Forderung unberechtigt, ungesetzlich sei, daß nur sie das Recht hätten, die Arbeitszeit
ihrer Lohnsklaven zu bestimmen, daß Diejenigen, welche die Forderung aufstellen,
einfach Störenfriede und Faulenzer seien.

Die Gewerkschaften wiederum stellen sich auf den moralischen Standpunkt.
Sie weisen auf die Wohlthaten hin, die aus einer Verkürzung der Arbeitszeit
entstehen würden, bleiben jedoch gleichzeitig auf dem Boden des Gesetzes und
Eigenthumsrechtes stehen und stellen das Privileg, das Bestimmungsrecht der
Besitzenden über sie, nicht in Frage; es fällt ihnen auch gar nicht ein, das bestehende kapitalistische System als schlecht, verwerflich und des Umsturzes bedür-
fend hinzustellen. Ein unbewußter Drang zwingt sie jedoch, für die Verkürzung
der Arbeitszeit einzutreten, und es liegt die Annahme nahe, daß sie nach dem 1.
Mai ihre Forderung mit allen Mitteln durchzusetzen versuchen werden. Es ist
also klar, daß die Gewerkschaftler sich hier in einen großen Widerspruch verwickelt
haben. Sie halten das kapitalistische System für berechtigt, wollen aber dem
Kapitalismus ein solch' wichtiges Recht, wie das der Bestimmung der Arbeitszeit,
abstreiten.

Die Internationale hingegen betrachtet das ganze bestehende kapitalistische
System als einen Schwindel, als einen großartig organisirten
Raub, und, indem sie sagt, daß die Arbeiter nicht nur berechtigt sind, ihre
Arbeitszeit zu verkürzen, sondern vielmehr sich in den vollständigen Besitz der
Maschinen und Fabriken zu setzen, bleibt sie sich consequent. Die Internationale

betrachtet die Menschheit als eine Masse, die in zwei entgegengesetzte Theile zer-
fällt, Arbeitende und Nichtarbeitende. Man sollte meinen, daß Diejenigen,
welche durch ihre Arbeit die Existenz der ganzen Menschheit ermöglichen, auch über
die Art und Weise und die Zeit der Arbeit zu bestimmen hätten. Aber das ist
durchaus nicht der Fall. Diejenigen, die **nicht arbeiten**, die Diebe also,
haben die ganze Erde, alle Güter und Naturreichthümer, mit Beschlag belegt und
zwingen vermittelst dieser Einrichtung Alle, die arbeiten wollen, ihnen für das
Recht auf Arbeit einen Tribut zu zahlen.

Die Erfindungen, Dampf, Wasser, Elektricität, Maschinen, die Tausende
von Menschen brodlos machen, gehören auch ihnen. Ihr Reichthum wächst,
während das Elend und die Armuth der Besitzlosen immer größer wird. Diese
Erscheinungen regen zum Denken an und treiben die friedlichsten Arbeiter zum
Widerstand. Daher die Streiks, die unendlichen Lohnkämpfe zwischen Kapital
und Arbeit. Die Arbeiter kämpfen, weil sie leben wollen. Dieselbe Ursache liegt
auch der Achtstunden-Bewegung zu Grunde.

Wollen die Arbeiter ihre Forderung erzwingen, müssen sie sich **bewaff-
nen**, sich organisiren und zur Erkenntniß gelangen, daß nur der Genuß der
Zweck des Lebens ist, daß man nur durch Kampf zum Erfolg gelangen kann. . . .
Ich fordere Euch Anwesende auf: Schließt Euch den Gewerkschaften und der
Internationale an!"

*   *   *

„Ergötzlich ist es, zu lesen, mit welchen Einwänden man von kapitalistischer
Seite gegen die Erfüllung von Arbeiterforderungen zu Felde zieht. Das ist ein
Drehen und Winden, ein Jammern und Winseln, daß es einen Stein erbarmen
möchte. Ueber die Periode, in welcher man mit frechem Hochmuth auf Alles,
was ehrliche Arbeit verrichtete, herabsah, sind wir hinweg. Man läßt sich herbei,
mit dem Arbeiter zu discutiren. Wer aber glaubt, daß man da auf scharfe Gedanken und logische Auseinandersetzungen zur Vertheidigung des kapitalistischen
Raubsystems stoßen werde, irrt sich. Mit Rührmitteln aller Art suchte man den
Arbeiter zu bethören, da man in ihm und oft (leider!) mit Recht ein weiches Herz
vermuthet.

Der harte Stand, welchen die kleineren Gewerbetreibenden dem Großkapital
gegenüber haben, muß besonders oft herhalten. Es heißt da, die Einführung des
Achtstundentages werde einer Anzahl kleiner Handwerker den Garaus machen und
sie in das darbende Arbeiterthum zurückschleudern. Man möge doch Mitleid mit
diesen armen Teufeln haben. Eine sonderbare Zumuthung!

Nur drei Dinge sind hier möglich. Ist der kleine Kapitalist schlimmer daran,
wie ein gewöhnlicher Arbeiter, dann ist es für ihn eine wahre Wohlthat, den Reihen
der angeblich besser gestellten Lohnsklaven angeschlossen zu werden. Ist er aber
besser daran, so müßte der Lohnsklave ein einfältiger Rührnesel sein, wollte er seine
eigene Lage nicht verbessern, nur damit eine gewisse Klasse von Gewerbetreibenden
ein angenehmes Leben weiter fortsetzen kann. Wenn es aber gehupft wie ge-

sprungen sein sollte, ob Arbeiter oder Kleinggewerbtreibender, dann liegt überhaupt gar kein Grund für den Arbeiter vor, von der betretenen Bahn abzuweichen.

Allerdings sucht man den Arbeiter auch durch andere Gründe zum Aufgeben
seiner Taktik zu bewegen. Man sagt ihm, durch Erzwingung der Achtstunden-
Arbeit würden die großen Kapitalisten Herr der ganzen gewerblichen Einrichtungen
des Landes und würden dann die Arbeiter erst recht zu Paaren treiben. Die
Voraussetzung mag vielleicht richtig sein, der daraus gezogene Schluß ist indeß
falsch, weil er darauf fußt, daß die Lohnsklaven unter allen Umständen die
Achtung vor dem Gesetz und den Handlangern der Ordnung bewahren würden.
Alle Anzeichen deuten aber gerade auf das Gegentheil. Man denke sich eine
Arbeiterklasse, die eins ist in dem Hasse gegen die bestehende Unterdrückung, bei
der kein Rührmittel mehr verfängt, weil mit den Uebergänge vermittelnden mitt-
leren Klassen gründlich aufgeräumt worden ist, und frage sich dann, ob einige
Tausend Großkapitalisten auch dann noch im Stande sein werden, ihr schändl ches
Thun und Treiben fortzusetzen. Gewiß nicht. Das kapitalistische Raubsystem
existirt nur noch, weil es einen gewissen Rückhalt im Volke hat. Und seinen
stärksten Rückhalt findet es gerade bei jenen Elementen, welche das Proletariat
hinter sich gelassen haben und eifrig darnach streben, Großkapitalisten zu werden.

Es ist überhaupt zu verwundern, wie die kapitalistischen Mundstücke dazu
kommen, sich zum Beschützer des Mittelmannes aufzuwerfen. Sind nicht gerade
sie es, welche beinahe jedem Millionär es zum besonderen Verdienste anrechnen,
daß er sich aus geringen Anfängen emporarbeitete. Man wird aber nur Klein-
kapitalist, wenn man seine Mitarbeiter auszubeuten beginnt, und nur Groß-
kapitalist, wenn man eine Anzahl Kleinkapitalisten und Arbeiter um das Ihrige
erleichtert. Diese Vorgänge sind kein Geheimniß. Das ist die Stufenleiter der
kapitalistischen Gesellschaftsordnung.

Wer freilich von der Einführung der Achtstundenarbeit die Heilung aller
Schäden und Gebrechen unserer gewerblichen Zustände erhofft, hofft vergebens.
Der Achtstundentag ist eine Errungenschaft für den Arbeiter. Nur in graue
Theorien verrannte Menschen oder kapitalistische Werkzeuge werden das leugnen.
Er ist aber nur ein Schritt weiter zum Ziele, der Abschaffung der Lohnsklaverei.
Sein vorzüglichster Nutzen wird mehr ein ideeller wie ein materieller sein. Er
wird den Muth der Massen neu beleben, sie zu weiteren Forderungen anspornen,
ihre Organisationen befestigen und den Sturz des heutigen Systems vor-
bereiten."

$$*\qquad *\qquad *$$

Der Haupteinwand, der von Seite der faulenzenden Klasse gegen die Ab-
kürzung der Arbeitszeit erhoben wird, ist der, daß die Arbeiter zu ihrem eigenen
Nachtheil die freie Zeit in den Wirthschaften verbringen würden. Wie schädlich
es ist, sich in Wirthschaften herumzudrücken, wissen die Faulenzer besser als sonst
Jemand; auf diesem Gebiet sind sie Autorität, denn sie sprechen da aus eigner
Erfahrung.

So hörten wir vor einigen Tagen einen hiesigen Fabrikanten, der sich Tag für Tag in Wein- und Bierkneipen, sowie in Spielhöllen im Durchschnitt nicht weniger als acht Stunden herumtreibt und hier das Geld verjubelt, für das sich seine Arbeiter abschinden und plagen, dahin äußern, daß die Abkürzung der Arbeitszeit unstreitig den sittlichen Ruin der Arbeiter herbeiführen würde und daß er aus diesem Grunde mit aller Gewalt dagegen ankämpfen werde. Wie besorgt der brave Herr um das sittliche Wohl seiner Sklaven ist! Diese Besorgniß erklärt wohl auch den weiteren Umstand, daß der besagte Herr kleine Knaben- und Mädchenleiber von seinen Maschinen in baares Geld verarbeiten läßt: er will sie offenbar vor dem Schicksal des sittlichen Ruins bewahren. Wie väterlich und wie wohlwollend diese Ausbeuter und Faulenzer ihren Ernährern gegenüber doch sind, nicht wahr?"

*   *   *

Den letzten, die Achtstunden-Bewegung und die durch dieselbe hervorgerufene Vergewaltigung der Arbeiter behandelnden Leitartikel — schrieb Spies am 28. April, also zwei Tage vor Beginn des großen Streik's und bringen wir denselben in Nachstehendem vollinhaltlich zum Abdruck:

„Triumphirend melden die Organe der Kapitalmacht, daß Gesetz und Ordnung in New York und an anderen Orten den Arbeiterorganisationen übel mitspielen. Verhaftungen folgen auf Verhaftungen, und Hunderte von Boycottern und Streikern werden vor die Richter geschleppt und zu Strafen verurtheilt. Gleichzeitig stiftet die Erpresserbande, so man auch Kapitalisten nennt, überall Verschwörungen an, welche auf alle mögliche Weise die Fortschritte der Arbeiterbewegung zu hindern suchen. Gesetz und Ordnung sollen die Freiheit des Kontraktes zwischen Lohnsklaven und Ausbeutern wahren! Der Wucherer zwingt Niemandem sein Geld auf, freiwillig gehen ihm seine Opfer in's Netz, der Räuber setzt dem friedlichen Wanderer die Pistole auf die Brust, und freiwillig liefert dieser Uhr und Geld aus, der kapitalistische Erpresser schwingt die Hungerknute, und freiwillig stellt ihm der Lohnsklave seine Arbeit zur Verfügung. Oh, es sind lauter Freiwillige! Hin und wieder freilich wagt es so ein Kerl zu mucksen, aber man macht ihn bald zu einem stummen, stillen Mann, die Züchtlingsjacke oder Pulver und Blei bewirken das Wunder. Und die anderen frohnen freiwillig demüthig weiter. Oh, es sind lauter Freiwillige!

Jedes Land hat seine Märtyrer der Arbeitersache und sie haben nicht vergebens gelitten, geduldet und ihr Leben hingegeben.

Nicht Alter noch Geschlecht schont die Ordnungsbestie, der Drache, dem die Neuzeit Opfer schlachtet. Welch' eine lange Reihe von edlen Frauengestalten von Sophia Perowskaja, die von der Schlinge des Henkers erwürgt wurde, bis zur New Yorker Fabrikarbeiterin, die man wegen Boycottens bestraft! Wer zählt die trotzig-muthigen Männer, die ihr ganzes Dasein der Sache des Volkes widmeten, in Kerkern verkamen, zu Tode gehetzt wurden und ihr Haupt auf den Block des

Scharfrichters legten? Eine Sache, die so viele Märtyrer aufzuweisen hat, wurzelt im Volke selbst und kann nur mit dem Volke selbst vernichtet werden.

Fahrt fort mit der Anwendung Eurer Gesetzesparagraphen, heuchlerische Erpresser, denen die Beraubung des Nebenmenschen zur zweiten Natur geworden! Verhaftet, hetzt und tödtet! Was Ihr wollt, wird Euch nicht gelingen. Ihr reißt nur Eurer häßlichen Ordnung den verdeckenden Mantel von ihrem bresthaften Leibe. Wer Eure Ordnung sieht, wie sie ist, wendet sich entsetzt von ihr ab.

Was die Anarchisten schon vor Monaten vorausgesagt haben, das bewahrheitet sich nun. In ruhigen Zeiten wurden die Gesetzesfesseln geschmiedet, um sie in stürmischen Zeitläuften gebrauchen zu können. Aus staubiger Rumpelkammer holt man die verschimmelten Gesetzesbücher und sucht durch praktische Inscenirung der amerikanischen Freiheit einen Damm gegen die heraufluthende Arbeiterbewegung zu bauen.

Wohlan, wenn Ihr Gesetzesdämme baut oder gebaut habt, so wird man sie brechen müssen. „Gleiches mit Gleichem,“ der Spruch der Homoepathen gilt auch hier. Der Macht der Fabrikantenbünde und ihres Staates müssen die Arbeiterorganisationen entgegengesetzt werden. Den Polizisten und Soldaten, welche dieser Macht Geltung verschaffen, müssen bewaffnete Arbeiterheere entgegengestellt werden, die Logik der Thatsachen verlangt das. Waffen sind in unserer Zeit nöthiger wie alles Andere. Wer kein Geld hat, verkaufe Uhr und Kette und schaffe sich für den Erlös Feuerwaffen an. Steine und Stöcke vermögen nichts gegen die gedungenen Meuchelmörder der räuberischen Erpresser. Noch ist es Zeit, sich wehrhaft zu machen.

Welch' eine bescheidene Forderung ist die Einführung des Achtstundentages und doch, ein Chor von Wahnsinnigen könnte sich nicht schlimmer gebehrden, wie die kapitalistischen Erpresser. Fortwährend drohen sie mit ihrer gutgeschulten Polizei und ihrer starken Miliz. Und gewiß sind das keine leeren Drohungen. Das beweist die Geschichte der letzten Jahre. Es ist ein schönes Ding um die Geduld und der Arbeiter hat von diesem Artikel leider zu viel. Aber ein gar zu frivoles Spiel darf man doch nicht mit ihm treiben. Bringt Ihr es soweit, daß ihm die Geduld reißt, dann handelt es sich nicht mehr um achtstündige Arbeitszeit, sondern um die Aufhebung der Lohnknechtschaft.“

Rede, gehalten vor Richter Gary.

Als, in offener Gerichtssitzung vom 8. Oktober 1886, von Richter Gary gefragt, ob er Einwand gegen die Verhängung des Todesurtheils über ihn zu erheben habe, ergriff Freund Spies das Wort und hielt eine meisterhafte, weniger ihn vertheidigende, als seine Gegner anklagende, sie niederschmetternde, nahezu zwei Stunden während Rede. Mit klarer, fester Stimme, sprach er in der ihm eigenen brillanten und sarkastischen Weise wie folgt:

„Ew Ehren! Indem ich vor diesem Gerichtshof das Wort ergreife, spreche ich als Vertreter e i n e r Klasse zu dem einer anderen.

Ich beginne mit den Worten, mit denen vor 500 Jahren Venedigs Doge Marino Falieri vor seine Henker trat — „Meine Vertheidigung ist Eure Anklage! Die Ursachen meines angeblichen Verbrechens: Eure Geschichte!"

Ich wurde des Mordes angeklagt — als Helfershelfer oder Theilnehmer. Auf diese Anklage hin hat man mich verurtheilt.... Beweise für meine Schuld hat „der Staat" nicht erbracht. Aus den vorgebrachten Zeugenaussagen geht nicht hervor, daß ich irgend etwas mit dem Bombenwurf zu thun hatte, noch daß ich weiß, wer das Geschoß warf — es seidenn, daß Sie die Aussagen der Spieß= gesellen des Staatsanwaltes und Bonfield, die Aussagen von Thompson und Gilmer nach dem Preise wägen, der dafür bezahlt wurde .... Wenn nun keine Beweise vorhanden sind, welche darthun, daß ich g e s e t z l i c h verantwortlich bin für jene That, dann ist eine Verurtheilung oder die Vollziehung des Urtheils nichts geringeres als vorbedachter, boshafter und kaltblütiger Mord! Mord, so infam und schurkisch geplant, daß man nur in der Geschichte religiöser und politischer Verfolgung nach Präzidenzfällen suchen darf.... Justizmorde sind in vielen Fällen begangen worden, wo die Vertreter des Staates in dem guten Glauben handelten, daß ihre Opfer schuldig seien des Verbrechens, dessen man sie ange= klagt. In dem vorliegenden Falle jedoch können sich die Vertreter des Staates mit dieser Ausrede nicht entschuldigen, und zwar deshalb nicht, weil sie s e l b s t jene Zeugenaussagen fabrizirt haben, welche als V o r w a n d für unsere Verurtheilung benutzt wurden — als Vorwand benutzt wurden von einer Jury, die ausgelesen war, uns zu verurtheilen.... Vor diesem Gerichts= hofe und vor dem Volke, das a n g e b l i c h den Staat bildet, erhebe ich die Anklage der Mordverschwörung gegen den Staatsanwalt und seinen würdigen Genossen Bonfield!

Ich will zur Beleuchtung dieser Anklage hier nur ein kleines Begebniß an=
führen. Am Abend, an dem die Prätorianer=Garde der löblichen Citizens=Asso=
ciation, Bankers=, Board of Trademen= und Eisenbahnmagnaten=Verschwörungen,
die Arbeiter=Versammlung am Heumarkt mit mörderischer Absicht überfiel, an
jenem Abend gegen 8 Uhr traf ich einen jungen Mann Namens Legner, ein Mit=
glied des „Aurora Turnvereins." Er begleitete mich und meinen Bruder und
blieb während des ganzen Abends an meiner Seite, so lange, bis ich einige
Sekunden vor der Explosion vom Wagen sprang. Er wußte, daß ich Herrn
Schwab an jenem Abend nicht getroffen; er wußte, daß ich mit Niemandem eine
Unterhaltung hatte wie die, welche der Marshal Field'sche Protegé Thompson
gehört haben will; er wußte, daß ich nicht vom Wagen gestiegen war, um dem
Bombenwerfer ein brennendes Streichhölzchen zu überreichen. Er ist kein
Sozialist. Warum wir ihn nicht als Zeuge herbrachten — ? Die achtbaren Ver=
treter des Staates, Grinnell und Bonfield, hatten ihn zeitig aus dem Weg ge=
schafft! Diese achtbaren Herren waren von Allem was Legner wußte, informirt.
Sie wußten, daß seine Zeugenaussage die „unantastbaren" Gilmer und Thompson
zu meineidigen Hallunken stempeln würde.... Legner's Name erschien auf dem
Zeugen=Verzeichniß des Staates. Aufgerufen als Zeuge aber wurde er aus nahe=
liegenden Gründen nicht. „Nein," erzählte er mehreren Freunden, „man hat
mir $500 geboten, wenn ich die Stadt verlassen würde und mir mit allem Mög=
lichen gedroht, falls ich als Zeuge für die Vertheidigung auftreten sollte." — Er
entgegnete, daß er sich weder kaufen noch bulldozen lasse, einer solch' feigen, ver=
abscheuungswürdigen Blutverschwörung als Werkzeug zu dienen.... Als wir
nun Legner brauchten, war er verschwunden. Wir fragten, da antwortete Mr.
Grinnell, — und Grinnell ist ein achtbarer Mann! — daß auch er den jungen
Mann gesucht, aber nicht gefunden habe(!)

Drei Wochen nachher erfuhr ich, daß dieser selbe junge Mann hier überfallen
und von zwei illustren Stützen des Gesetzes und der Ordnung, zwei Chi=
cagoer Geheimpolizisten, nach Buffalo, N. Y., geschleppt worden .... Laßt
Mr. Grinnell, laßt seine Auftraggeberin, die „Citizens Association," auf diese
Beschuldigung antworten. Und laßt das Volk zu Gericht sitzen über diese
would-be Meuchelmörder!

Nein! Ich wiederhole, die Anklage hat unsere gesetzliche Schuld nicht nachzu=
weisen vermocht, selbst nicht durch die gekauften und meineidigen „Zeugen;" —
ja selbst durch die Originalität, mit welcher die Gerichtsverhandlungen
geführt wurden, ist ihr das Kunststück nicht gelungen. So lange dies nun nicht
geschehen, Sie aber trotzdem den Urtheilsspruch eines zu dem Zwecke der Schuldig=
sprechung ernannten Vigilanz=Comite's (Jury) über uns aussprechen, so lange,
sage ich, sind Sie, die Vertreter und Hohenpriester des Gesetzes, die eigentlichen,
nein, die einzigen Gesetzesübertreter! In diesem Falle Mörder!

Es ist wünschenswerth, daß das Volk dies erfahre. Und wenn ich vom
Volk spreche, verstehe ich darunter nicht die paar Dutzend Mitverschwörer

Grinnells — nicht unsere ehrbaren Patrizier, die aus dem Elend der Massen ihre Millionen gesogen. Diese Drohnen mögen den Staat bedeuten; sie mögen den Staat controliren; sie mögen ihre Grinnells, ihre Bonsfelds und andere Miethlinge haben: Nein, wenn ich vom Volke spreche, dann spreche ich von der großen Masse der Arbeitsbienen, die unglücklicherweise noch nicht begriffen haben, welche Scheußlichkeiten in ihrem Namen, „im Namen des Volkes," verübt werden.... Der geplante Mord von acht Männern, deren einziges Verbrechen darin besteht, daß sie es wagten, die Wahrheit zu sagen, dürfte diesen verblendeten Millionen die Augen öffnen und sie zum Bewußtsein bringen. In der That, ich habe bemerkt, daß unsere Verurtheilung in dieser Richtung jetzt schon Wunder gewirkt hat! Es wird noch besser kommen.

Die Klasse, welche mit bestialischer Gier nach unserem Blute lechzt, die Klasse der guten und frommen Christen, hat durch ihre Presse und auf jede denkbare Weise versucht, die nackten Thatsachen, um die allein es sich in diesem Falle handelt, sorgfältig zu unterdrücken und geheim zu halten. Und das ist ihr zum Theil gelungen, indem sie den gehaßten Angeklagten kurzweg die Bezeichnung „Anarchisten" beilegte und dieselben als einen soeben entdeckten Stamm oder Spezies von Menschenfressern schilderte; weiter, indem sie gruselige, haarsträubende Mährchen von dunklen, geheimnißvollen Verschwörungen über dieselben erfand und verbreitete. Diese guten Christen suchten dadurch die Thatsache zu verdecken, daß am Abend des 4. Mai 200 bewaffnete Männer unter dem Commando eines notorischen und gewissenlosen Raufboldes eine Versammlung von friedlichen Bürgern überfiel — in welcher Absicht? In der Absicht, sie zu morden, oder doch so viele davon zu ermorden, als ihnen möglich! — Ich verweise auf die Aussage zweier Zeugen.

Die Lohnarbeiter dieser Stadt wurden etwas ungehalten über die Unverschämtheit ihrer wohlthätigen Brodherren. Sie begannen gewisse Wahrheiten zu sagen, die den Patriziern unangenehm in den Ohren klangen. Sie wagten es sogar — einige bescheidene Forderungen zu stellen. Sie meinten 8 Stunden anstrengender Arbeit den Tag für nur zweistündige Bezahlung sei genug....Dieser gesetzlose Pöbel mußte zum Schweigen gebracht werden, und das geschah am leichtesten durch Einschüchterung. Wie, wenn man wenigstens Diejenigen ermordete, zu denen sie als Führern emporblickten —? Ja, diesen ausländischen Hunden mußte man Raison beibringen, mußte man ein= für allemal bedeuten, daß sie sich in Zukunft in die honnetten Raubtransaktiönchen ihrer wohlthätigen christlichen Herren nicht einzumischen haben....

Bonfield, der Mann, der den Helden der Bartholomäusnacht die Schamröthe in's Gesicht treiben würde, der illustre Bonfield, mit der Visage, die Doré unbezahlbare Dienste als Concept für Dante's Dämonen geleistet haben würde, er — Bonfield — war der Mann, um die Verschwörung der „Citizens Association" unserer Patrizier zur Ausführung zu bringen.

Hätte ich die Bombe geworfen, oder veranlaßt, daß sie geworfen wurde — keinen Augenblick würde ich anstehen, das hier zu erklären.... Es ist wahr eine Anzahl Menschenleben gingen verloren, Viele wurden verwundet. Aber Hunderte von Menschenleben wurden dadurch gerettet. Wäre nicht die Bombe gefallen, es würden hundert Wittwen und Hunderte von Waisen dastehen, wo jetzt nur einige sind ... Diese Thatsachen, wie gesagt, hat man sorgfältig unterdrückt. Wir wurden angeklagt und verurtheilt wegen Verschwörung von den eigentlichen Verschwörern und deren Werkzeugen.

Dies, Ew. Ehren, ist ein Grund, weshalb das Urtheil nicht über uns verhängt werden sollte von einem Justizhof, wenn diese Bezeichnung nämlich überhaupt eine Bedeutung hat!

„Aber," sagt der Staat, „Ihr habt Artikel über die Anfertigung von Dynamit und Bomben veröffentlicht." — Zeigen Sie mir eines von den täglichen Blättern dieser Stadt, welches nicht ähnliche Artikel veröffentlicht hätte. Ich erinnere mich sehr genau auf einen Artikel in der „Tribune" vom 23. Februar 1885. Dieses Blatt enthielt eine Beschreibung und Zeichnungen verschiedener Höllenmaschinen und Bomben. Ich erinnere mich dessen besonders, weil ich das Blatt auf einem Eisenbahnzug kaufte und vollauf Zeit hatte, es zu lesen. Seit jener Zeit hat die „Times" häufig ähnliche Artikel über diesen Gegenstand veröffentlicht. Einige der in der „Arbeiter-Zeitung" gefundenen Dynamit-Artikel sind übersetzte Artikel der „Times" gewesen, welche von John Mulligan und Fitz John Porter geschrieben waren und in welchen die Genannten Dynamitbomben als das wirksamste Mittel gegen streikende Arbeiter empfahlen. Darf ich fragen, weshalb die Redakteure dieser Blätter nicht des Mordes angeklagt und schuldig gesprochen werden? Etwa, weil diese die Anwendung des zerstörenden Explosivs nur gegen das gemeine Pack empfahlen? Ich möchte darüber informirt sein. Weshalb ist Mr. Stone nicht Mitangeklagter in diesem Prozeß? Man hat eine Bombe in seinem Besitz gefunden. Außerdem hat Mr. Stone im letzten Januar einen Artikel veröffentlicht, welcher ausführliche Belehrungen über die Herstellung von Bomben enthielt. Nach diesen Vorschriften hätte Irgendwer Bomben, fertig zum Gebrauch, herstellen können mit einem Kostenaufwand von nicht mehr als 10 Cents per Stück. Die „News" hat eine vielleicht zehnmal größere Verbreitung als die „Arbeiter-Zeitung". Ist es nicht annehmbar, daß die am 4. Mai gebrauchte Bombe nach dem Recept der „News" gemacht worden ist? Solange nicht auch diese Herren des Mordes angeklagt und überführt werden, behaupte ich, Euer Ehren, daß solche Parteilichkeit zu Gunsten des Kapitals sich nicht mit der Gerechtigkeit verträgt, und daß das Urtheil nicht ausgesprochen werden sollte.

Grinnell's Haupt-Argument gegen die Angeklagten war: — — „sie sind Ausländer. Sie sind keine Bürger." — Ich kann nicht für die Anderen sprechen. Ich spreche nur von mir selbst. Ich habe vollkommen so lange wie Grinnell in diesem Staate gewohnt, und ich bin vielleicht ein ebenso guter Bürger gewesen wie Grinnell — wenigstens wünsche ich nicht, daß man mich mit ihm vergleicht.

Grinnell hat, wie unsere Anwälte constatirt haben, an den Patriotismus der Jury appellirt. Darauf antworte ich, und zwar citire ich nur die Worte eines englischen Schriftstellers: „Patriotismus ist die letzte Zuflucht von Schuften." — Meine Bemühungen im Interesse der enterbten und entrechteten Millionen, meine Agitation in dieser Beziehung, die Popularisirung ökonomischer Lehren, kurz die Heranbildung der Lohnarbeiter wird für Verschwörung gegen die Gesell= schaft erklärt. Das Wort „Gesellschaft" ist hier wohlweislich für "Staat" sub= stituirt worden, für den „Staat", wie ihn die Patrizier von heute repräsentiren. Es ist immer die Ansicht der herrschenden Klassen gewesen, daß die Massen in Unwissenheit erhalten bleiben müssen, wenn sie ihrer Knechtseligkeit, ihrer An= spruchslosigkeit und ihres Gehorsams gegen die Machthaber nicht im selben Verhältniß verlustig gehen sollen, in welchem ihre Intelligenz wächst. Vor einem Vierteljahrhundert galt es für ein Criminalvergehen, schwarzen Sklaven Wissen beizubringen. Weshalb? Weil der intelligente Sklave seine Ketten bricht um jeden Preis. Weshalb wird die Heranbildung der Arbeiter von heute von einer gewissen Klasse für ein Staatsverbrechen gehalten? Aus demselben Grunde. Der Staat hat übrigens diesen Punkt in der Verhandlung dieses Falles wohl= weislich vermieden. Nach dem Zeugniß, welches er vorbrachte, mußte es den Anschein haben, als hätten wir in unseren Reden und Schriften nichts als Zerstörung und Dynamit gepredigt.

Der Gerichtshof sagte heute Morgen, es gebe in der Geschichte keinen Fall gleich diesem. Ich habe während dieses Prozesses gemerkt, daß die Herren vom Rechts=Geschäfte (legal profession) in der Weltgeschichte schlecht Bescheid wissen. In allen historischen Fällen der vorliegenden Art ist die Wahrheit von den Priestern der jeweils herrschenden Gewalt verdreht worden.

Was haben wir in unseren Reden und Schriften gesagt?

Wir haben dem Volke seine Lage und seine Beziehungen zu der Gesellschaft klar gemacht. Wir haben ihm die verschiedenen Erscheinungen und die sozialen Gesetze und Verhältnisse erklärt, unter welchen diese stattfinden. Wir haben auf dem Wege wissenschaftlicher Untersuchung unwiderleglich nachgewiesen und zur öffentlichen Kenntniß gebracht, daß das Lohnsystem die Wurzel der jetzigen sozialen Ungerechtigkeiten ist — so monströser Ungerechtigkeiten, daß sie zum Himmel schreien. Wir haben ferner gesagt, daß das Lohnsystem als spezielle Form der sozialen Entwicklung in Folge logischer Nothwendigkeit höheren Formen der Civili= sation Platz machen müsse, daß das Lohnsystem den Weg bahnen und das Funda= ment liefern müsse für ein System sozialer Cooperation, d. h. für den Sozia= lismus!—Wir sagten, daß dieser oder jener Plan in Bezug auf die zukünftige Einrichtung der Dinge nicht eine Sache freier Wahl, sondern eine Sache geschicht= licher Nothwendigkeit sei, und daß es uns erscheine, als läge der Fortschritt in der Richtung des Anarchismus, worunter wir eine freie Gesellschaft ohne Könige, Kasten und Klassen, eine Gesellschaft von Souveränen (Selbstherrschern) verstehen, in welcher durch die Freiheit und ökonomische Gleichheit Aller ein unerschütterliches Gleichgewicht als Grundlage natürlicher Ordnung geschaffen wird.

Es ist nicht wahrscheinlich, daß die ehrenwerthen Herren Bonsield und Grin= nell sich eine gesellschaftliche Ordnung vorstellen können, die nicht durch Knüppel und Pistole des Büttels zusammengehalten wird, noch auch eine freie Gesellschaft ohne Gefängnisse, Galgen und Staatsanwälte. In einer solchen Gesellschaft möchten sie vielleicht keinen Platz für sich selber finden. Ist das aber ein Grund, aus dem Anarchismus eine so verabscheuungswürdige und gefährliche Doktrin zu machen?

Grinnell hat uns zu verstehen gegeben, daß hier der Anarchismus prozessirt werde. Die Theorie des Anarchismus gehört in den Bereich der spekulativen Philosophie. In der Heumarkt=Versammlung wurde keine Sylbe über Anarchis= mus gesprochen. In jener Versammlung wurde das sehr populäre Thema der Verkürzung der Arbeitszeit besprochen. Aber: — „Der Anarchismus wird pro= zessirt!" schäumt Mr. Grinnell. Falls das der Fall ist, Euer Ehren, sehr wohl, dann mögen Sie mich verurtheilen, denn ich bin ein Anarchist. Ich glaube mit Buckle, mit Paine, mit Jefferson, Emerson, Spencer und vielen an= deren großen Denkern dieses Jahrhunderts, daß der Staat der Kasten und Klassen, daß der Staat, in welchem eine Klasse die andere beherrscht und von deren Arbeit lebt und wo man dieses Ordnung nennt — ja, ich glaube, daß diese barbarische Form sozialer Organisation mit ihrem durch Gesetze geheiligten Plünderungs= und Mord=System dem Tode geweiht ist und einer freien Gesellschaft, einer frei= willigen Association Platz machen muß. Sie mögen mir das Todesurtheil ver= künden, aber lassen Sie es die Welt erfahren, daß im Jahre des Herrn 1886 im Staate Illinois acht Menschen zum Tode verurtheilt wurden, weil sie den Glauben an eine bessere Zukunft und den endlichen Sieg von Freiheit und Gerech= tigkeit nicht verloren!

„Ihr habt die Vernichtung der Gesellschaft und der Civilisation gepredigt," sagte Grinnell, der Handlanger und Agent der „Banker's and Citizen's Asso= ciation". Dieser Mensch hat noch zu lernen, was Civilisation ist, sonst würde er nicht so sprechen. Es ist das das alte, uralte Argument gegen den Fortschritt der Menschheit. Seht die Geschichte Griechenlands und Rom's, leset diejenige Venedigs! Blickt auf die dunklen Blätter der Kirchengeschichte und verfolgt den dornigen Pfad der Wissenschaft: — Immer und ewig schrieen die herrschen= den Klassen: „Kein Wechsel, keine Aenderung! Ihr wollt die Gesellschaft und die Civilisation vernichten!"—Sie befinden sich unter dem herrschenden System so behaglich, daß auch die kleinste Aenderung sie mit Angst und Furcht erfüllt. Ihre Vorrechte sind ihnen so lieb wie ihr Leben, und jeder Wechsel bedroht diese Privilegien. Aber die Civilisation ist eine Leiter, deren Sprossen Denkmäler solcher Aenderungen sind. Ohne diese sozialen Aenderungen, die sämmtlich gegen den Willen und die Gewalt der herrschenden Klassen herbeigeführt worden sind, gäbe es heute keine Civilisation. Was die Zerstörung der Gesellschaft anbetrifft, deren Anstrebung man uns beschuldigt, so klingt das wie eine äsopische Fabel vom schlauen Fuchs. Wir haben unser Leben auf's Spiel gesetzt, um die Gesellschaft von ihrem Todfeind zu retten, von ihrem Todfeind, der sie bei der Kehle hält, der ihr Lebensblut aussaugt, der ihre Kinder verschlingt — wir wollten ihre blutenden Wunden heilen, wir wollten sie von den Fesseln befreien, in die man sie geschlagen hat, von dem Elend, das Ihr über sie gebracht habt — und wir wären ihre Feinde?! Ehrenwerther Richter, hört Ihr das Hohngelächter der Hölle?!

Wir haben Dynamit gepredigt. Wir haben aus den Lehren der Welt= geschichte vorausgesagt, daß die herrschende Klasse von heute auf die Stimme der Vernunft nicht mehr hören würde, als ihre Vorgänger es gethan; daß sie versuchen würden, der Fluth des Fortschritts brutale Gewalt entgegenzusetzen. War das eine Lüge, oder haben wir die Wahrheit gesagt? Werden die großen Industrien dieses Landes nicht jetzt schon unter Aufsicht der Polizei, der Detektives, der Sheriffs betrieben — wird die Rückkehr zum Militarismus nicht augenscheinlicher von Tag zu Tag? Amerikanische Souveräne, man denke sich! arbeiten wie Galeeren=Sklaven unter militärischen Wachen! Wir haben das vorausgesagt, und sagen jetzt voraus, daß diese Zustände bald unerträglich werden müssen. Was dann? Der Tagesbefehl der Großen unserer Zeit lautet: „Sklaverei, Hunger, Tod!" Das ist in den letzten Jahren ihr Programm gewesen. — Wir haben den Bedrückten gesagt, daß die Wissenschaft eingedrungen sei in die Ge= heimnisse der Natur — daß dem Haupte Jupiter's wiederum eine Minerva: Dynamit, entsprungen sei. Falls diese Erklärung gleichbedeutend ist mit Mord, weshalb legt man das Verbrechen nicht Denen zur Last, welchen man die Er= findung verdankt?

Uns zu beschuldigen, wir hätten am 4. Mai einen Versuch gemacht, das gegenwärtige System gewaltsam zu stürzen, „um ein anarchistisches System einzu= führen", ist eine zu absurde Behauptung, als daß sie selbst von einem politischen Aemter=Inhaber aufgestellt werden sollte. Falls Grinnell glaubte, daß wir irgend etwas Derartiges versucht hätten, weshalb ließ er Doktor Bluthard nicht untersuchen, wie es mit unserem Geisteszustand aussieht? Nur Wahnsinnige hätten einen solch' gloriosen Plan erdenken können, und Wahnsinnige kann man nicht wegen Mordes prozessiren. Falls irgend etwas wie eine Verschwörung oder ein vorher arrangirter Plan existirt hätte, glauben Euer Ehren nicht, daß die Dinge an jenem Abend und später eine andere Wendung genommen hätten?— Diese Verschwörung wird auf eine Rede zurückgeführt, die ich am Jahrestage von Washington's Geburtstag vor länger als 1½ Jahren in Grand Rapids, Mich., gehalten habe. Ich war zu diesem Zwecke von den Arbeitsrittern eingeladen worden. Ich sprach darüber, daß unser Land lange nicht das sei, was die Revo= lutionäre des letzten Jahrhunderts gewollt hätten. Ich sagte, daß diese Männer, falls sie heute lebten, den Augiasstall mit eisernem Besen auskehren würden, und daß man unzweifelhaft auch sie für Sozialisten erklären würde. Es ist nicht unwahrscheinlich, daß ich gesagt habe, Washington würde gehängt worden sein, falls die Revolution fehlgeschlagen hätte. Grinnell machte aus diesem gottes= lästerlichen Ausspruch seinen Hauptpfeil gegen mich. Weshalb? Weil er beabsichtigte, den Geist des Knownothingthums gegen uns aufzustacheln. Wer aber wird die Richtigkeit der Behauptung bestreiten? Daß ich mich mit Washington verglichen hätte, ist eine gemeine Lüge. Falls ich es aber gethan hätte, wäre das Mord? Ich mag dem Individuum, das hier als Zeuge aufgetreten ist, gesagt haben, daß die Arbeiter sich Waffen anschaffen sollten, da aller Wahrscheinlichkeit nach doch Gewalt den letzten Ausschlag geben würde. Ich mag gesagt haben, daß in Chicago so und so viele Bewaffnete seien. Daß wir aber die soziale Revolution einleiten würden, habe ich nicht gesagt. Lassen Sie mich hier sagen, daß man Revolutionen ebenso wenig machen kann, wie Erdbeben und Cyclone. Revolutionen sind die Wirkungen bestimmter Thatsachen. Ich habe die Sozialwissenschaft seit länger denn 10 Jahren zu meinem Spezial-Studium gemacht, und ich hätte keinen solchen Unsinn sprechen können. Ich glaube, daß die Revolution nahe vor der Thür steht, daß sie in Wirklichkeit schon begonnen hat. Aber ist der Arzt für den Tod des Patienten verantwortlich, weil er ihn vorausgesagt hat? Falls Irgendwer für die kommende Revolution verantwortlich ist, so ist es die herrschende Klasse, welche sich störrisch weigert, Zugeständnisse zu machen, sobald Reformen nothwendig werden; die darauf beharrt, sie könne dem Fortschritt Halt zurufen und Stillstand gebieten den ewigen Mächten, deren winzige Geschöpfe auch sie selber nur sind.

Die Stellung, welche in diesem Falle im Allgemeinen eingenommen wurde, ist die, daß wir für den Polizei-Riot vom 4. Mai moralisch verantwortlich seien.

Vor 4 oder 5 Jahren saß ich in diesem selben Gerichtssaal als Zeuge. Die Arbeiter hatten versucht, sich auf gesetzlichem Wege Abhülfe zu verschaffen. Sie hatten gestimmt und unter Anderem ihren Stadtraths Kandidaten in der 14. Ward erwählt. Aber der Mann gefiel der Straßenbahn-Gesellschaft nicht. Das mußten zwei von den drei Wahlrichtern eines Bzirks und diese nahmen den Stimmkasten nach ihrer Wohnung, wo sie das Wahlergebniß so korrigirten, daß die Konstituenten des erwählten Kandidaten ihres rechtmäßigen Repräsentanten beraubt wurden und der Sitz an die Kreatur der Straßenbahn-Gesellschaft fiel. Die Arbeiter gaben für die Verfolgung der Verüber des Verbrechens $1,500 aus. Die Beweise gegen dieselben waren so überwältigend, daß sie eingestanden, das Ergebniß der Wahl geändert und die Wahllisten gefälscht zu haben. Richter Gardner, welcher in diesem Gericht den Vorsitz führte, sprach sie frei, indem er angab, die Angeklagten hätten offenbar nicht in krimineller Absicht gehandelt. Ich will kein Kommentar hierzu machen, aber wenn wir das Feld moralischer Verantwortlichkeit betreten, da eröffnet sich uns ein ungeheures Gebiet und auch jener Vorfall hat eine gewaltige Bedeutung. Jedermann, der in der Vergangenheit geholfen hat, die Bemühungen Derer zu vereiteln, welche Reformen herbeiführen wollten, ist einfach mitverantwortlich dafür, daß es heute Revolutionäre in dieser Stadt giebt. Diejenigen aber, welche versucht haben, Reformen herbeizuführen, müssen von dieser Verantwortlichkeit freigesprochen werden,—und zu Diesen gehöre auch ich. Falls

der Wahrspruch auf der Annahme moralischer Verantwortlichkeit basirt, Euer
Ehren, so führe ich dies als einen Grund an, weshalb das Urtheil nicht gefällt
werden sollte.

Falls die heute Morgen vom Gericht abgegebene Entscheidung gesetzlich richtig
ist, dann giebt es in diesem Lande Niemand, der nicht gesetzlich gehängt werden
könnte. Ich gebe die Versicherung, daß, falls ich der Vollstrecker des Gesetzes
wäre, es in diesem Gerichtssaale keinen Einzigen geben sollte, der nicht „rechtmäßig
und gesetzlich" nach genau denselben Gesetzen gehängt werden könnte, die heute
Morgen in diesem Saale verlesen worden sind. Der Polizeiminister Napoleon's,
Fouché, sagte zu diesem: „Geben Sie mir eine Zeile, die irgend Jemand je
geschrieben hat, und ich bringe den Betreffenden auf's Schaffot." Dieses Gericht
hat dem Sinne nach dasselbe gesagt. Nach dem angeführten Gesetze kann jede
Person in diesem Lande wegen Verschwörung und, je nach der Lage des Falles,
wegen Mordes angeklagt werden. Jedes Mitglied einer Gewerkschaft, von Arbeits=
rittern oder sonstigen Organisationen, kann darnach der Verschwörung und in
Gewaltfällen, für die es gar nicht verantwortlich ist, des Mordes schuldig gesprochen
werden, wie es uns geschehen ist. Wenn dieser Präcedenzfall einmal geschaffen ist,
treibt ihr die Massen, welche sich bis jetzt mit friedlicher Agitation befassen, zur
offenen Revolution. Damit dreht Ihr das letzte Sicherheits=Ventil zu. Und das
Blut, das dann vergossen werden wird, das Blut der Unschuldigen, — es komme
über Euch!

„Sieben Polizisten sind gestorben", sagte Grinnell, dabei verständnißheischend
auf die Jury blickend. — „Wir verlangen ein Leben für ein Leben",
und damit sprach man eine gleiche Anzahl von Männern schuldig, von Denen
wahrheitsgemäß nicht gesagt werden kann, daß sie auch nur das Geringste mit der
Tödtung der Opfer Bonfield's zu thun gehabt haben. Dieselben Rechtsgrund=
sätze finden wir bei den Wilden. Bei diesen werden Ungerechtigkeiten sozusagen
ausgeglichen. Die Araber, Chinooks und andere Völker forderten für Jeden der
Ihrigen, der durch Feindes Hand gefallen war, das Leben eines der Feinde. Um
die Personen kümmerten sie sich nicht viel, so lange sie ein Leben für ein Leben
erhielten. Dieser Grundsatz herrscht heute noch bei den Eingeborenen der Sand=
wich Inseln.

Wenn wir nach diesem Grundsatz gehängt werden sollen, dann laßt es uns
wissen, und laßt es die Welt wissen, welches civilisirte und welches christliche Land
es ist, in dem die Goulds und die Vanderbilts, die Stanfords und die Armours
der Freiheit und Gerechtigkeit zu Hilfe (rescue) eilen.

Grinnell hat wiederholt betont, daß Intelligenz und Civilisation in diesem
Lande herrschen. Wer will das Angesichts des Gesagten in Abrede stellen?

Das Verdikt gegen uns ist das Anathema der reichen Klasse über ihre beraubten
Opfer — die große Armee der Lohnarbeiter und Bauern! Wenn Euer Ehren
nicht wünschen, daß diese Schlußfolgerung von Ihnen gezogen wird, wenn Sie
ihnen (den Bauern und Lohnarbeitern) nicht den Glauben beibringen wollen, daß

wir abermals beim Spartanischen Senat, dem Athener Areopagus, dem Venediger Rath der Zehne 2c. angelangt sind, —dann dürfen Sie das Urtheil n i c h t über uns verhängen.

Wenn Ihr glaubt, daß, indem Ihr uns henkt, Ihr die mächtige Arbeiter-Bewegung ausstampfen könnt —die Bewegung, von deren endlichem Sieg Millionen und Millionen der in Staub getretenen und im Elend darbenden Arbeiter und Arbeiterinnen ihre E r l ö s u n g erwarten, wenn Ihr das glaubt, dann— henkt uns!..... Ihr tretet hier einen Funken aus, aber hier und da und überall schießen züngelnde Flammen empor. Sie gleicht einem unterirdischen Feuer, diese Arbeiterbewegung, das Ihr n i c h t löschen könnt. Der Boden brennt, auf dem Ihr steht! Ihr begreift, versteht das nicht. Ihr glaubt nicht mehr, wie Eure Urgroßväter, die Hexenverbrennung für eine civilisatorische Pflicht hielten, an Zauberei, aber Ihr glaubt an—V e r s c h w ö r u n g e n! Ihr glaubt, daß alle diese Vorgänge der jüngsten Zeit das Werk von Verschwörern seien. Ihr gleicht dem Kind, das sein Bild h i n t e r dem Spiegel sucht. Was Ihr seht und zu fassen trachtet, ist nur der täuschende Reflex der Kombinationen Eures bösen und angsterfüllten Gewissens.

Ihr wollt die Verschwörer ausstampfen und die Agitatoren! Ah, so stampft nur zu: Ergreift jeden Fabrikherrn, der von der unbezahlten Arbeit seiner Sklaven Reichthümer angesammelt hat; ergreift jeden Landlord, der seine Schatz-kammern mit dem abgepreßten Blutgeld seiner Opfer angefüllt hat; stampfet aus jede Maschine, welche die Industrie und den Ackerbau revolutionirt, die Produktion erhöht und den Arbeiter broblos macht, die den allgemeinen Reichthum vermehrt, derweilen der Schöpfer inmitten seiner Schätze steht und von den Tantalusqualen des Hungers gepeinigt wird! Vernichtet die Eisenbahnen, den Telegraph, das Telephon, Dampf, Dynamit und Euch selbst, —denn Alles, Alles trägt den Charakter unserer revolutionären Zeit!

Sie, meine Herren, sind die Revolutionäre! Sie rebelliren gegen die Wirk-ungen der sozialen Verhältnisse, aus welchen Sie wie durch Fortuna's Hand in ein prächtiges Paradies geschleudert wurden. Sie bilden sich ein, daß auf dieser Stätte außer Ihnen selbst Niemand ein Recht habe. Sie behaupten, die Auser-wählten zu sein, die alleinigen Eigenthümer...... Die Mächte aber, durch welche sie in's Paradies gelangten, die industriellen Kräfte, sind noch immerfort an der Arbeit. Sie werden von Tag zu Tag stärker und thätiger. Ihr Streben ist, die ganze Menschheit auf dieselbe Stufe zu heben, unsere Erde für A l l e zu einem Paradies zu gestalten. In Ihrer Blindheit denken Sie, die Hochfluth der Zivilisation und menschlichen Freiheitsstrebens durch ein paar Polizisten, ein paar Gatlingkanonen und einige Regimenter Miliz, die Sie am Seeufer aufstellen, hemmen zu können. Sie glauben, Sie können die sich thürmenden Wogen in die Tiefen zurückbannen, indem Sie ein paar Galgen aufstellen. Sie sind die wirk-lichen Revolutionäre, denn Sie hemmen den natürlichen Gang der Ereignisse! Sie, Sie allein sind die Verschwörer und Vernichter.

Gestern sagte der Gerichtshof bezüglich der Börsendemonstration: „Diese Männer zogen aus zu dem ausdrücklichen Zweck, die Börse zu plündern." Obgleich ich nicht einsehen kann, was für ein Sinn in solchem Unterfangen gelegen hätte und obgleich ich weiß, daß jene Demonstration einfach als ein Agitationsmittel gegen das, die dort betriebenen ehrenvollen (!) Geschäfte legalisirende System angewendet wurde, will ich einmal annehmen, jene 3,000 Arbeiter, die in der Prozession waren, hätten wirklich die Absicht gehabt, die Börse zu plündern. In diesem Falle würden Sie sich von den ehrenwerthen Börsianern nur dadurch unterschieden haben — daß sie gestohlenes Eigenthum auf ungesetzlichem Wege wieder zu holen suchten, während die Anderen, die Börsianer, das ganze Land mit und ohne Gesetz plündern — denn das ist ihr hoher und herrlicher Beruf. Dieses Tribunal des „Rechts und der Gerechtigkeit, vor dem Alle gleich sind und wo kein Ansehen der Person gilt", erklärt also den Grundsatz: „Wenn zwei dasselbe thun, so ist es nicht dasselbe." Ich danke dem Gerichtshof für dieses Bekenntniß. Es enthält dasselbe so zu sagen Alles, was wir geprebigt und weswegen wir gehenkt werden sollen. Diebstahl, der von priviligirten Klassen begangen wird, ist ein anständiger Beruf. Er ist ein Verbrechen, wenn von den übrigen Klassen in Selbsthülfe angewendet.

Raub, Mord und Diebstahl bilden die „Ordnung" einer gewissen Klasse von Gentlemen, welche es vorziehen, ihren Lebensunterhalt auf diese Weise zu erwerben, statt ehrlich dafür zu arbeiten...... Diese Art „Ordnung" — das ist wahr! — wurde von uns bekämpft und ihre Vernichtung von uns angestrebt. Wir sind geständig dieses Verbrechens...... Betrachtet Euch das wirthschaftliche Schlachtfeld! Schaut das durch Raub und Plünderung von christlichen Patriziern verheerte Land! Begleitet mich nach den Quartieren der Reichthum-Erzeuger dieser Stadt! Fahrt auf den Bahnen des besten und gesetzliebendsten Bürgers dieses Landes, Jay Gould, und dann sagt mir, ob diese „Ordnung" ihren Fortbestand mit Argumenten der Moral zu rechtfertigen vermag. Ich sage, der Fortbestand dieser Ordnung ist verbrecherisch! Ihr Fortbestand bedeutet den Fortbestand der systematischen Versklavung unsrer Frauen und Kinder in den Fabriken; die Fortdauer der Zwangsfaulenzerei von Millionen arbeitswilliger Menschen und deren Degradation. Ihr Fortbestand bedeutet den Fortbestand der Unmäßigkeit, sowie der geschlechtlichen und geistigen Hurerei; die Fortdauer des Elends, der Noth und Knechtschaft einerseits und der gefährlichen Anhäufung von Raubbeute, sowie Faulheit, Schwelgerei und Tyrannei andrerseits. Es bedeutet den Fortbestand des Lasters in jeder Form; die Fortdauer des Klassenkampfes, der Streiks, Riots und Blutvergießens — (sarkastisch).

Das ist Ihre Ordnung, meine Herren! Ja, und Sie sind würdig, ihre Vertreter zu sein. Sie sind eminent qualifizirt für diese Rolle. Ich mache Ihnen mein Compliment!

Grinnell hat von Victor Hugo gesprochen. Was er sagte, brauche ich nicht zu wiederholen. Ich will ihm antworten in der Sprache Eines unserer deutschen

Denker: „Unsere Mastbürger errichten zu Ehren der Klassiker Denkmäler. Wenn sie ihre Werke gelesen hätten, würden sie sie verbrennen." Denn unter den hier verlesenen Artikeln der „Arbeiter=Zeitung," die der Staat als Belastung benutzte, um die Jury von dem gefährlichen Charakter der angeklagten Anarchisten zu überzeugen, befindet sich ein Citat aus Göthe's Faust:

Es erben sich Gesetz und Rechte
Wie eine ew'ge Krankheit fort 2c.

Und Ingham hat in seiner Rede den christlichen Geschworenen erzählt, daß unsere Genossen, die Pariser Communisten, 1871 Gott den Allmächtigen entthront und an seine Stelle eine niedere Dirne gesetzt hätten.

Die Wirkung war wunderbar! Die guten Christen waren empört. Ich wünschte, Euer Ehren hätten die gelehrten Herrschaften davon unterrichtet, daß die erwähnte Episode sich vor nun fast einem Jahrhundert in Paris ereignete, und daß die tempelschänderischen Verbrecher die Zeitgenossen der Väter dieser Republik waren, und daß sich Thomas Paine unter ihnen befand. Auch war die Frau keine Prostituirte, sondern eine edle Bürgerin, welche bei jener Gelegenheit nur die Göttin der Vernunft allegorisch darstellte.

In Bezug auf Most's Brief, welcher hier verlesen wurde, sagt Mr. Ingham:

„Sie (er meinte Most und mich) hätten Tausende von unschuldigen Menschen mit dem Dynamit umbringen können."

Ich habe Alles, was ich über diesen Brief wußte, auf dem Zeugenstande aus= gesagt, aber ich will hier hinzufügen, daß ich vor zwei Jahren selbst als Correspon= dent im Hocking Thale war. Während meines Dortseins sah ich, wie Hunderte Menschen langsam, stufenweise hingemordet wurden. Es war nicht Dynamit, noch waren es Anarchisten, die das teuflische Werk verrichteten. Es war das Werk einer Bande hochrespektabler Monopolisten, (spöttisch) „gesetzliebender Bürger," mit Ihrer gütigen Erlaubniß! Es ist unnöthig für mich, zu sagen, daß diese Mörder niemals angeklagt wurden. Die Presse hatte darüber wenig zu sagen, und der Staat von Ohio stand ihnen bei.

Welch' Entsetzen würde es wohl hervorgerufen haben, wenn die Opfer dieses teuflischen Complots Widerstand geleistet und einige dieser Halsabschneider in die Luft gesprengt hätten!

Als in St. Louis Jay Gould's gedungene Meuchelmörder („die Männer mit Grütze!") sechs Männer und Frauen mit kaltem Blute niederschossen, hatte man sehr wenig darüber zu sagen, und die Grand Jury weigerte sich, diese „Gentlemen" in Anklagestand zu versetzen. Dasselbe geschah in Chicago, in Milwaukee und an anderen Plätzen.

Ein Chicagoer Möbel=Fabrikant (Bruschke) schoß und verwundete letztes Frühjahr zwei Arbeiter auf den Tod. Er wurde der Grand Jury überwiesen, doch dieselbe lehnte es ab, diesen „Gentleman" anzuklagen.

Als aber nun bei einer Gelegenheit ein Arbeiter den Mordversuchen der Polizei Widerstand leistete, eine Bombe warf und Blut auch einmal auf der anderen

Seite floß, — da wurde ein riesiges Geheul im ganzen Lande angestimmt, — „eine Verschwörung hat unsere heiligsten Einrichtungen angegriffen" — und acht Opfer werden dafür verlangt. Viel ist gesagt worden über die öffentliche Meinung, viel über die öffentliche Entrüstung. Nun, es ist eine Thatsache, daß kein Bürger es wagte, eine andere Meinung auszusprechen, als die, welche von den Autoritäten des Staates diktirt wurde; hätten sie sich erlaubt, anderer Meinung zu sein, so hätte man sie einfach eingesperrt. Man hätte sie an den Galgen gebracht. Das gilt dann als „öffentliche Meinung!"

Diese Leute, sagte Grinnell, haben keine Prinzipien; es sind gewöhnliche Mörder, Räuber ꝛc. Ich gebe zu, daß unsere Bestrebungen und Ziele prinzipienlosen Lumpen (ruffians) für immer unverständlich bleiben werden, doch dafür kann man uns nicht verantwortlich machen.

Wenn ich nicht irre, war die Behauptung darauf basirt, daß wir das Eigenthum vernichten wollten. Ob diese Verdrehungen von Thatsachen wissentlich geschah, weiß ich nicht, doch will ich hier zur Richtigstellung unserer Doktrin constatiren, daß diese Behauptung eine infame Lüge ist.

Artikel aus der „Arbeiter-Zeitung" und dem „Alarm" wurden hier verlesen, um den „gefährlichen Charakter" der Angeklagten zu veranschaulichen. Die Artikel, welche man sich herausgesucht, besprachen gewöhnlich Schandthaten der Polizei, welche sich dieselbe gegen streikende Arbeiter zu Schulden kommen ließ. Andere Artikel wurden nicht verlesen, nur solche, die dem Staatsanwalt paßten. Und auf diese Artikel hin sagte der Staatsanwalt — wohl wissend, daß er lügt — „diese Leute haben keine Prinzipien."

Wenige Wochen vorher, ehe ich verhaftet und des Verbrechens angeklagt war, für welches ich nun verurtheilt bin, wurde ich von den Geistlichen der Congregationalisten-Kirche eingeladen, einen Vortrag über Sozialismus zu halten und mit ihnen zu debattiren. Das geschah im Grand Pacific-Hotel. Es kann also nicht gesagt werden, daß ich nach meiner Verhaftung, nachdem ich angeklagt und nachdem ich verurtheilt wurde, diese meine Prinzipien angenommen, um meine Handlungen zu rechtfertigen. Ich will es hier vorlesen, was ich damals gesagt.

Capt Black: Sagen Sie uns das Datum der Zeitung.

Spies: 9. Januar 1886.

Black: Welche Zeitung ist es?

Spies: Der „Alarm."

Spies fortfahrend: Als ich bei dieser Gelegenheit gefragt wurde, was Sozialismus ist, erklärte ich denselben folgendermaßen: „Der Sozialismus ist nichts Anderes, als das Resume der auf ihre Ursachen geprüften und in causalen Zusammenhang gebrachten Erscheinungen des gesellschaftlichen Lebens der Vergangenheit und der Gegenwart. Dasselbe beruht in der festgestellten Thatsache, daß die ökonomischen Verhältnisse und Einrichtungen eines Volkes, oder der Völker, die Grundlage aller gesellschaftlichen Einrichtungen, Anschauungen, ja sogar der Religionen bilden, und ferner, daß alle Aenderungen der ökonomischen Einrichtungen 2c. und jedweder Fortschritt aus den Kämpfen hervorgingen, die sich zwischen den herrschenden und unterdrückten Klassen in den verschiedenen Zeitaltern abspielten.

Sie, meine Herren, können sich auf diesen Standpunkt empirischen Wissens nicht stellen; Ihr Gewerbe bedingt, daß Sie sich auf den entgegengesetzten, d. h. auf den Standpunkt stellen, der von dem, was i st, absolut nichts weiß und von Dingen, die für Menschen unbegreiflich sind, Alles wissen will. Deshalb können Sie auch nicht Sozialisten sein. (Rufe: „Oho!")

Da ich befürchten zu müssen glaube, daß Sie mich nicht verstehen, so werde ich jetzt etwas deutlicher sprechen.

Es dürfte Ihnen nicht unbekannt sein, daß im Laufe dieses Jahrhunderts eine unendliche Menge von Erfindungen und Entdeckungen gemacht worden sind, welche große, ja ganz erstaunliche Umwälzungen in der Herstellung von Lebensbedürfnissen und Bequemlichkeiten hervorgerufen haben. Die Maschinenarbeit hat die des Menschen zum großen Theil ersetzt. Die Maschine hatte die Zusammenziehung von vielen Arbeitskräften und immer größere Arbeitstheilung zur Folge. Die Vortheile, die sich aus dieser Concentrirung der Arbeitskräfte ergaben, waren solcher Art, daß man dieselbe immer mehr und mehr ausdehnte. Aus diesem Prozeß der Concentrirung der Arbeitsmittel und Arbeitskräfte ergab sich unter Beibehaltung des früheren, „Vertheilungssystems", jenes Mißverhältniß, an dem die Gesellschaft krankt.

Die Produktionsmittel gelangten in die Hände von an Zahl stets weniger werdenden Personen, währenddem die durch Maschinen erwerblos gemachten und enteigneten Arbeiter dem Pauperismus, der Vagabondage, dem sog. Verbrechen und der Prostitution anheimfielen — alles Uebelstände, die Sie, meine Herren, mit Ihrem Gebetbüchlein aus der Welt zu schaffen beabsichtigen.

Die Sozialisten fassen Sie deshalb auch nicht mehr ernst, sondern nur scherzhaft auf. (Unruhe.) Oder sagen Sie mir doch gefälligst, was Sie mit ihren christlichen Moralpredigten bisher bewirkt haben, um das Loos der Elenden, die durch bittere Noth zum Verbrechen und Laster getrieben wurden, zu lindern? (Mehrere springen auf: „Wir haben in einzelnen Fällen viel gethan".) In einzelnen Fällen haben Sie vielleicht ein Almosen gegeben. Aber welchen Einfluß hat dies, wenn ich fragen darf, auf die gesellschaftlichen Zustände und auf eine Umgestaltung derselben gehabt? Keinen, absolut keinen! Gestehen Sie es nur ein, meine Herren, denn Sie können mir nicht ein einziges Beispiel anführen. —

Also gut. Jene durch die Arbeitsersparniß der Großproduktion zum Elend und Hunger verdammten Proletarier, deren Zahl hier im Lande man auf mindestens 1½ Millionen schätzt — — es ist unwahrscheinlich, daß s i e und die Tausende, die sich ihnen tagtäglich anschließen und die Millionen, die für erbärmliche

Hungerlöhne arbeiten, ihre Vernichtung ruhig und mit christlicher Ergebung von
der Hand der diebischen und mörderischen, dabei aber sehr christlichen Lohnherren
erleiden werden.   Sie werden sich zur Wehr setzen; es wird zum Kampf kommen.
Die Nothwendigkeit des Gemeinbesitzes der Arbeitsmittel wird zur Wirklichkeit
und die Aera des Sozialismus, der allgemeinen genossenschaftlichen Arbeit,
beginnt.

Die Enteignung der besitzenden Klasse, die Vergesellschaftlichung dieses Be=
sitzes und die allgemeine genossenschaftliche Arbeit — nicht zu spekulativen Zwecken,
sondern zur Befriedigung der Ansprüche, die wir an das Leben stellen; also
gemeinschaftliche Arbeit zum Zwecke der Erhaltung des Lebens und Genuß
desselben — das ist in großen Umrissen Sozialismus.   Nun ist dies aber
nicht, wie Sie vielleicht annehmen, ein „schön ausgedachter Plan", dessen Ver=
wirklichung wohl erstrebenswerth wäre, wenn es nur ginge — nein, diese
Vergesellschaftlichung der Produktionsmittel, der Verkehrswege, des Grund und
Bodens 2c. ist nicht nur etwas Wünschenswerthes, sie ist zur gebieterischen Noth=
wendigkeit geworden!   Und wo immer wir in der Geschichte finden, daß
einmal Etwas zur Nothwendigkeit geworden, da finden wir auch stets, daß der
nächste Schritt die Beseitigung der Nothwendigkeit durch das Hervorbringen des
logisch Erforderlichen war.   Unsere großen Fabriken, Minen, Verkehrs= und
Transportwege sind, von allem Anderen abgesehen, für den Privatbetrieb längst
zu umfangreich geworden.   Der Einzelne kann sie nicht mehr controliren.   Ueberall,
wohin wir unser Auge wenden, werden wir mit der Nase auf das Unnatürliche
und Nachtheilige der ungeregelten Privatproduktion gestoßen.   Wir sehen, wie
ein Mann, oder eine Anzahl von Männern nicht nur sämmtliche Erfindungen auf
dem technischen Gebiet in den Bereich ihres Privatbesitzes gebracht, sondern auch
alle verwerthbaren Naturkräfte wie Wasser, Dampf, Elektrizität für ihre aus=
schließliche Nutznießung mit Beschlag belegt haben.   Jede neue Erfindung, jede
Entdeckung, gehört ihnen.   Die Welt existirt nur für sie.   Daß sie rechts und
links ihre Nebenmenschen vernichten, bemerken sie kaum; daß sie sogar die Leiber
kleiner Kinder von ihren Maschinen zu Goldstücken verarbeiten lassen, das
halten sie für eine besondere Wohlthat und ein echt christliches Werk.   Man
mordet, wie gesagt, kleine Kinder und Frauen durch schwere Arbeit und läßt der=
weilen kräftige Männer wegen Mangel an Arbeit verhungern.   Diese Erschei=
nungen und hunderte von andern fallen auf.

Man fragt sich, wie etwas Derartiges möglich ist, und man findet die Ant=
wort, daß der Privatbetrieb die Schuld daran trägt.   Der Gedanke des genossen=
schaftlichen, gemeinsamen, vernünftigen und geregelten Betriebs prägt sich dem
Beobachter unwiderstehlich ein.   Die Vortheile desselben sind so überzeugender
Art, so in die Augen springend — und wo wäre denn auch ein andrer Ausweg?

Nach physikalischen Gesetzen bewegt sich ein Körper, bewußt oder unbewußt,
stets nach der Richtung, wo er am wenigsten Widerstand findet.   So auch die
Gesellschaft als Ganzes.   Die Bahn zur genossenschaftlichen Arbeit und Distri=

bution ist durch die Concentrirung der Arbeitsmittel unter dem privatkapitalisti=
schen System geebnet; wir bewegen uns bereits auf derselben. Wir können nicht
mehr zurück, auch wenn wir wollten. Die Macht der Verhältnisse treibt uns
hinein, in den S o z i a l i s m u s.

Ein Geistlicher fragte mich, auf welche Art dieses zu Stande gebracht werden
soll; er sagte, ich sei augenscheinlich daran, eine Revolution zu organisiren. Es
war kurz vor meiner Haft, und ich antwortete:

„So etwas läßt sich schlecht o r g a n i s i r e n. Eine Revolution ist eine
plötzliche Aufwallung, eine Convulsion des fiebernden Gesellschaftskörpers. Wir
bereiten die Gesellschaft darauf vor und dringen darauf, daß sich die Arbeiter be=
waffnen und kampfbereit halten. Je besser die Letztern bewaffnet sind, desto
leichter wird der Kampf vorübergehen, desto geringer das Blutvergießen sein. —“

Klingt das — wie man mir vorwirft — als wenn ich zu jener Zeit eine Re=
volution —, eine „soziale Revolution“ organisirt hätte, welche am 1. Mai oder
in den nächstfolgenden Tagen sich ereignen sollte; klingt das, als wenn ich die
Anarchie am 1. Mai an Stelle der gegenwärtigen „idealen“ Ordnung hätte setzen
wollen? Ich glaube nicht.

Der Sozialismus verlangt nicht die Zerstörung der Gesellschaft. Der So=
zialismus ist eine ordnende, eine constructive, und keine zerstörende, destructive
Wissenschaft. Während der Kapitalismus die Volksmasse eigenthumslos macht, zu
Gunsten der privilegirten Klasse — während der Kapitalismus jene Schule der
Oekonomie ist, welche lehrt, wie eine Klasse von der Arbeit d. h. dem Eigenthum,
der anderen lebt, lehrt der Sozialismus, wie Alle „Eigenthümer“ sein können,
und lehrt weiter, daß Jedermann ehrlich arbeiten muß für seinen eigenen Unter=
halt und nicht den „respektablen Geschäftsmann“, „Bankier“, „Börsianer“ 2c.
spielen darf, wie die „Talesmen“, die hier in der Jury=Bor erschienen und erklärten,
daß wir gehenkt werden müßten. (Ich bezweifle durchaus nicht, daß dies die An=
sicht der Herren war). Kurz, der Sozialismus will ein allgemeines System der
gemeinschaftlichen Arbeit einführen, und so jedem Mitglied der menschlichen Familie
die Ergebnisse und Wohlthaten der Civilisation zugänglich machen, welche unter
dem Kapitalismus von einer bevorrechteten Klasse monopolisirt und nicht verwen=
det werden, wie sie sollten, zum allgemeinen Besten, sondern für den brutalen
Eigennutz einer habgierigen Klasse. Unter dem Kapitalismus sind die großen Er=
findungen der Vergangenheit, fern davon ein Segen für die Menschheit zu sein,
in einen Fluch verwandelt worden. Unter dem Sozialismus würde die Pro=
phezeihung des griechischen Gelehrten Antiporas sich erfüllen, welcher bei der Er=
findung der ersten Wassermühle ausrief: „dies ist der Emanzipator der männ=
lichen und weiblichen Sklaven“; und ebenso die Prophezeiung des Aristoteles:
„Wenn in Zukunft jedes Werkzeug seine Arbeit auf Befehl selbst besorgt, wie die
Kunstwerke des Dädalus, oder wie die Dreifüße des Hephästos, die instinktmäßig
an ihr heiliges Werk gingen — wenn so die Weberschiffchen von selbst weben,
werden Herren und Sklaven nicht länger nöthig sein.“

Die Sozialisten behaupten, daß diese Zeit gekommen ist...... Und können Sie es verneinen? „Ja", sagt Jhr, „diese Heiden! was wußten die von National Oekonomie, von Civilisation und Christenthum!" Jhr habt Recht. Sie hatten keine Ahnung davon, daß man vermittelst dieser arbeitsparenden Maschinen die Tagesarbeit verlängern und die Bürde der Sklaven noch unerträglicher machen könne. Sie entschuldigen die Sklaverei des Einen damit, daß dem Andern dadurch die Gelegenheit der menschlichen Entwickelung geboten werde. Aber die Sklaverei der Massen zu predigen, damit einige halbgebildete Emporkömmlinge, "influential manufacturers," "extensive packing-house men," oder "prominent shoe-black dealers" werden können, um dies zu thun, ermangelten sie des spezifisch christlichen Charakters.

Der Sozialismus lehrt, daß die Maschinen, die Transport= und die Kom= munikationsmittel das Resultat gemeinschaftlichen Wirkens der vergangenen und gegenwärtigen Gesellschaft seien, und deshalb auch untheilbar der Gesellschaft an= gehören, gerade wie der Grund und Boden, die Minen und alle natürlichen Arbeitsgelegenheiten ihr angehören sollten. Diese Erklärung schließt ein, daß Diejenigen, welche diesen Reichthum sich aneigneten, obgleich in gesetzlicher Weise, jetzt von der und zu Gunsten der Gesellschaft enteignet werden müßten. Die Erpropriation der Massen durch die Monopolisten hat einen solchen Grad erreicht, daß die Erpropriation der Erpropriateurs eine unvermeidliche Nothwendigkeit, ein Akt der Selbsterhaltung geworden ist. Die Gesellschaft wird ihr Eigenthum zurückfordern und wenn Jhr auch einen Galgen an jeder Straßenecke errichtet! Und der Anarchismus — dieses Schreckenskind — zieht den Schluß: daß unter Zuständen individueller Freiheit und ökonomischer Gleichheit der politische Staat als barbarische Antiquität verschwinden muß—dann werden wir Alle frei und nicht länger Herren und Knechte sein. Dann wird nicht länger mehr Gebrauch für Polizei und Milizen sein, um den sogenannten „Frieden und Ordnung" zu erhal= ten, von der ein russischer General an seinen Czaren telegraphirte, nachdem halb Warschau massakrirt war, „die Ordnung ist in Warschau wieder hergestellt".

Der Anarchismus bedeutet kein Blutvergießen, nicht Raub, Gift, Dolch 2c. Letztere Ungeheuerlichkeiten im Gegentheil sind die charakteristischen Merkmale des Kapitalismus. Der Anarchismus bedeutet Friede und Wohlstand für Alle. Der Anarchismus und Sozialismus bedeuten die Reorganisation der Gesellschaft auf wissenschaftlichen Prinzipien und Abschaffung der Ursachen, welche Laster und Ver= brechen erzeugen. Der Kapitalismus erzeugt erst die sozialen Krankheiten und will sie dann mit Strafen kuriren.

Der Gerichtshof hat viel zu sagen gewußt über den aufreizenden Charakter der Artikel, welche aus der „Arbeiter=Zeitung" vorgelesen wurden. Lassen Sie mich Ihnen einen Artikel vorlesen, welcher im „Commonwealth" in Fond=du=Lac im Oktober 1876 erschien. Das Blatt ist republikanisch und wenn ich nicht irre, ist der Gerichtshof ebenfalls republikanisch:

„Zu den Waffen, Republikaner! In jedem Städtchen von Wisconsin giebt es Arbeit für Leute, die sich nicht fürchten, mit dem Gewehr umzugehen und keine Angst vor Blut und Leichen haben, wenn es gilt den Frieden zu erhalten."

(Es ist dies derselbe Frieden, wovon auch ich schon gesprochen habe.) Der Artikel fährt fort: „Um die Ruhe zu erhalten, um einen Parteikampf zu vermeiden, damit die Verwaltung der öffentlichen Interessen nicht in solche widerwärtige Hände falle, wie die des James G. Jenkins sind, sollte jeder Republikaner in Wisconsin sich bewaffnen, bevor er am nächsten Wahltage zur Wahlurne geht. Die Kornhaufen, Häuser und Scheunen aktiver Demokraten sollten verbrannt werden. Deren Kinder sind zu verbrennen und ihre Weiber zu schänden, damit sie verstehen lernen, daß die republikanische Partei das Recht hat, zu regieren, daß sie diejenige ist, wofür gestimmt werden muß, oder sie sollen mit ihren Aas-Knochen wegbleiben.

„Wenn sie dennoch darauf bestehen, stimmen zu wollen und von ihrem Jenkins nicht ablassen, so geht ihnen in den Weg, legt Euch in die Büsche, hinter die Hügel oder irgendwo, und schießt jeden dieser feigen Hunde und Agitatoren zusammen. Wenn sie in irgend einer Lokalität zu stark sind und es ihnen gelingt, ihr Oppositions-Votum anzubringen, so brecht die Stimmkästen auf und reißt die haßathmenden Zettel in Stücke. Jetzt ist die Zeit der effektiven Arbeit. Das gelbe Fieber will unter diesen Morrison-Demokraten nicht verfangen, deshalb müssen wir zu weniger lauten, aber um so wirksameren Mitteln greifen. Die Agitatoren sollen niedergemacht werden, und wer immer opponirt, soll es auf eigene Gefahr thun. Republikaner seid an den Stimmkästen gemäß obiger Anleitungen und laßt Euch nicht von einem Bischen Blut zurückhalten. Was den Süden solid gemacht, macht auch den Norden solid."

Hier ist ein Beispiel Ew. Ehren, das seines Gleichen in keiner unserer Veröffentlichungen findet.

Es ist gesagt worden, daß wir eine Verschwörung anzettelten. Ich erwidere daß ich meinen Freund Lingg nur zweimal bei Gelegenheit von Versammlungen der Central Labor Union gesehen habe, wo ich als Berichterstatter zugegen war. Ich habe ihn nur zweimal gesehen vor meiner Verhaftung und habe ihn niemals gesprochen.

Mit Engel habe ich seit einem Jahre außer jedem Verkehr gestanden. Und Fischer — mein sogenannter Lieutnant — pflegte herumzugehen und gegen mich zu agitiren. Soviel davon.

Ew. Ehren sagten heute Morgen, Sie müßten unsern Zweck darnach beurtheilen, was wir gesprochen und geschrieben haben. — Wenn ich nun soviel Macht hätte als der Gerichtshof, würde ich den letzteren sicherlich verurtheilen wegen Bemerkungen, die er während des Prozesses gemacht hat. Ich füge noch hinzu: Wenn ich im Anfange kein Anarchist gewesen, was ich hier gesehen und gehört, hätte mich zu einem solchen gemacht. Ich führe die exakte Sprache des Gerichtshofes an: „Es folgt nicht, daß alle Gesetze närrisch und schlecht

sind, weil das bei vielen der Fall." Ist das nicht eine Verhöh=
nung des Gesetzes, nicht Hochverrath? Und dann vermag ich nicht einzusehen, wie
man die guten und schlechten Gesetze unterscheidet. Nein sicher nicht. Wenn ich
einem schlechten Gesetze nicht gehorche und vor einen schlechten Richter gebracht
werde, werde ich unzweifelhaft bestraft werden.

In Bezug auf einen, heute Morgen ebenfalls verlesenen Bericht in der „Ar=
beiter=Zeitung," den Bericht über die Börsen=Demonstration will ich hier sagen —
und das ist das Einzige, was ich zu meiner Vertheidigung vorbringe, daß ich von
diesem Artikel nichts wußte, bis ich ihn im Blatte sah. Der Mann, welcher ihn
schrieb, schrieb ihn als Entgegnung auf einige von einem Morgenblatt gemachten
Angriffe. Er wurde entlassen. Die in jenem Artikel gebrauchte Sprache würde
niemals gestattet worden sein, wenn ich ihn vorher gesehen hätte.

Wenn wir nun nicht direkt mit dem Bombenwurf in Zusammenhang gebracht
werden können, wo ist das Gesetz, welches besagt, „daß diese Leute herausgesucht
und bestraft werden sollen?" Zeigen Sie mir das Gesetz, wenn es vorhanden ist.
Falls der Standpunkt des Gerichtshofes richtig ist, dann müßte die halbe Stadt,
die Hälfte der Bevölkerung unserer Stadt gehängt werden, denn sie ist ebenso gut
für jenen Vorfall vom 4. Mai verantwortlich, wie wir, und wenn die Hälfte der
Bevölkerung von Chicago nicht gehängt werden soll, dann zeigen Sie mir das
Gesetz, nach welchem diese (die Angeklagten) Leute gehängt werden sollten. Sie
haben kein solches Gesetz. Ihre Entscheidung, unsere Schuldigsprechung sind
nichts als Willkürakte! Wahr ist, daß die Rechtswissenschaft keinen Präce=
denz=Fall dieser Art kennt.

Wahr ist, daß wir das Volk aufforderten, sich zu bewaffnen. Wahr
ist, daß wir wieder und wieder verkündet haben, der große Tag für eine Aenderung
der Dinge nahe heran. Wir wünschten kein Blutvergießen, denn wir sind keine
Bestien. Wir wären keine Sozialisten, wenn wir Bestien wären. Unser
Menschlichkeitsgefühl trieb uns in diese Bewegung zur Emancipation der Unter=
drückten und Nothleidenden.

Wahr ist, daß wir das Volk aufgefordert haben, sich zu bewaffnen, sich vorzu=
bereiten für den kommenden Tag. Das scheint der Grund zu sein, auf welchen
hin das Verdikt aufrecht erhalten werden soll. „......Wenn eine lange Reihe
von Unzuträglichkeiten und Unterdrückungen, die unzweifelhaft demselben Ziele
zusteuern — das Volk zu mißhandeln und dem absoluten Despotismus in die Arme
zu führen, dann ist es das Recht und die Pflicht des Volkes, solch' eine Regierungs=
form abzuschütteln und neue Sicherheitsmaßregeln für die Zukunft zu treffen." —
Dies ist ein Citat aus der Unabhängigkeits=Erklärung. Haben wir irgend welche
Gesetze übertreten, indem wir dem Volke zeigten, daß diese Ungerechtigkeiten,
welche in den letzten zwanzig Jahren an die Oberfläche gekommen sind, fortwährend
ein Ziel verfolgt haben, nämlich das: eine Oligarchie in diesem Lande zu errichten,
so stark, so mächtig, so ungeheuerlich, wie sie je in einem Lande gewesen ist? Ich
begreife sehr wohl, weshalb der Mensch Grinnell nicht in die Grand Jury

gedrungen ist, uns des Hochverraths anzuklagen. Ich verstehe das ganz genau. Man kann nicht wohl Jemanden des Hochverraths beschuldigen, weil er die Verfassung gegen Diejenigen vertheidigte, welche sie mit Füßen traten. Das wäre kein so leichtes Stück Arbeit gewesen, Mr. Grinnell, als diese Leute des Mordes zu beschuldigen.

Zum Schluß nun: dieses sind meine Ideen. Sie bilden ein Theil meiner selbst. Ich kann mich derselben nicht entäußern, und könnte ich es, so würde ich's dennoch nicht thun. Wenn Sie glauben, diese Ideen, welche täglich mehr Boden gewinnen, vernichten zu können, indem Sie uns an den Galgen schicken — wenn Sie noch einmal Leute dafür die Todesstrafe erleiden lassen wollen, daß sie die Wahrheit zu sagen wagten — dann haben wir nichts mehr zu sagen. Wir haben nichts als die Wahrheit gesagt.

Zeihen Sie uns doch nur einer Lüge! Und wenn auf der Verkündigung der Wahrheit die Todesstrafe steht, nun wohlan — stolz und trotzig werd' ich den Preis bezahlen! Wahrheit — für sie starben Sokrates, Christus, Huß, Giordano Bruno, Gallilei, für sie starben Legionen der Edelsten und Besten! Sie gingen uns voraus; wir sind bereit zu folgen!

Was ist Sozialismus und was ist Anarchismus?

So fragen Sie. Sozialismus mag als eine Wissenschaft erklärt werden, welche eine bestimmte Form der sozialen Organisation behandelt, während Anarchismus (die Verneinung erzwungener Autorität) der Faden ist, welcher durch Jahrhunderte der menschlichen und gesellschaftlichen Entwickelung läuft, das Ringen um individuelle Freiheit! Während ich in meiner allgemeinen Auffassung ein Anarchist, bin ich praktisch und im Besonderen, ein Sozialist. Fürchte Dich nicht, Leser. Ich trachte nicht nach Deinem Eigenthum, noch beabsichtige ich, dasselbe zu theilen. O nein! — Das wäre garnichts im Vergleich zu dem, was ich anstrebe. Das wäre zu unbedeutend, um auch nur den Anfang damit zu machen. Ich verlange die Erde! Ich wünsche, daß Du und alle Anderen die Erde besitzen sollen. Das ist lächerlich?! — Gerade so dachte ich, als während meiner Kindheit die Leute zu mir sagten, daß jeder meiner sechs Brüder eine Schwester habe, während thatsächlich nur eine Schwester da war! Ich hoffe, daß man mich entschuldigt, wenn ich mich nicht in eine lange Diskussion betreffs der Frage der „natürlichen Rechte" einlasse; dieselbe ist alt, sehr alt und zur Genüge erörtert

worden — sie fand Ausdruck in den Lehren des Zimmermann's Sohn's von
Nazareth; sie ist enthalten in der Unabhängigkeits-Erklärung und wird, in
abstraktem Sinn, nahezu allgemein als selbstverständlich und unantastbar erachtet.
Statt dessen will ich zu erklären suchen, die historische Berechtigung des Sozia-
lismus und die augenscheinlich zwingende Nothwendigkeit seiner Verwirklichung.
Ich vermag dies am Besten, wenn ich hier den wesentlichen Inhalt eines Vortrags
citire, den ich vor einiger Zeit vor der „Liberal League" dieser Stadt gehalten habe.
Ich sagte:

„...... Der moderne Sozialismus ist die Substanz, das Resultat der Beobachtung: — einestheils der bestehenden Klassenunterschiede zwischen der besitzenden
und der nichtbesitzenden Klasse, zwischen den Kapitalisten und den Lohnarbeitern, —
anderntheils der Planlosigkeit der Produktion und der Consumption.   In seiner
theoretischen Form erscheint der Sozialismus nur als eine logische Fortsetzung und
Entwicklung der Lehren der französischen Philosophen vom vorigen Jahrhundert.
Gleich allen neuen Theorien hatte der Sozialismus zu berücksichtigen und auszugehen von bereits bestehenden philosophischen Systemen, so tief auch seine Wurzeln in materialistischen, ökonomischen Thatsachen ruhen...... Die französischen
Encyclopädisten, die den Weg für die große französische Revolution ebneten und
deren Ideen auch von den Revolutionären Amerikas adoptirt worden sind, negir-
ten alle übernatürlichen Autoritäten und schafften den alten Kehricht des Aberglau-
bens — die Religion — beiseite.   Alle bestehenden Dinge wurden der schärfsten
Kritik unterworfen.   Von Allem wurde verlangt, vor dem Tribunal der Vernunft seine Existenzberechtigung zu beweisen, oder aufzuhören zu existiren......
Es war der Anbruch des Tages, des Zeitalters der Vernunft.   Aberglaube, Ungleichheit, Privilegium und Unterdrückung wurden gleichmäßig verdammt um
Raum zu machen für das was man „ewige Wahrheit, ewige Gerechtigkeit, Gleichheit und unveräußerliche Menschenrechte" nannte...... Wir wissen nun daß diese
Vernunftsherrschaft nichts mehr war, als das Ideal der Bourgeoisie — daß die
ewige Gerechtigkeit sich realisirte in der Bourgeois-Gerechtigkeit; daß die prokla-
mirte Gleichheit die bürgerliche Gleichheit vor den Gerichten war; daß man mit
den unveräußerlichen Rechten das Recht von Besitz auf Privateigenthum meinte.
...... Die Denker des vorigen Jahrhunderts vermochten selbstverständlich nicht
über den Gesichtskreis ihrer Zeit hinauszusehen...... Diesem folgte die Herrschaft der Bourgeoisie mit allen ihren Uebeln.   Die utopistischen Sozialisten
St. Simon, Fourrier, Owen und viele Andere, erscheinen auf der Bildfläche.
Obgleich dieselben die schädliche Wirkung der Geldsacksherrschaft, der Kultivirung
der Heuchelei, die Versklavung der Massen und das Elend unter dem typischen
System des Privateigenthums und des letzteren Agenten — der Regierung — erkannten, waren sie doch nur Idealisten.   Sie folgten dem Pfade ihrer Vorgänger;
sie erkannten nur theilweise den bestehenden Klassenunterschied und versuchten die
feindlichen Kräfte wieder zu vereinigen, kraft der Prinzipien der „Vernunft," der
„ewigen Gerechtigkeit" und „Gleichheit"...... Inzwischen hatte die Bourgeoisie

den Beweis geliefert daß sie gänzlich unfähig war, die sozialen Verhältnisse zu ordnen. Die Kluft zwischen arm und reich erweiterte sich von Tag zu Tag; die Lage der Lohnarbeiter, statt sich zu verbessern, war eine schlimmere als früher unter dem Feudal=System geworden. Ihrer früheren Privilegien verlustig gegangen, fanden sie sich nun absolut der Gnade derjenigen anheimgestellt, denen sie zur Macht verholfen hatten. Der Fortschritt und die ökonomischen Gesetze der auf kapitalistischer Basis ruhenden Industrie, bedingen daß die producirende Klasse innerhalb der heutigen Gesellschaft in Armuth und Elend verbleiben muß.

Die Zahl der Verbrechen vermehrte sich von Jahr zu Jahr; Corruption trat an Stelle der forcirten Unterwerfung; der allmächtige Dollar ersetzte das Schwert; die Prostitution breitete sich aus; die Ehe blieb bestehen in ihrer gesetzlich anerkannten Form — der officielle Deckmantel der Prostitution — kurz und gut, die Dinge verschlimmerten sich immer mehr. Diese Thatsachen drängten den Denker dazu, die sozialen Erscheinungen genauer zu beobachten und die historische Entwickelung unserer Race einer Analyse zu unterziehen. Das Resultat war die Entdeckung und die Fortsetzung der Thatsache, daß alle geschichtlichen Aenderungen die Resultate von Klassenkämpfen, und daß diese Kämpfe stets hervorgerufen worden sind durch das ökonomische System — Produktion und Consumption — einer jeweiligen Epoche; ferner, daß es die ökonomische Basis der Gesellschaft ist, welcher die politischen, ethischen und philosophischen Begriffe und Institutionen entspringen Diese Entdeckung war das Ende des Ideal=Sozialismus. Die materialistische Periode, mit Sozialismus als eine empirische Wissenschaft, beginnt....

Der nächste Schritt war die Analysirung unseres gegenwärtigen kapitalistischen Produktionssystems. Es war nothwendig, dessen innerste Natur kennen zu lernen, um den Schlüssel zu dessen Erscheinungsformen zu finden. Dies führte uns zur Entdeckung des Gesetzes des Mehrwerthes.

Diese beiden Entdeckungen bilden nun die Basis von dem, was man den modernen wissenschaftlichen Sozialismus nennt. Von diesen Prämissen aus, ziehen die Sozialisten ihre Schlüsse.

Was Mehrwerth meint, wird durch den gegenwärtigen gesellschaftlichen Zustand, nämlich: den immensen Reichthum der nichtproducirenden (faullenzenden) und die Armuth der producirenden Klasse, klarer demonstrirt, als dies durch lange theoretische Abhandlungen geschehen könnte. Umsomehr als ich nicht beabsichtige, in dieser kurzen Skizze mich auf eine in's Einzelne gehende Diskussion der ökonomischen Fragen einzulassen. Dagegen will ich eine Definition von dem geben, was man Mehrwerthe nennt.

Der Lohnarbeiter erhält — wie die statistischen Berichte zeigen — nur einen kleinen Theil des Tauschwerthes seines Produktes, in Form von Lohn, als „Aequivalent" für die von ihm geleistete Arbeit, zurück; während der nach Deckung der Produktionskosten verbleibende Betrag in den Händen des Arbeitsgebers und dessen Mit=Wucherer, sich kapitalisirt. Kapitalisirung meint, daß der dem Arbeiter vorenthaltene Arbeitsertrag resp. die, unbezahlte Arbeit repräsentirende Summe,

nur zu weiteren Produktionszwecken, und dadurch zur ferneren Ausbeutung Der=
jenigen dient, denen er geraubt worden ist. Sich stets vermehrend, wird es sozu=
sagen immer wieder zum selben Zwecke ausgesandt und kann mit einem Schneeball
verglichen werden, der den Berg herunterrollend, sich zur Lawine vergrößert.

Es wird von allen Sozial=Oekonomen zugestanden, daß Kapital aus unbe=
zahlter Arbeit resp. Mehrwerth besteht; daß wo wir dasselbe finden, es in oben
geschilderter Weise erlangt wurde.

Unter diesem System des Privat=Kapitalismus wird nun die Produktion
nicht ausgeübt als eine soziale Funktion, zur Befriedigung der Bedürfnisse und
Bequemlichkeiten der Menschen; im Gegentheil, sie wird ausgeübt durch Indivi=
duen, die zufällig in Besitz von unbezahlter Arbeit (Kapital) sind — zum allge=
meinen Besten? Lächerlich! — zur individuellen Bereicherung!

Die wichtigsten Funktionen, auf welche der ganze gesellschaftliche Bau ruht,
sehen wir willkürlich verwaltet zu spekulativen Zwecken, zu persönlichen Vortheilen,
seitens einer kleinen Anzahl habgieriger, gewissenloser Individuen...... Die
Gesellschaft muß die Funktionen der Produktion und der Vertheilung selbst über=
nehmen! Es ist jedoch nicht wahrscheinlich, daß sie dies freiwillig thun wird, da
dies ein vernünftiger und praktischer Schritt wäre, — die Gesellschaft wird durch
die äußerste Nothwendigkeit dazu veranlaßt werden! Und diese Nothwendigkeit
macht sich täglich mehr und mehr fühlbar.

Narren! die da glauben, daß die Ausbreitung der sozialistischen Ideen, die
allgemeine Unzufriedenheit der verarmten, producirenden Klasse, das Werk von
„böswilligen Agitatoren" sei!

Narren! die da nicht sehen können oder wollen, daß sich die Gesellschaft in
einem Zustand der Veränderung, des Uebergangs befindet, sich aus einer speziellen
Form der Organisation in eine andere entwickelt! Und gleich hier mag es gesagt
werden, daß diese „andere Form" nicht eine Idee von „Crank's," noch die Theorie
unpraktischer Träumer ist — die neue Gesellschaftsorganisation entwickelt sich
naturgemäß aus der gegenwärtigen! Sie ist kein metaphysisches Produkt, sondern
eine Art von Herkules, der schon in seiner Kindheit Drachen tödtete! Ja wohl, das
kapitalistische System ist der Erzeuger des Sozialismus! Der Kapitalismus
demonstrirt die Ausführbarkeit des Sozialismus und liefert das nöthige Material
zu einem System der allgemeinen Co=operation. Aber dabei bleibt es nicht stehen.
Sondern durch die Expropriation (Enteignung) der Massen, durch die Vernichtung
der Mittelklasse und dadurch, daß er der großen Mehrheit das Recht zur Arbeit und
auf's Leben vorenthält, treibt der Kapitalismus das Volk zwar unbewußt, aber
unwiderstehlich, dem Sozialismus zu.

Die ausgesprochenen Sozialisten sind eine geringe Zahl im Vergleich zu den=
jenigen, die Sozialisten sind, ohne es zu wissen.

Irrthümlicher Weise betrachtet man die Ersteren als die gefährlichen Ele=
mente—die Gefahr ruht in den Letzteren. Der denkende Sozialist sucht in jedem
Ereigniß das logische Resultat, bestehender und früherer Zustände; er hegt

keine persönliche Feindschaft gegen die Kapitalisten; da er sich sehr wohl bewußt ist, daß das Individuum nicht nach seinem eigenen Wollen oder Willen, sondern nach den allgemeinen sozialen Gesetzen, der Macht der Verhältnisse und Umstände, handelt. Dagegen betrachten die unbewußten Sozialisten (und hierzu rechne ich alle n i c h t bewußten Sozialisten) alles von dem Standpunkte der persönlichen Verantwortlichkeit, sie schreiben das Unrecht, unter welchem sie zu leiden haben, einzelnen Personen zu, welche sie denunciren und hassen; sie sind blind betreffs der wirklichen Ursache ihres Leidens und führen ihre Schläge einzig gegen die Wirkungen und kämpfen, nach Art des Don Quixote, gegen Windmühlen, und zahlreichen anderen e i n g e b i l d e t e n Feinden. Der blutige Weg, den die Revolutionen gewöhnlich nehmen, kann stets zurückgeführt werden auf die Blindheit dieser unbewußten, anti-revolutionären Revolutionisten......

Die Sozialisten sind nichts weiter als die Erklärer und Dolmetscher der im ökonomischen Körper vor sich gehenden Revolution. Diese Revolution wurde hervorgerufen durch den Kapitalismus, nicht durch den Sozialismus. Die Sozialisten weisen auf den Charakter dieser Revolution, welcher die Etablirung neuer Prinzipien, der Prinzipien universeller Co-operation bedingt, hin. Mit anderen Worten: Auf die Prinzipien — welche im Interesse der Erhaltung und des Wohlergehens der Gesellschaft verlangen, daß die letztere die Funktionen der Produktion und der Vertheilung übernehme.

Welch' ein schrecklich Ding dies ist!

Anarchismus.

„Der ewigen Natur Gesetz:
Ueber, unter, um uns,
Das Kreis-System formte
Eine Wildniß der Harmonie;
Jedes nach dem bestimmten Ziel
In erhab'nem Schweigen, durch unermeßlichen Raum
Verfolget seinen wunderbaren Weg.

— — — —

Ich sage Dir, daß diese unsichtbaren Wesen,
Deren Wohnung das kleinste Theilchen der empfindlosen Atmofphäre ist, —
Denken, fühlen und leben, wie ein Mensch;
Daß ihre Affektionen und Antipathien,
Gleich denen der Menschen, Gesetze schaffen
Bestimmend ihren moralischen Stand;
Und auch der schwächste Hauch
Der ihre Form durchzittert,
Die allerkleinste Bewegung
Ist festgesetzt und unerläßlich,
Gleich den majestätischen Gesetzen
Welche die ewige Bewegung leiten."   (Shelley.)

Dies ist eine poetische Version der wissenschaftlichen Prinzipien des Anarchismus. Und hier ist eine in Prosa von dem unsterblichen Henry Thomas Buckle:

„...... Bei derartigen Eigenthümlichkeiten dieses seltsamen Verbrechens ist
es sicher eine staunenswerthe Thatsache, daß alle Zeugnisse, die wir in Bezug da=
rauf besitzen, auf einen großen Schluß hinweisen und in unserem Geiste keinen
Zweifel lassen können, daß der Selbstmord (und alle Verbrechen) nur das Produkt
des allgemeinen Zustandes der Gesellschaft ist, und daß der einzelne Missethäter
nur zur Wirkung bringt was eine nothwendige Folge vorausgehender Umstände ist.
In einem gegebenen Zustande der Gesellschaft muß eine gewisse Anzahl von Per=
sonen ihrem eigenen Leben ein Ende machen. Dies ist das allgemeine Gesetz; die
besondere Frage, wer das Verbrechen begehen werde, hängt natürlicherweise von
besonderen Gesetzen ab, welche jedoch in ihrer Gesammtwirkung dem großen ge=
sellschaftlichen Gesetz gehorchen müssen, dem sie alle unterworfen sind. Die Macht
dieses höheren Gesetzes ist hierbei so unwiderstehlich, daß weder die Liebe zum Le=
ben, noch die Furcht vor einer anderen Welt seine Wirkung irgendwie zu hemmen
vermag......"

„In gleicher Weise wird die Zahl der jährlich geschlossenen Ehen nicht durch
das Temperament und die Wünsche der Einzelnen, sondern durch große allgemeine
Thatsachen bestimmt, über welche die Einzelnen keine Herrschaft üben können. Es
ist jetzt bekannt daß Ehen eine feststehende und bestimmte Beziehung zu dem Korn=
preise haben, und in England hat die Erfahrung von hundert Jahren bewiesen,
daß sie in keinerlei Abhängigkeit von den persönlichen Gefühlen stehen, sondern
einfach von dem Durchschnittsverdienste der großen Volksmasse regulirt wer=
den......"

Derselbe große Denker und Historiker sagt an einer anderen Stelle:

„Die besten Gesetze, welche angenommen wurden, haben immer frühere Ge=
setze abgeschafft...... Und wenn die werthvollsten Verbesserungen in der Gesetz=
gebung aus der Aufhebung von Maßregeln einer früheren Gesetzgebung bestehen,
so kann unmöglich der Fortschritt in der Civilisation Denen verdankt werden, die
in den wichtigsten Angelegenheiten so viel Uebles gestiftet, daß ihre Nachfolger
schon als Wohlthäter gelten, wenn sie die Politik jener nur umkehren und den Zu=
stand der Dinge wieder dorthin zurückbringen wo er geblieben wäre, wenn die Po=
litiker gestattet hätten daß jene Dinge den Lauf nehmen, welchen das Bedürfniß
der Gesellschaft fordert. In der That ist die Ausdehnung, in welcher die regieren=
den Klassen sich eingemischt haben, und die üble Wirkung dieser Einmischung so
in's Auge fallend, daß denkende Menschen sich wundern müssen, wie die Civilisa=
tion angesichts solcher wiederholentlicher Hindernisse noch fortschreiten konnte...."

Hören wir was Thomas Paine über den Begriff „Regierung," noch mehr
als 50 Jahre vor der Zeit, als Buckle seine Entdeckungen betreffs der Gesetze der
sozialen Erscheinungen bekannt gegeben, zu sagen hat. Er beginnt seine poli=
tischen Werke:

„Gewisse Schriftsteller haben die Gesellschaft mit der Regierung so vermengt,
daß nur noch wenig Unterscheidung zwischen denselben bleibt...... Die Gesell=
schaft wurde erzeugt durch unsere Bedürfnisse, die Regierung durch unsere Schwä=

chen...... Die Gesellschaft ist unter allen Verhältnissen eine Wohlthat; dagegen ist die Regierung, selbst im günstigsten Falle, nur ein nothwendiges, im schlimmeren Falle, ein unausstehliches Uebel......"

Ein anderer „anarchistischer Satan," Herbert Spencer, hat ein gut Theil über Gesetz und Regierung zu sagen. Da er nicht innerhalb der Jurisdiktion der Herren Grinnell, Gary und deren „Gentlemen=Jury" lebt, ist es für ihn na= türlich leicht, dies zu thun. Ich will von ihm nur einige Stellen ("Synthetic Philosophy" — Seite 514.) anführen.

......Und hier werden wir wiederum daran erinnert, daß vermittelst des Gesetzes, die Lebenden durch den Willen der Todten beherrscht werden. Zu der Macht, welche frühere Generationen auf uns ausüben durch Uebertragung ihrer leiblichen und geistigen Beschaffenheit, ihrer privaten Gewohnheiten und Lebensre= geln, gesellt sich noch die Macht welche dieselben ausüben durch Regulationen in Bezug auf öffentliches Benehmen, die auf uns überkommen sind in mündlicher oder schriftlicher Weise......Ich betone diese augenscheinlichen Wahrheiten zu dem Zwecke, um zu zeigen, daß dieselben eine stillschweigende Verehrung unserer Vor= fahren in sich schließen. Ich wünsche es klar zu stellen, daß wenn in irgend einem Falle gesagt wird: „Was bestimmt das Gesetz?" wir fragen: „Was besagen die Diktate unserer Vorfahren?"......Seite an Seite mit der Fortentwickelung der Geister=Theorie, schreitet die Praxis an Geister um Verhaltungsmaßregeln in Special=Fällen zu appelliren........Die „göttlichen" und die Special=Gesetze, welche persönlicher Autorität entspringen, zeichnen sich hauptsächlich dadurch aus, daß sie im Prinzip Ungleichheit repräsentiren......Herbert Spencer ver= folgt diese „verderblichen Ideen" weiter und zieht dann folgende Schlüsse:

......Schon in Bezug auf religiöse Anschauungen wird thatsächlich dem Individuum das Recht zugestanden, das Gesetz zu mißachten, obwohl es den Wil= len der Majorität aussprechen mag......Es besteht die stillschweigende Aner= kennung einer höheren Verantwortung als die der Staats=Verordnungen, ob letz= tere nun monarchischen oder volksthümlichen Ursprungs sind. Diese Ideen und Gefühle sind sehr bezeichnend für den Fortschritt der Ansicht—und angepaßt dem entwickelten industriellen Staat—daß die Rechtfertigung eines Gesetzes darin be= steht: in Ausführung zu bringen die eine oder die andere der Bedingungen zur Harmonisirung der sozialen Co=operation, und daß es ungerecht ist (ohne Rück= sicht, durch welch' hohe Autorität es erlassen oder wie allgemein es gebilligt werden mag) wenn es diesen Bedingungen entgegen wirkt. Und dies ist gleichmeinend mit der Auffassung, daß die Gesetze...... schließlich in ein, zur praktischen An= erkennung gelangtes System der Ethik aufgehen werden—oder besser gesagt in diesen Theil der Ethik, der Bezug hat auf das gerechte Verhältniß der Menschen unter einander und des Einzelnen gegenüber der Gesellschaft."

Burke, der famose englische Staatsmann des letzten Jahrhunderts, schrieb vielleicht die beißendste Satyre über „Staat" und „Gesetze", welche je über diesen Gegenstand geschrieben worden ist, zeigend—was die französischen Oekonomisten, der Philosoph Proudhon u. A. behaupten, daß der sogenannte bürgerliche Staat weiter nichts ist, als eine Verschwörung der privilegirten Klassen gegen das Volk. Der eminente amerikanische Philosoph Emerson war ebenfalls ein „wild aussehen= der" Anarchist......

"Nicht Derjenige, welcher stillschweigend die Gesetze des Landes befolgt, ist ein guter Bürger...... „Die besten Bürger sind gewöhnlich die= jenigen, welche die Schranken der Gesetze durchbrechen und dadurch dem Fortschritt die Bahn ebnen." Ich citire den Anarchisten Emerson aus dem Gedächtniß, und verbürge mich deshalb nicht für die Richtigkeit des Citats; im Wesentlichen ist es jedoch zutreffend.

Da war auch der Anarchist Wendell Phillips, ein gigantisches Monument des Intellects und des Edelsinns unter den größten Söhnen Columbias. Seinen Reden und Schriften könnten genügende „aufrührerische und anarchistische Sen= tenzen" entnommen werden, um jeden in der Cook County Jail, Ill., befindlichen Anarchisten zu hängen — vorausgesetzt, selbstverständlich, daß die Vertheidigung der „vergewaltigten Gesetze" den Herren Grinnell, Gary, Bonfield, Schaack und deren „Gentlemen Jury" überlassen bleiben würde. Diesen geschickten Herren würde es durchaus nicht schwer fallen daraus eine constructive Verschwörung zu= sammen zu zimmern; nein, nicht im Geringsten!

Auch Göthe — Wolfgang Göthe, der literarische Löwe Deutschlands, der große Philosoph — auch er war ein Anarchist. Seine „Wahlverwandtschaften" sind eine ausgezeichnete Erklärung für Anarchismus. Ich will hier nur eine Stelle citiren:

„Sowohl bei der Erziehung der Kinder, als bei der Leitung der Völker, ist nichts ungeschickter und barbarischer, als Verbote, als verbietende Gesetze und Anord= nungen. Ich für meine Person mag lieber in meinem Kreise Fehler und Gebrechen so lange dulden, bis ich die entgegengesetzte Tugend bieten kann, als daß ich den Fehler los würde und nichts Rechtes an seiner Stelle sähe. Der Mensch thut recht gern das Gute, das Zweckmäßige, (wenn er nur dazu kommen kann). Er thut es damit er was zu thun hat, und sinnt darüber nicht weiter nach, als über alberne Streiche, die er aus Müßiggang und langer Weile vornimmt. — Wie ver= drießlich ist mir oft, mit anzuhören, wenn man die zehn Gebote in der Kinderstube wiederholen läßt! Da ist z. B. das Fünfte: Du sollst nicht tödten! Als wenn irgend ein Mensch im mindesten Lust hätte, den andern todtzuschlagen! Man haßt einen, man erzürnt sich, man übereilt sich, und im Gefolg von dem und manchem andern kann es wohl kommen, daß man gelegentlich einen todtschlägt. Aber ist es nicht eine barbarische Anstalt, den Kindern Mord und Todtschlag zu verbieten? Wenn es hieße: Sorge für des Andern Leben, entferne, was ihm schädlich sein kann, rette ihn mit deiner eigenen Gefahr! Wenn du ihn beschädigst, denke, daß du dich selbst beschädigst! Das sind Gebote, wie sie unter gebildeten vernünftigen Völkern Statt haben sollen......"

Und hier ist Lessing, der große Denker und unübertroffene Kritiker, Teutsch
lands literarischer Genius des vorigen Jahrhunderts.

„Auch er ein Anarchist?"

Ja, und dazu ein sehr radikaler! Lese den folgenden Dialog zwischen Sol=
daten und Mönche, den er schrieb:

„A: Ist es nicht überraschend, wenn man bedenkt, daß wir mehr Mönche
haben wie Soldaten?

B: Ueberraschend? Warum könnte man sich nicht gerade so gut erschrecken,
über die Thatsache, daß wir mehr Soldaten wie Mönche haben? Denn das Eine
trifft nur zu, für dieses oder jenes Land und ist nicht auf alle Länder gleich an=
wendbar. Was sind Mönche und was sind Soldaten?

A: Soldaten sind die Beschützer des Staates!

B: Mönche sind die Säulen der Kirche!

A: Mit Deiner Kirche!

B: Mit Deinem Staat!

A: — — — — — —

B: Du willst sagen, daß es viel mehr Soldaten giebt wie Mönche?

A: Nein, nein, mehr Mönche wie Soldaten!

B: In Bezug auf dieses oder jenes Land magst Du recht haben. Aber im
Allgemeinen gesprochen? Wenn der Landwirth seine Ernte zerstört sieht von
Schnecken und Mäuse — was ärgert ihn am meisten? daß es mehr Schnecken als
Mäuse giebt, oder daß es so viele Schnecken und Mäuse giebt?

A: Ich verstehe Dich nicht.

B: Du willst mich nicht verstehen. Was sind Soldaten?

A: Beschützer des Staates.

B: Und Mönche sind die Säulen der Kirche.

A: Mit Deiner Kirche!

B: Mit Deinem Staate!

A: Träumst Du? Der Staat! Der Staat! Die Glückseligkeit, die der
Staat Jedermann in diesem Leben zukommen läßt!

B: Die ewige Seligkeit, die Jedem von der Kirche nach diesem Leben ver=
sprochen wird!

A: Versprechungen!

B: Einfalt!" — — —

Ich denke, die obigen Citate genügen, um zu zeigen, was für „eingefleischte
Verbrecher," „unverbesserliche Narren," „lasterhafte Schurken," „giftige Rep=
tilien," „Hefe der Gesellschaft," „Bestien, die ausgerottet werden müssen," ꝛc.
diese Männer waren und sind, zu welchen wir in nahezu ehrerbietiger Bewunde=
rung aufgeschaut, denen wir zahlreiche Monumente errichtet haben!

Es ist eine bezeichnende Thatsache, daß mit nur sehr wenig Ausnahmen, alle
während der letzten hundert Jahre lebenden eminenten Denker zu denselben Schluß=
folgerungen gelangten, wie ausgesprochen in den obigen Citaten — nämlich: daß

die Gesellschaft ein Organismus ist, welcher der unvermeidlichen Macht seiner eigenen Gesetze folgt; daß, ob begriffen oder nicht, wir sie doch nicht mißachten können, da dieselben die Fundamentalbedingungen unserer Existenz bilden — sie umhüllen, durchdringen uns, reguliren unsere Bewegungen, Gedanken und Handlungen; — und daß deshalb die Versuche unserer Gesetzgeber, Richter c., vermittelst Zwangsgesetze und brutaler Gewalt der Operation und dem Prozeß des sozialen Körpers entgegenzuwirken, nicht nur kleinlich und absurd, sondern auch schädlich und barbarisch sind.

Dies, Leser, ist die anarchistische Lehre. Ich habe nicht eine einzige „Autorität" citirt, an deren Namen das Brandmal „Sozialist" oder „Anarchist" haftet. Dies ist die „verderbliche Lehre," welche jüngst in Gary's Gerichtszimmer prozessirt wurde — „Der Anarchismus wird prozessirt! wir müssen ihn ausrotten!" schrie Grinnell. „Wir werden!" erwiderten der Richter und die „Gentlemen=Jury" und wurde derselbe demgemäß dem Galgen überwiesen.

Professor R. T. Ely von der Hopkins University, Baltimore, ein beständiger Leser der „Arbeiter=Zeitung," veröffentlichte jüngst ein Buch über die Arbeiterbewegung in Amerika, in welchem ich die folgende Bemerkung finde:

„Keine Zeitung in den Ver. Staaten schenkte der Besprechung der Naturwissenschaft und deren großen Lichter so viel Raum, als Diejenigen, welche in Chicago von den Internationalen herausgegeben werden."

Wahr! Die türkische Regierung verbot jüngst den Verkauf von „Schlosser's Weltgeschichte." Warum sollte die von Chicago nicht Publikationen verbieten und Redakteure vernichten, die so viel Raum verschwenden für einen so „aufrührerischen" Stoff, wie die Wissenschaft einer ist?

Die Wissenschaft und die Geschichte sind sehr, sehr ungesunde Dinge für die Regierungen!

(Ehe ich dieses Kapitel schließe, will ich noch Theile eines Briefes, den Benjamin Franklin kurz vor Ausbruch der großen Revolution, an das britische Ministerium schrieb, anführen. Ich thue dies um zu zeigen, daß das Geschrei der privilegirten Klasse unserer Zeit gegen die „sozialistischen Agitatoren," thatsächlich nur eine Wiederholung dessen ist, welches erhoben wurde seitens der kapitalistischen Presse und der englischen Regierung gegen die Revolutionäre Amerikas — Washington, Jefferson, Paine und deren Zeitgenossen. Damals wie heute war die Unzufriedenheit des Volkes das Werk „verbrecherischer Demagogen und gemeingefährlicher amerikanischer Narren" — so sagte die Regierung und die Presse England's, und wurde die Vernichtung der „Unzufriedenheit säenden Verbrecher" laut verlangt, gerade wie dies heute die kapitalistische Presse dieses Landes uns gegenüber thut. Doch hier ist der Brief, er spricht für sich selbst:

„......Wenn die beleidigten und erbitterten Bauern, denen es unmöglich war Gerechtigkeit zu erlangen, ihre Angreifer* attackiren, prügelt sie und verbrennt ihre Boote. Sie sollten dies Hochverrath und Rebellion nennen, senden Sie Flot-

---

*Worunter er die Beamten, die Hüter von „Gesetz und Ordnung" meint.

ten und Armeen nach deren Land und drohen Sie den Gesetzesübertretern, daß Sie sie 3,000 Meilen hinwegschleppen werden, um sie zu hängen, zu ersäufen, zu viertheilen.—O, dies wird wunderbar wirken!

„Wenn Ihnen gesagt wird, daß in Ihren Colonien Unzufriedenheit herrscht, glaubt niemals daß dieselbe allgemein sei, oder daß Sie Veranlassung dazu gaben; deshalb denken Sie ja nicht daran, irgend welche Abhülfe zu schaffen, oder anstöß= ige Maßregeln zu ändern.   Beachten Sie keine Beschwerden, sonst möchten die Bauern ermuthigt werden, die Abstellung von noch mehr Uebelständen zu verlangen; Kommen Sie keinem Verlangen nach, das gerecht und billig, sonst möchten die= selben eine Forderung stellen die unvernünftig ist.   Beziehen Sie alle Informa= tionen über den Zustand der Colonien von Ihren, den letzteren feindlich gesinnten Gouverneuren und Beamten.   Ermuthigen und belohnen Sie diese Lügenfabri= kanten, verheimlichen Sie deren falsche Anklagen, sonst möchten dieselben widerlegt werden; erachten Sie dieselben als die klarsten Beweise und handeln Sie demge= mäß.   Glauben Sie nichts von dem was Sie von den Freunden des Volkes hören. Nehmen Sie an, daß alle dessen Beschwerden erfunden und vorgebracht worden sind von einigen aufrührerischen Demagogen und daß, wenn Sie derselben habhaft werden und sie aufknüpfen könnten, Alles wieder ruhig sein würde.—Ergreift und erwürgt deshalb einige derselben und das Blut der Märtyrer wird Wunder wirken zu Gunsten Eures Vorhabens......

Produkte seiner journalistischen Thätigkeit.

(1883-1886.)

Etwas für Gewerkschaften.

Daß die sogenannten „guten Zeiten", von denen übrigens die Lohnarbeiter am wenigsten merken dürften, stets periodenweise von positiv „schlechten Zeiten" verdrängt werden, wird wohl Niemand mehr bestreiten. Wenn die Arbeiter aber mit Gewißheit sehr mißliche Verhältnisse hereinbrechen sehen, durch welche ihre Lage noch erheblich schlechter werden könnte, als sie ohnedies schon ist, so müßten sie sich doch fragen, was zu thun oder zu lassen sei, um möglichst viel Unheil ab= zuwenden und um den schlechten Zeiten möglichst widerstandsfähig entgegen treten zu können. Daß der einzelne Lohnarbeiter unseren ungerechten wirthschaftlichen Einrichtungen wehr= und machtlos gegenüber steht, ist bekannt und wird nicht be= stritten werden. Allein, was der Einzelne nicht vermag, das wird immerhin einer guten Organisation, einer großen Zahl solidarisch handelnder Arbeiter mög= lich werden. Daß starke Gewerkschaftsorganisationen für die betheiligten Arbei= ter vortheilhaft sind, daß die Arbeiter innerhalb der heutigen Gesellschaft nur vermittelst gewerkschaftlicher Organisationen eine wesentliche Verschlechterung ihrer Lage verhindern, daß sie sich nur durch eine nach Berufszweigen gegliederte Organisation gegen Unbill und Boßwillkür schützen können, steht außer Frage und ist überdies so klar und einleuchtend, als wie, daß zwei mal zwei gleich vier sei.

Die Arbeiter fühlen und wissen dies auch Alles. Allein ihre Trägheit, ihr Egoismus, zum nicht geringen Theile auch ihre Feigheit, kurzum ein verderblicher Charakterzug hat sie bisher doch verhindert, sich so allgemein großartig und fest in Berufsklassen zu organisiren, daß diese Organisationen diejenige Macht er= langen konnten, die erforderlich wäre, ihrer natürlichen Aufgabe gerecht zu wer= den. Es sind überall erst Anfänge einer berufsgenossenschaftlichen Organisation vorhanden. Diese Anfänge sind in vielen Branchen noch sehr bescheidener Natur und überdies existiren und operiren die vorhandenen Gewerkschaften nur erst ne= beneinander, anstatt solidarisch miteinander. Dies ist schon ein großer Fehler während der sogenannten guten Zeiten, denn die Mangelhaftigkeit der Organi= sation verhinderte mancherlei Fortschritte, die unter anderen Umständen möglich wären.

Wenn sich nun aber schon der Mangel einer großen, straffen gewerkschaft=
lichen Organisation während der guten Zeiten sehr fühlbar macht, was haben die
Arbeiter dann erst während einer Krisis zu erwarten?   Sicherlich nichts Gutes,
aber sehr viel Unbill, große Rückschritte, Recht= und Schutzlosigkeit und Elend
aller Art......Es ist zum Beispiel an sich ein schlechtes Zeichen, daß erst gele=
gentlich eines Streiks in irgend einer Branche sich schleunigst einige Hundert
Streiker der Gewerkschaft anschließen.

Dieses Anschließen erst während eines Streiks beweist, daß diese Leute, ob=
gleich sie das Vorhandensein der Gewerkschaft, der sie sich nun anschließen, zwar
kannten, es vorher aber nicht für ihre Pflicht und nicht der Mühe werth hielten
sich einzureihen und mit ihren Genossen gemeinsam zu wirken. Alle derartigen
Streiks sind von vornherein sehr gewagt und können nur gewonnen werden, wenn
außerordentlich günstige Umstände obwalten.

Sei dem nun, wie ihm wolle; gewesene Dinge lassen sich nicht ändern, aber
soll das anerkannt Fehlerhafte immer so bleiben?   Jeder Arbeiter weiß, daß sehr
mißliche Verhältnisse bevorstehen, daß es während der schlechten Zeiten dem Ein=
zelnen zum Theil sehr schwer, zum Theil ganz unmöglich werden wird, auch nur
den Standpunkt seiner wirthschaftlichen Lage zu behaupten, den er zur Zeit noch
inne hat.   Man sieht den Sturm kommen und sollte sich nicht rüsten, seine Ge=
fahren abzuwenden?   Das wäre doch der Gipfel der Vernunftwidrigkeit.   Was
also zunächst zu geschehen hätte, wäre eine viel energischere Agitation für die be=
rufsgenossenschaftliche Organisation der Arbeiter, als die bisherige war.

Hier müssen die Mitglieder der einzelnen Organisationen alle Hebel in Be=
wegung setzen und alle ihre Kräfte anwenden, um in ihren engeren Kreisen zu
wirken.   Aber dabei darf es nicht sein Bewenden haben.   Die Interessen aller
Lohnarbeiter sind solidarisch.   Es genügt daher nicht, daß die einzelnen Gewerk=
schaften nur nebeneinander kämpfen.   Das: Jeder für Alle und Alle für
Jeden, kann und darf nicht nur auf eine besondere Organisation angewendet
oder gedeutet werden, sondern es muß im vollen Umfange des Wortes auf die
gesammte Lohnarbeiter=Klasse Deutung und Anwendung finden.

Die traurige und kleinliche Isolirung der einzelnen Gewerkschaften muß
aufhören; alle Gewerkschaften müssen sich in richtiger Erkenntniß der Lage der
Dinge und unter voller Anerkennung des Solidaritätsprinzips verbinden, ver=
brüdern und gemeinsam kämpfen gegen den gemeinsamen Feind, das kapitali=
stische Ausbeutungssystem.

Noch bleibt den Arbeitern eine Spanne Zeit mit einiger Bewegungsfreiheit,
benutzen sie diese nicht, so werden sie der nächsten hereinbrechenden wirthschaft=
lichen Krisis hilf= und machtlos gegenüber stehen und eine Unsumme von Unbill
und Elend über sich ergehen lassen müssen, die durch den Bestand einer großen
zielbewußten allgemeinen Arbeiterorganisation zu verhindern wäre.   Die deutschen
Gewerkschafter sollten den Andern mit gutem Beispiel vorangehen.   Es würde
für ihre Unterlassungssünden keine Entschuldigung geben, denn sie sind wieder=

holt und rechtzeitig genug auf das Nothwendige aufmerksam gemacht und vor Gefahren gewarnt worden.

Ueber Streiks.

Bei Streiks, wo es sich lediglich um eine Aufbesserung des Lohnes und verwandte Forderungen handelt, tritt der Klassenkampf nicht so scharf markirt hervor, als wie bei Streiks, wo es sich um die Feststellung von grundsätzlichen Rechten zwischen Lohnarbeiter und Lohnherr handelt. Zu der letzteren Kategorie gehört ein großer Prozentsatz der gegenwärtigen Streiks (Frühjahr 1886); wir nennen nur den McCormick Lockout, den Streik an dem Gould'schen Bahnsystem und den Streik in der „Bates Manufacturing Co." in Lewiston, Me. Zu diesen drei Ausständen, die wir aus einer Menge dem Charakter und Wesen nach ähnlicher herausgreifen, handelt es sich um die Beantwortung der Frage, wem das Recht zustehen soll, Arbeiter anzustellen und zu entlassen—dem Boß oder den Arbeitern? Die konsequenten Vertreter des Eigenthumsstaates, in erster Linie die zunächst betroffenen Fabrikanten und Eisenbahnkönige, erklären ganz richtig, daß der Streit um das Recht der Anstellung und Entlassung der Arbeitskräfte die Frage involvirt, ob der Kapitalist, welchem die Fabrik gesetzlich gehört, oder ob die Leute, welche er zu Bedienung der Maschinen u. s. w. gemiethet hat, den Betrieb derselben leiten sollen! Und die Frage ist eine weit wichtigere, ist von weit größerer Bedeutung, als Viele glauben.

Ist der Kapitalist der Eigenthümer der Fabrik, dann muß ihm auch das Verfügungs- und Verwaltungsrecht über dieselbe zustehen. Das ist ganz klar und selbstverständlich. Denn ohne dieses Recht wäre er nur noch Eigenthümer dem Namen nach, und die wirklichen Eigenthümer wären dann die, welche die Verwaltung an sich gerissen hätten, also die Arbeiter. Der Vorwurf, welchen man den letzteren macht, den nämlich, daß sie das gesetzliche Recht ihrer „Bosses" mit Füßen treten, indem sie die Verwaltung von deren „Eigenthum" an sich zu reißen trachten, ist vollständig berechtigt, ja mehr noch! Arbeiter, welche dies thun, sind in offener Rebellion gegen die bestehende Gesellschaftsordnung begriffen; sie verneinen und bekämpfen den Fundamental-Grundsatz, auf welchem der ganze bürgerliche Staat mit seinen Einrichtungen und seiner Rechtsanschauung beruht—den Grundsatz des Privateigenthumsrechtes! An dieser Thatsache ändert der Umstand nichts, daß diese Rebellen bei jeder Gelegenheit erklären und betonen, daß sie gesetzliebende Bürger sind!

Ihr Handeln entspringt nicht der Erkenntniß der Dinge und Verhältnisse; es ist, soweit Richtung und Ziel des Strebens in Betracht kommen, ein vollständig unbewußtes. So allein ist es denn auch verständlich, daß sie auf die Anarchisten schimpfen, weil das Streben derselben auf die Abschaffung der „Bosses" und des Privateigenthums hinzielt, während sie im selben Augenblick den „Boß" de facto abschaffen und das Privateigenthum desselben unter die Verwaltung ihrer Organisation stellen, es also zum Gemeingut machen! Sie bewegen sich streng unter dem Gesetze der Causalität. Sie folgen der logischen Nothwendig= keit, die sich aus dem Thatsächlichen ergibt, stehen aber, da ihr Denkapparat durch verkehrte Behandlung, dem schnellen Vorwärtsschreiten des Entwicklungsprozesses nicht folgen kann, mit sich selbst in fortwährendem Widerspruch. Sie verur= theilen und verdammen den Sozialismus und begreifen nicht, daß sie ihn zur sel= ben Zeit als etwas unumgänglich Nothwendiges realisiren.

Der denkende Sozialist muß daher auch Philosoph genug sein, um beim An= blick der stupiden Masse nicht dem Pessimismus zu verfallen. Eben diese Masse, die sich unter und nach bestimmten Gesetzen bewegt, sie ebnet, allerdings ohne es zu wissen, den Weg, der zur nächsten Station der gesellschaftlichen Entwicklung führt. Der einzige Unterschied zwischen den Anarchisten und den rückständigeren Arbeiter=Organisationen ist der, daß die Ersteren bewußt und mit Lust und Liebe in den Freiheitskampf ziehen, während die Anderen unbewußt und nur dem Drang der Nothwendigkeit gehorchend, ganz dasselbe thun. Und wer das bisher nicht geglaubt hat, dem sollten die massenhaften Versuche der Gewerkschaft= ler und Arbeitsritter in neuer Zeit, die Bosses und das Privat=Eigenthum abzu= schaffen, die Augen öffnen.

Concurrenten der Arbeiter.

Daß eine Anzahl arbeitersparender Maschinen, welche im Laufe der letzten paar Jahre erfunden und deren Tüchtigkeit erprobt wurde, nur sehr vereinzelt oder gar nicht eingeführt worden sind, das hat seine besonderen Gründe. Greifen wir eine dieser Erfindungen heraus und forschen wir nach, wie es kommt, daß dieselbe, trotz der großen Vortheile, die sie gewährt, fast noch nirgends eingeführt ist; wir meinen die Bergwerkmaschine, welche den Kohlengräber überflüssig macht und somit eine der mühsamsten und beschwerlichsten menschlicher Beschäftigungen aufhebt, bezw. ersetzt. Weshalb zögert man mit der Einführung dieser Maschine?

Die Minenbesitzer, wenigstens die größeren, sind in den meisten Fällen auch die Besitzer des Grund und Bodens in großem Umkreise, wo die Minen gelegen sind; nicht selten sind sie die Besitzer ganzer Städte und Counties. Die Anwesen= heit der Bergleute hat das Land werthvoll gemacht; anfänglich vielleicht eine Schenkung und geringwerthig, bringt es jetzt an Pachtzins oft noch mehr ein, als die Minen selbst. Die Arbeiter wohnen darauf; ein Theil des ihnen gezahlten Lohnes fließt in Form von Miethe oder Pachtzins wieder zurück in die Kasse ihrer Lohnherren; der andere Theil findet durch Waarenkauf seinen Weg ebenfalls wieder dorthin zurück, denn die Lohnherren sind nicht nur gleichzeitig Landlords, sie sind auch die „Storekeepers". Lebensmittel, Kleider, Schuhe, ꝛc. sind die Arbeiter ange= wiesen, in diesen Stores oft zu ganz willkürlichen Preisen zu kaufen.

Dieser vielseitige Aussaugungsprozeß macht den Arbeitslohn für den Brod=
herrn weit geringer, als es den Anschein hat,—so gering, daß sich die menschliche
Arbeitskraft billiger stellt, als die Maschinen.   Der Minenbesitzer zieht echt kauf=
männisch das Billigere dem Theuren vor.   Das ist ein Grund, weshalb die
Minenbesitzer jene Maschine noch nicht eingeführt haben.

Es sei noch ein anderer angeführt.   Die Anschaffung der in Rede stehenden
Maschine würde mindestens drei Viertel der gegenwärtig beschäftigten Kohlengrä=
ber überflüssig machen.   Diese Leute wären gezwungen, sich nach einem anderen
Thätigkeitsfeld umzusehen und ihre derweilige „Heimath" zu verlassen.   Das
würde den Verfall der Städtchen und eine vollständige Entwerthung des Landes zu
Folge haben, das bis dahin eine wahre Goldhenne war.   Der Kapitalist, dessen
ganzes Gefühlsleben und Philosophie in den Zahlen seines Kassenbuches aufgehen,
besinnt sich daher zweimal, ehe er den Ast absägt, auf dem er sitzt.   Und die
Arbeiter haben ja unter unseren freiheitlichen Einrichtungen kein Wort in solchen
Dingen.   Führt der „Boß" Maschinen ein, dann müssen sie es sich wohl oder übel
gefallen lassen.   Und führt er keine ein und vernutzt statt des Eisens und Stahls
ihre Knochen und Muskeln, so müssen sie damit ebenfalls zufrieden sein.—

Aus dem angeführten Beispiel ist ersichtlich, wie durch den Privatbetrieb die
Entwicklung der Industrie gehemmt wird.   Des Weiteren zeigt es noch, wie Men=
schenleben nutzlos aufgebraucht werden—da wo Maschinen ganz und gar dieselbe
Arbeit verrichten könnten,—nur weil es dem Privatbesitzer so paßt.   Man denke
sich diese Minen nur einmal für einen Augenblick im Besitz der Arbeiter.   Ist es
wahrscheinlich, daß sie aus Liebhaberei 12 oder 14 Stunden täglich tief in der
Erde Innerm, wo kein Sonnenstrahl hindringt und ewige Nacht herrscht, sich ab=
rackern würden, wenn sie Maschinen bekommen könnten, die diese Arbeit für sie be=
sorgen würden?   Nein, das ist nicht wahrscheinlich.—

*   *
*

Doch ebensowenig, wie man den treibenden Strom in seinem Lauf durch Däm=
me und Wälle aufzuhalten vermag—er bricht die Hemmnisse nieder oder sucht sich
eine neue Bahn—,ebensowenig vermag der Privatbetrieb,die überlebte Produktions=
weise, dem unwiderstehlichen Drang der Entwicklung zu trotzen.   Wir berichteten
jüngst über ein neues Verfahren in der Herstellung von Bessemer Stahl, durch
welches die „Puddler" als solche in der Industrie überflüssig gemacht werden, und
nicht nur diese, sondern ein großer Theil der Eisenarbeiter überhaupt, da man
nunmehr Stahl billiger und leichter herstellen kann, als bisher Eisen.   Desglei=
chen berichteten wir über die Einführung einer Form= (Molding) Maschine, die die
Eisenformer als solche überflüssig macht und aus dem Industrieleben verdrängt.
Eine ungleich größere Revolution, als die genannten Erfindungen, aber wird durch
einen neuen Geist, der der Unterwelt erstanden,in dem industriellen Leben verursacht
werden.   Wir sprechen von der Verwendung „natürlichen Gases" als Licht
und Feuerungsmittel.   In Pittsburg hat man es bereits in großem Maßstabe auf

das Erfolgreichste angewendet. Es hat sich daselbst ergeben, daß es um 35 bis 50 Prozent billiger kommt, als Weichkohle. (Später wird es noch billiger werden.)

Ein Fabrikant also, der bisher $200,000 pro Jahr für Kohlen verausgabte, bezahlt für dasselbe Heizquantum in Gestalt von natürlichem Gas nur 100,000 Dollars oder höchstens $135,000 Dollars. Allein das ist bei weitem nicht Alles; die Arbeitsersparniß, welche die Benutzung von Gas nach sich führt, ist das Wichtigste und Bedeutungsvollste an der Sache. Da fällt zuerst die Kohlenschlacke und Asche weg, für deren Fortschaffung in den größeren Fabriken stets einige Arbeiter und Fuhrwerke verwendet werden mußten. Gas hinterläßt keinen Abfall. Zweitens: Durch das Schüren des Kohlenfeuers mit langen eisernen Schüreisen wurden die Schmelzöfen derartig beschädigt, daß in den größeren Fabriken und Schmelzwerken 3—4 und noch mehr Maurer ununterbrochen mit Reparaturarbeiten beschäftigt waren.

Das fällt jetzt weg. Gas braucht man nicht zu schüren. Schürer, Kohlen= schaufler und Heizer sind überflüssig — ein einziger Heizer genügt. In Privat= wohnungen, wo man statt der Kohlen nunmehr Gas zur Heizung verwendet, ist die Ersparniß mindestens ebenso groß. Dienstmädchen zum Feuermachen 2c. wird man sich nicht länger halten; auch wird im Reinhalten der Zimmer sehr viel Arbeit erspart, denn der meiste Schmutz kommt doch vom Kohlen=Verbrennen in den Oefen. Gas macht keinen Schmutz.

Last but not least kommt aber die Ersparniß der Grubenarbeit. Der jetzige Gas=Consum in Pittsburg pro Tag ist gleich einem Kohlenquantum von 10,000 Tonnen. Um 10,000 Tonnen täglich zu graben, erfordert es die Ar= beitskraft von 2500 Bergleuten! Sobald das Gas in Pittsburg und Allegheny allgemein eingeführt sein wird, tritt eine weitere Kohlen=Ersparniß von 500,000 Tonnen — und damit eine entsprechende Ersparniß an Arbeitskraft — jährlich ein.

Die Folgen hiervon machen sich bereits bemerkbar. Nach Bradstreets haben 3000 Kohlengräber das Monongahelathal verlassen, weil die Nachfrage in eben diesem Maße nachgelassen hat. Aber wohin werden sie gehen, um wiederum Arbeit zu erlangen? Fragt uns nicht.

Nun wird man uns entgegnen: „Ja, das hat nur auf Pittsburg Bezug, denn nur diese Stadt genießt in Folge ihrer Lage jene natürlichen Vortheile.“ Wir müssen diesen Traum der Kurzsichtigkeit zerstören.

Erstens würden die Großfabrikanten des Landes gezwungen sein, um concur= renzfähig zu bleiben, ihre Fabriken nach Pittsburg zu verlegen. Zweitens aber, und dies ist der hauptsächlichste Punkt, ist man, wie Bradstreet's berichtet, bereits soweit durch Experimentiren gekommen, daß man in Gegenden, wo natürliches Gas nicht vorhanden ist, solches auf künstlichem Wege spottbillig herzustellen ver= spricht. Der Abfall einer Großstadt wie Chicago mit Bestandtheilen atmosphä= rischer Luft zersetzt, würde nach den gemachten Angaben genügen, ein hinlängliches Quantum von Gas zu liefern, um die Kohle zu ersetzen.

Und dann—? Die überflüssig gewordenen Lohnarbeiter, denen diese segens-
reichen Erfindungen zugute kommen sollten, sie legen sich hin und verhungern, und
singen sterbend noch Loblieder auf unsere herrliche Civilisation und auf die Harmonie, so da waltet zwischen Herr und Sklave!

Menschen, Arbeiter, Gewerkschaftler, gehen denn alle diese Erscheinungen der
Gegenwart ganz unbemerkt an Euch vorüber? Hält die Vergangenheit Euch denn
so ganz und gar in ihrem verderblichen Zauberkreis befangen? Begreift Ihr denn
nicht, daß auch Ihr an diesen Erfindungen und Naturgaben einen Antheil habt und
daß, wenn Ihr nicht fordert — daß, wenn Ihr nicht darauf besteht, daß sie Gemeingut werden, sie sich zu unüberwindlichen Machtmitteln in den Händen der
Privilegirten entwickeln und Euch so zum Verderben und Verhängniß werden?!

Moderner Kannibalismus.

Nach dem großen amerikanischen Geschichtsforscher Morgan fällt die Menschenfresserei in die Entwicklungsperiode, welche der Barbarei vorausging und
welche er mit Wildheit bezeichnet. Nach ihm verlieren sich die Spuren der Menschenfresserei bereits in dem unteren Stadium der Barbarei. — Morgan spricht
hier von einer bestimmten Form der Menschenfresserei, der nämlich, die eine Folge
von Nahrungsmangel war. Die Menschen hatten damals noch sehr wenig
Kenntniß von dem Reichthum der Natur. Ihre einzigen Nahrungsmittel mögen
in Fischen und Kleinwild bestanden haben, und da diese nicht immer und an allen
Orten in genügender Menge vorgefunden wurden, behalfen sich unsre lieben Vorfahren damit, daß sie sich gegenseitig auffraßen.

Diese Art von Menschenfresserei, die vom Selbsterhaltungstrieb geboten
ward, schwand in dem Maße, als die Menschen durch Erfindungen die Natur beherrschen und ihr andere Nahrungsmittel abzuringen lernten. Eine andere weit
schändlichere Art von Menschenfresserei aber besteht bis auf den heutigen Tag.
Sie ist deshalb schändlicher als jene, welche von unsren kannibalischen Vorfahren
geübt wurde, weil sie nicht, wie diese, der natürlichen Nothwendigkeit, sondern
ausschließlich der schmutzigen und niedrigen Geldgier, wohl auch der Wollust und
anderen teuflischen Lastern des nichtsnutzigsten Theiles unserer Zeitgenossen entspringt. Wir sprechen von dem Kannibalismus der Ausbeuter.

Diese modernen Kannibalen sind ihren Vorfahren in der grauen Geschichte
der Entstehung unsrer Rasse ganz bedeutend voraus. Die früheren Menschen-
fresser waren gezwungen, ihre Opfer in offenem Kampfe zu erlegen, und setzten
sich somit der Gefahr aus, wenn die Geschichte fehlging, selbst gefressen zu werden. Ihre Nachkommen haben diese Gefahr gänzlich beseitigt, indem sie Methode
und Ordnung in das Verfahren brachten, indem sie die Menschen in zwei verschiedene Klassen theilten: in eine fressende und in eine die sich fressen läßt.

Eine der beliebtesten Arten des modernen Kannibalismus ist das sogenannte Minenunglück. Diesem fallen in Amerika allein im Durchschnitt alljährlich mehr Menschen zum Opfer, als zur Zeit der primitiven Menschenfresserei auf diesem Continente lebten.

Kein Tag vergeht, wo der Telegraph nicht aus irgend einem Theile des Landes berichtet: „Minenerplosionen in Folge schlechter, ungenügender oder gar keiner Ventilation. So und so viel Menschen fanden dabei ihren Tod." — Eine solche Depesche lief jüngst von Uniontown, Pa., hier ein. Eine Mine, welche seit 8 Monaten als unsicher galt, wurde das Grab von 15 — vielleicht noch mehr — Proletariern. Die Minenbesitzer wußten, daß eine Erplosion unausbleiblich sei, trotzdem aber schickten sie ihre Lohnsklaven jeden Morgen hinunter in den Tod und Verderben drohenden Schlund, um ihnen die verborgenen Schätze für 65 Cents den Tag hervorzuholen.

Nicht wie der kühne Taucher, der um den Preis der Königstochter sich in den verschlingenden Rachen der Charibbis stürzt; — um einen solchen Preis steigt der gebückte Bergmann nicht in den Todesrachen: Daheim weinen die Kleinen um Brod und Kleider. Cynisch lächelnd sitzt der Kohlenkönig auf seinem Throne, sich an dem Bild des Elends weidend. „Hörst Du den Nothschrei der Armen nicht?" läßt er seinen Lockruf ertönen. Der Bergmann kann nicht widerstehn. Der Nothruf durchschneidet ihm das Herz. Er kennt die Gefahren der Unterwelt. Er weiß, daß die Mine von verderblichen Gasen angefüllt ist, — aber er kann die Seinen nicht hungern lassen! So steigt er denn hinab.

Ein dröhnender Knall, der die Erde erschüttert, ertönt. Rauch und Flammen schießen aus der Erde empor. Mutter und Kind eilen mit fliegender Hast an den Schacht. Verzweiflungsvoll die Hände ringend, brechen sie vor dem Feuerschlund zusammen. Der Gedanke, daß der Theure sich da unten befindet, treibt sie zur Besinnungslosigkeit, zum Wahnsinn. Oben aber sitzt der Minenbesitzer und berechnet, wie viel Esel ihm dadurch verloren gegangen sind. — Dies ist ein Bild des modernen Kannibalismus.

*   *

Der Menschenmord auf Aktien ist eine ganz spezielle Erfindung des modernen „christlich" kapitalistischen Zeitalters. Die ausbeutungswüthige privatkapitalistische Gesellschaft, die so sehr mit ihrer Humanität und mit ihrer Gesetzlichkeit prahlt, hat es zuerst fertig gebracht, zum Zwecke der Dividenden-Steigerung die Kinder der Armen langsam und qualvoll, durch regelrechte Aussaugung ihrer Lebenskräfte, zu ermorden. Nachdem dann einmal der Mord der Armen und Wehrlosen zur gesetzlichen Institution, resp. ein nothwendiges Attribut des herrschenden Aubeutungssystems geworden ist, nimmt man auch keinen Anstand mehr, unmündige Kinder an Maschinen zu beschäftigen, die vermöge ihrer Gefährlichkeit die gespannteste Aufmerksamkeit erwachsener Personen erfordern, um Unglücksfälle zu vermeiden oder solche wenigstens seltener zu machen. Ist schon die fabrikmäßige Kinderarbeit an sich ein herzloses und in den Augen gesitteter Menschen unverzeihliches Verbrechen, so steigert es sich zu direktem Mord, wenn man die Unmündigen zwingt, an gefährlichen Maschinen, in Bergwerken, chemischen oder gar in Pulverfabriken zu arbeiten.   Um den Ausbeutern einen möglichst großen Kapitalgewinn zu ermöglichen, werden täglich Leben und Gesundheit der Kinder, welche in solchen Fabriken beschäftigt, resp. planmäßig ausgesogen werden, auf's Spiel gesetzt.   Das ist der kalt berechnende, grausame, langsam aber sicher wirkende Kindermord zu Gunsten hoher Dividenden.

Wir finden keinen Ausdruck, welcher genügend den Abscheu zu charakterisiren vermöchte, den wir diesem System und seinen Vertretern, den industriellen Kindermördern, gegenüber empfinden.   Auch in dem reichen Amerika, das mit der Unerschöpflichkeit seiner natürlichen Hülfsquellen prahlt, in dem reichen Amerika, das eine so tüchtige, d. h. eine so außerordentlich leistungsfähige Armee industrieller Arbeiter besitzt, in Amerika mit seiner so hoch entwickelten Technik, die an der Spitze der modernen industriellen Civilisation marschirt, werden unmündige Kinder in den Fabriken und Bergwerken, sowie an den gefährlichsten Maschinen beschäftigt.

Trotz der ungeheuren Vielgesetzgeberei dieses Landes, welche Vielgesetzgeberei in der ganzen Culturgeschichte der Menschheit nicht ihres Gleichen findet, wurde bisher in den Gesetzgebungshallen der Ausbeuter kein Wort gefunden zur Verhinderung des industriellen Kindermordes, des Kindermordes im Interesse höherer Dividenden für reiche Schmarotzer und Nichtsthuer.   Es existirt für Amerika noch viel weniger als für irgend einen der europäischen Ausbeuterstaaten eine Nothwendigkeit der industriellen Kinderausbeutung.

Dennoch besteht sie hier und dennoch greift sie von Jahr zu Jahr mehr um sich.   Der Nationalreichthum steigt jährlich, wie amtlich berichtet wird, ins Ungeheuerliche und je mehr die bis zum Mord gesteigerte Ausbeutung hinfällig und unnöthig wird, desto mehr greift nicht nur die schmachvollste, weil rücksichtsloseste und verdammlichste mörderischste Ausbeutung der Erwachsenen um sich, sondern desto allgemeiner wird auch der industrielle Kindermord.   Je reicher die Ausbeuter der Nation werden, desto frecher und mörderischer werden sie auch.

Die im Dienste der Dividendenhascherei stehende kapitalistische Presse hat natürlich kein Wort der Entrüstung oder der Mißbilligung oder des Zweifels an der Berechtigung dieser Zustände.   Wir erkennen darin die Verschwörung aller Ausbeuter gegen die Ausgebeuteten.   Es mögen sich Fälle ereignen, die noch so grausam, noch so empörend sind, welche das Herz der Fühlenden und Rechtdenkenden erstarren machen, in der kapitalistischen Presse findet sich kein Wort der Mißbilligung.

Heilig, heilig ist die Dividendenhascherei; heilig ist nicht etwa der Ertrag der Arbeit, nicht das Eigenthum an den Früchten eigener Arbeit, sondern heilig und unantastbar ist nur der Raub an den Früchten fremder Arbeit!   Heilig ist auch der Mord, der Massenmord und der Kindermord, wenn sein Endzweck die Aneignung des Arbeitsertrages der Gemordeten durch faullenzende, nichtsnutzige Gauner und Kapitalisten war.

Das moderne Raubsystem.

Die Ausbeutung des Menschen durch den Menschen läßt sich durch Nichts rechtfertigen und die direkte Rechtfertigung der Räuberei wird auch nur äußerst selten versucht. Die direkte Rechtfertigung heißt: „Gewalt ist Recht und wir sind nun einmal im Besitze der Gewalt." Der Besitz der Gewalt aber wechselt, wer sich auf Bayonnette stützt, setzt sich der Gefahr aus, verletzt zu werden. Die Ausbeuter und ihre Organe sprechen deshalb selten von diesem Beweise für ihr Recht. Ungleich häufiger aber sind die Versuche, welche mit gewundenen und verworrenen Redensarten die Nothwendigkeit und das Recht des Ausbeuterthums zu begründen suchen. Wer kennt sie nicht, die leuchtenden Vorbilder, welche dem Arbeiter zur Nachahmung aufgestellt werden! Der Fabrikant, welcher als armer Waisenknabe in die Fabrik eintrat, durch Fleiß und Sparsamkeit ein kleines Kapital anhäufte und schließlich Millionär wurde; der Zeitungsjunge, welcher bis zum Bundesminister emporstieg und der Holzhacker, der den Präsidentenstuhl der Vereinigten Staaten einnahm, sie alle werden als Beweise herbeigezerrt, für die Güte und Vortrefflichkeit der heutigen Einrichtungen.

Das ist einfach absurd. Alles das beweist im allergünstigsten Falle, daß unter vielen Millionen von Menschen mitunter ein Einzelner von der Glückswelle emporgerissen wurde zu einer hervorragenden Stellung in der menschlichen Gesellschaft. Die Masse aber bleibt nach wie vor arm, elend und von Sorgen gequält. Gerade der Umstand aber, daß nur Einzelne es sind, die sich über den Sumpf der allgemeinen Noth erheben können, spricht der herrschenden Gesellschaft das Todesurtheil. Und diese Erhebung geschieht noch obendrein ausnahmslos auf Kosten Anderer. Kann man denn, immer die Ausbeutung des Menschen durch den Menschen als gesellschaftliche Grundlage angenommen, im Ernste allen Arbeitern empfehlen, Fabrikanten zu werden, um ihre Lage zu bessern? Die Zahl der Kapitalisten ist unter der heutigen Gesellschaftsordnung naturgemäß eine sehr beschränkte und in Folge dessen müssen die Pläne der vielen Millionen Menschen, die auf eine solche Ausnahmestellung spekuliren, nothwendiger Weise scheitern. Wer diese Hetzjagd ermuthigt oder gar noch als Lösung der sozialen Frage anpreist, hilft mit, ungezählte Gläubige noch unglücklicher zu machen, als sie ohnehin schon sind. Er muntert sie auf, etwas Unerreichbares zu erstreben. Er begeht ein Verbrechen an seinen Mitmenschen.

Spart doch, ihr armen Teufel, darbt euch den letzten Bissen vom Munde ab und laßt euch für 5 Cents ein Loch in's Knie bohren, wie es im Volksmunde heißt! Nachdem ihr euer elendes Leben noch elender gemacht habt, nachdem ihr euren Körper ausgemergelt und euch die zur Geistesfrische nöthige Literatur (Bücher kosten Geld!) versagt habt, eure Kinder habt wacker verdienen lassen, seid ihr alt und gebrechlich geworden. Und eure Sparpfennige wandern vielleicht, wenn ihr fromm seid, in den guten Magen der Kirche oder aber mit einem flüchtigen

Bautgeaie nach Canada. Wie viele Hungerleider werden um ihre Hütte von Wucherern, die ihnen die Kehle zuschnüren, geprellt. Und alle diese Unfälle sind nicht die Ausnahme, sondern die Regel.

Wirkliche Kapitalien, werthvolle Produktionsmittel aber kann auch der beste und sparsamste Arbeiter nicht durch bloße Pfennigfuchserei erringen, dazu gehört der Diebstahl fremder Arbeit. Daß Jemand an sich und seinen Kindern sündigt, indem er sich und sie körperlich und geistig schädigt, indem er „spart", berechtigt ihn doch noch lange nicht, auch auf Kosten Anderer sich seine späteren Tage freund=licher zu gestalten. Der Rath der Ausbeuter an die Bestohlenen lautet in dürren Worten, ohne phrasenhafte Verschnörkelung: „Wir stehlen, gehet hin und thuet das Gleiche."

Die Lösung der sozialen Frage, über die so viel leeres Stroh gedroschen wird, ist das einfachste Ding von der Welt. Sie besteht darin, daß nur noch für den Verbrauch produzirt wird, nicht aber zur Bereicherung einzelner Individuen, oder mit anderen Worten, daß der Arbeitsertrag in irgend einer Form an seine Erzeuger zurückfällt.

*   *   *

„Durch Gesetze läßt sich nichts mehr erreichen, soweit das Mißverhältniß zwischen Arbeitgeber und Arbeiter in Betracht kommt; mit dem Gedanken einer gewaltsamen Revolution kann ich mich nicht befreunden, wir leben hier ja, wie männiglich bekannt, in einem freien Lande. Mein Vorschlag ist: Die Arbeiter sollen sich organisiren und dann einen moralischen Einfluß auf ihre Arbeitgeber ausüben. In Frankreich hat man auf diese Weise mit der praktischen Lösung der Frage bereits begonnen. In Paris giebt es ein größeres Geschäft, das 15 Prozent des Reingewinnes unter seine Arbeiter vertheilt......"

Das Vorstehende ist ein Auszug aus der Rede des Congreß=Mitglied's Foran, die er am Montag in Ogden's Grove vor den „Harmonisten" hielt. Wir können nun zwar nicht einsehen, weshalb die Klasse von Lohnarbeitern sich zu einer Klasse von Bettlern organisiren soll, „um die Herren Arbeitgeber moralisch zu beeinflussen," höhere Löhne zu zahlen und mit kleineren Profiten zufrieden zu sein, es fällt uns, wie gesagt, schwer, Vernunft darin zu entdecken, wenn eine große Zahl von Menschen, deren Arbeitserträg fortwährend von Räu=bern gestohlen worden, sich organisirt — nicht etwa um die Räuber an fernerem Diebstahl zu verhindern, sondern um gemeinschaftlich den Räubern Vorstellungen zu machen und zu sagen: Gnädige Herren, wir sind unterthänigst gekommen, Euch moralisch zu beeinflussen. Wir möchten Euch allergehorsamst bitten, auf Euren künftigen Raubzügen 15 oder 25 Prozent weniger zu stehlen, als bisher" — ob=schon wir eine solche Bettelei mit unseren Begriffen über Recht und Menschenwürde nicht vereinbaren können, so kann es am Ende nichts schaden, einige Betrachtungen darüber anzustellen, was aus einer solchen „moralischen Beeinflussung" heraus=springen würde.

Es liegt uns da ein eklatanter Fall vor. Im Saginaw-Thal, so versicherte uns Herr Barry, findet man nur wenige Arbeiter, welche gesunde Glieder besitzen. Die Mehrheit ist in den Sägemühlen verstümmelt worden und zwar, wie Untersuchungen ergaben, in Folge der mörderisch langen Arbeitszeit. „Mit nur vereinzelten Ausnahmen geschehen die Verstümmelungen," so sagte Herr Barry, „in den letzten Arbeitsstunden, wenn die Arbeiter, erschöpft und abgestumpft, die Elastizität der Nerven verloren haben und unfähig sind, die erforderliche Vorsicht zu beobachten."

Glieder-Verstümmelung ist etwas Schreckliches, in vielen Fällen schlimmer, als augenblicklicher Tod. Den reichen Mühlenbesitzern war die Ursache der Massen-Verstümmelung bekannt. Wäre sie ihnen nicht bekannt gewesen, so wurde sie ihnen doch zur Kenntniß gebracht, als vor einigen Wochen ihre Opfer eine Verkürzung der Arbeitszeit forderten und da man ihnen dieselbe abschlug, streikten.

Die Mühlenbesitzer wußten also, daß 11½ stündige Arbeitszeit die Verstümmelung vieler Hunderten von Menschen jährlich zur Folge hatte und daß zehnstündige Arbeitszeit diese Zahl auf ein Minimum reduziren würde; sie wußten, daß an den Schätzen, die die elfte Stunde für sie schuf, nicht allein das Blut der Arbeiter klebte, sondern daß sie gradezu aus der Vernutzung von so und so viel Gliedern ihrer Schatzgräber gewonnen wurden.

Nun, und finden wir, daß sie nach erlangter Kenntniß vor dem blutigen Schatz und den aus Menschenleibern und zuckenden Gliedern verarbeiteten Dollars zurückschreckten; finden wir, daß ein menschlich Rühren die gefühllosen Schufte überkam? Nichts von alledem. „Wer sich für uns seine Glieder nicht abreißen lassen will, der mag wählen zwischen der Büchsenkugel unserer Ordnungsmänner oder langsamem Hungerstod—es wird elf und eine halbe Stunde geschafft und damit basta!" So lautet die Antwort und davon wichen die von wilder Goldmanie befallenen Raubmörder nicht ab, bis ihre Sklaven sich von Neuem darein fügten, als Wurstfleisch verwendet zu werden.

„Vielleicht," hören wir da Jemanden sagen, „erlaubte das Geschäft es nicht, die Forderung zu bewilligen." Untersuchen wir: Daß die Mühlenbesitzer unsere herrlichen Wälder räuberisch entforstet und verheert haben, ist bekannt. Ebenso bekannt ist es, daß dieser Raub, den sie für sich ausführen ließen, Millionen und Millionen eingebracht hat. Gouverneur Algers soll in wenigen Jahren sich 17 Millionen haben rauben lassen. Dies nur ein Beispiel und nun zur eigentlichen Sache. Mit jeder Sägemühle im Saginawthal ist ein artesischer Salzbrunnen verknüpft. Der sog. „waste steam" (abweichende Dampf) von den Sägemühlen wird ohne besondere Kosten zur Hebung des Salzes benutzt. An jedem dieser Salzwerke sind vier Mann beschäftigt mit einem Gesammtlohn von $6.50 den Tag. Der Ertrag eines Salzwerkes variirt zwischen 350—500 Fässer den Tag. Das Faß Salz bringt 85 Cts. an Ort und Stelle. Der Küfer erhält 6 Cts für das leere Faß. Für sonstige allfällige Unkosten wollen wir noch 4 Cts. das Faß erlauben. Hiernach ergiebt sich, der Durchschnitt auf 400 Faß pro Tag gerechnet, folgendes Verhältniß:

Die tägliche Einnahme des Besitzers.

400 Fässer @ 85 Cts.	:	:	:	:	:	$340.00

Die tägliche Ausgabe.

400 Fässer und sonstige Auslage @ 10 Cts	:	:	$40.00		
Arbeitslohn :	:	:	:	:	:	6.50 46.50
Verbleibt ein Reingewinn von	:	:	:	:	$293.50

Die Einnahme von den Salzquellen betrachtet die Herrschaft aber nur als geringes Nebeneinkommen, „das man allenfalls mitnehmen kann"; das Haupt= einkommen bilden die Holzprodukte.

Wir haben dieses auf authentische Angaben und Zahlen gestützte Beispiel nur angeführt, um zu zeigen, daß jene Raubmörder aus reiner Raubmordlust die Be= völkerung des schönen Saginawthales in Krüppel, verstümmelte und ausgehunger= te Leichnahme verwandeln!

Und an diese Scheusale sollen sich die Arbeiter bettelnd wenden; diese Unge= heuer sollen sie moralisch beeinflussen! Man möchte laut auflachen. Rede uns da Niemand von Schonung. Schonung wäre Selbstmord; man schont die Hyäne nicht, die ihre Fänge in unseren Busen schlägt. Man tödtet sie, wenn man das noch kann, sonst—tödtet sie uns.

*

Die „Werthsteigerung" des Grundeigenthums in großen Städten hat die Sucht möglichst hohe Gebäude zu errichten, zur Folge gehabt. Es ist das ganz natürlich, denn Jeder versucht unter heutigen Verhältnissen so viel „zu machen" wie nur möglich, aus dem angelegten Kapital so viel herauszuschlagen, als sich eben herausschlagen läßt. Ursprünglich baute man Häuser, um sich ein Obdach und Bequemlichkeit zu verschaffen, heute baut man Häuser, um Geld, möglichst viel Geld daraus zu ziehen. Man baut Häuser demnach nicht, um einem Be= dürfniß zu genügen, sondern um Schätze aus denselben herauszuschlagen; gerade wie das bei der Waarenproduktion der Fall ist. Man sieht bei der letzteren nicht darauf, daß dem Bedürfniß entsprechende gute Waaren und gesunde Lebensmittel hergestellt werden, nein, man fälscht diese im Gegentheil, nur um die ange= legten Kapitalien zu vergrößern.

Die Produktion ist durch den Privatkapitalismus von dem Pfad ihrer eigent= lichen Bestimmung abgekommen. Die Gesellschaft produzirt nicht, wie sie sollte, zum Zwecke ihrer eigenen Erhaltung und zur Befriedigung ihrer Bedürfnisse; sie produzirt ausschließlich zur Bereicherung der kapitalistischen Klasse, bezw. der individuellen Kapitalisten. In dieser Thatsache finden denn auch die Mißstände, denen wir überall begegnen und die man vergebens vermittelst Gesetze zu beseitigen sucht, ihre Erklärung. Diese Mißstände sind Lebensbedingungen des Kapitalis= mus. Ohne sie kann er nicht existiren. Und deshalb auch ist es eitel Blech, wenn man die Beseitigung dieser Mißstände befürwortet und doch gleichzeitig an dem kapitalistischen System festhängt. Die Wespe, der man den Stachel raubt, kann nicht weiter leben. Aehnlich verhält es sich mit dem Kapitalismus und den herrschenden Mißständen. Man raube ihm die letzteren und er kann nicht fortleben.

Nun ist es aber leichter, eine Wespe tödten, als wie sie fangen und ihr den Stachel nehmen. Und so ist es leichter, den Kapitalismus fällen, als ihm lebend die Mißstände rauben......

„Handel ist Prellerei“.

„Handel ist nur ein anderes Wort für Prellerei.“ — sagte Benj. Franklin. Doch; obschon die Richtigkeit dieses Ausspruchs nie in Abrede gestellt wurde, nehmen gerade die Handelsleute in dem gesellschaftlichen Leben der Gegenwart den ersten Rang ein. Ihr Wort wiegt so schwer wie ihr Geldsack; sie sind die tonangebenden, die ehrbaren und angesehenen Bürger. Bei jeder Gelegenheit werden sie von den Zeitungen um ihre Ansichten befragt und der albernste Kohl, wenn er von den Lippen eines großen Geschäftsmannes kommt, gilt als goldene Weisheit. Diese Thatsache an sich schon legt ein recht trauriges Zeugniß ab von dem Charakter der heutigen Gesellschaft. Denn welchen moralischen Rückhalt kann ein Volk haben, das dem Betrüger und Halsabschneider die höchsten Ehrenbezeugungen darbringt, ihn als Vorbild und sein Thun als leuchtendes Beispiel vergöttert? Volk, uns graut vor Dir!

Es ist eine unanfechtbare Wahrheit, daß der Produzent, sei er nun Lohnarbeiter oder sei er Bauer, obschon er unaufhörlich der Erde und ihren Erzeugnissen durch mühevolle Arbeit Reichthümer abgewinnt, von Jahr zu Jahr ärmer wird. Und es ist eine ebenso unbestreitbare Wahrheit, daß Diejenigen, welche ihre Hände nicht mit Arbeit beflecken und keinerlei Reichthümer erzeugen, von Jahr zu Jahr reicher werden. Wie das kommt, wo die Arbeitserzeugnisse hingehen und wo die Reichthümer der Nichtarbeitenden herkommen, wie diese Prellerei vor sich geht, möge folgendes Schreiben illustriren, das uns von einem fleißigen Farmer bei Kendallville, Ohio, zuging. Dasselbe lautet:

„Am 22. September d. J. sandte ich an ein Commissions-Geschäft in Chicago (George, 95 S. Water Straße) neun Faß Aepfel bester Qualität. Für diese neun Faß Aepfel sandte mir einige Tage später die Firma $2.88 nebst folgendem Rechnungsbeleg:

9 Faß Aepfel @ 75 Cents,		$6.75
	Davon geht ab:	
Fracht	$2.75	
Cartage	.50	3.87
Commission	.60	
Bleibt,		$2.88

Für neun Faß der besten Aepfel (3 Zoll dicke) also erhielt ich $2.88!

Neulich fand eine Excursion von hier nach Chicago statt. Ich benutzte die Gelegenheit und ging mit. Ich besuchte eine Anzahl Grocerystores und erkundigte mich, was sie für das Barrel Aepfel bezahlten. $2.25—$2.50 sagte man mir. Ich ging nach einigen Commissions-Geschäfte und sah, wie man da Aepfel geringerer Qualität und zum Theil schon angefaulte für $2.25 à Faß verkaufte. Ich begab mich nun zu dem Herrn Georg und fragte ihn betreffs seiner Rechnung. Es sei kein gutes Obst gewesen, erwiderte er. Das ist aber nur eine geschäftliche Ausrede, mit der man derartige Betrügereien, die man fortwährend an uns praktizirt, zu rechtfertigen sucht. Denn ich habe zum Beweis noch ein Faß von demselben Obst, aus dem unterwegs der Boden platzte und das ich deshalb wieder nach Hause nehmen mußte — ich wohne vier Meilen von der Stadt —; diese Aepfel sind heute noch in demselben Zustand wie vor vier Wochen.

Ich sende diesen Brief an die „Arbeiter-Zeitung", damit die städtischen Lohnarbeiter ersehen mögen, wer die Herren sind, die die Lebensmittel vertheuern, die das Lebensmark aus den Bauern saugen und Schätze aus den Leibern und dem Fleiß der Industriearbeiter schlagen. Schicken Sie mir von jetzt an die „Arb.-Ztg." zu. — Ihr ergebener Heinrich Schultes."

Das obige Schreiben macht den Leser mit einer der verschiedenartigen Raubmethoden bekannt, deren sich unsere angesehenen Geschäftsleute bedienen, um die durch Fleiß und Arbeit von anderen Menschen erzeugten Reichthümer an sich zu bringen. Der städtische Arbeiter, welcher ein Faß Aepfel kaufen will, vorausgesetzt, daß er dazu im Stande ist, muß dafür soviel bezahlen, wie der Ohioer Farmer, der sie gezogen hat, für neun Faß erhielt. Wo bleiben die übrigen acht Faß? In diese theilen sich die Eisenbahngesellschaft, welche mehr Fracht berechnet, als der Transport kostet, und die angesehenen ehrenwerthen Geschäftsleute. Welches Aequivalent liefern sie dafür — erhöhen sie den ursprünglichen Werth der Aepfel? Nein, sie liefern kein Aequivalent. Demnach s t e h l e n diese sauberen Mustergesellen unserer Gesellschaft diese acht Faß?. Ja, das ist die einzig richtige Bezeichnung. Da aber im Geschäftsleben der Ausdruck „S t e h l e n" verpönt ist, so hat man andere Namen dafür erfunden; man nennt dieses Aneignen fremden Gutes „Profit", „Commission" u. s. w.

So lange das heutige System fortbesteht, so lange wird auch diese Prellerei, dieser Diebstahl fortbestehen, denn letzterer bildet die Grundlage des ersteren. Es nützt nichts, wenn man einfach den Diebstahl verdammt und ihn aufdeckt, man muß sich entschließen, ihn sobald als möglich abzuschaffen — m a n m u ß R e v o l u t i o n ä r w e r d e n.

— — —

Ueber "Tramps."

Als nach dem 73er Krach eine allgemeine Beschäftigungslosigkeit Platz griff und in Folge dessen Hunderttausende arbeitsuchend das Land durchstreiften, da schlug das gesammte behäbige Philisterthum die Alarmtrommel. „Gegen dieses

infame Landstreichergesindel müssen energische Maßregeln ergriffen werden" —
ließen sich unsere achtbaren Bürger allenthalben vernehmen.   Erwiderte man
darauf, daß jenes Landstreichergesindel aus braven Arbeitern bestehe, die nicht et=
wa vergnügungshalber ein Leben voll Entbehrungen und Strapazen, schlimmer
noch als die Zigeuner, führten, sondern die vielmehr von ihren Verleumbern zu
dieser traurigen Nomaden=Existenz gezwungen seien, dann lautete die Antwort:
„Unsinn, in diesem Lande kann Jeder, der arbeiten will, Beschäftigung erlangen;
diese Tramps sind einfach professionelle Faullenzer und Tagediebe, denen ehrliche
Arbeit ein Greuel ist.   Dieses Gesindel muß ausgerottet werden."

Um eine öffentliche Meinung gegen das „Gesindel" hervorzurufen und da=
durch leichter zum Ziele zu gelangen, eröffnete die Presse, jene feile Dirne des
Geldsacks, das bekannte Geschützfeuer ihrer Verleumbungen.   Passirte irgendwo
eine Mordthat, eine Vergewaltigung, eine Brandstiftung, so gab man sich gar
nicht die Mühe, den Thätern nachzuforschen.   Alles wurde den Tramps in die
Schuhe geschoben.   Es war leicht.   Diese Unglücklichen konnten sich nicht ver=
theidigen.   Griff man einen armen Teufel in der Nachbarschaft des Schauplatzes
irgend eines Verbrechens auf, dann knüpfte man ihn ohne Verhör und Umstände
an dem ersten besten Baum auf.   Man erklärte jeden Tramp vogelfrei und for=
derte die Bauern auf, ihnen eine Ladung Schrot zu verabfolgen, wenn sie um eine
Mahlzeit, oder ein Stück Brod bettelten.   Die hiesige „Tribune" empfahl, ihnen
mit Strychnin vergiftetes Brod zu geben.   Die Staats=Gesetzgebungen erließen
die sog.   Trampgesetze, wonach die aufgegriffenen „Landstreicher" gestäupt und
zu entehrenden Strafen verurtheilt werden sollten.   Kurz, die Beschäftigungs=
losigkeit wurde zu einem Criminalverbrechen gestempelt und das Tödten eines
Tramps galt nicht nur als gerechtfertigt, der Mörder wurde seiner That wegen
noch obendrein als H e l d belobt.

Doch alle Strafgesetze und alle Vernichtungsmittel halfen nichts.   Die Zahl
der „Tramps" vermehrte sich dennoch und ihre Verfolgung hatte zum Resultat
daß die anfänglich harmlosen „Vagabunden" jetzt desperat wurden und sich zu
Schutz= und Trutz=Vereinigungen verbündeten.   Wenn sie früher ungefährlich
gewesen waren, wurden sie jetzt in der That gefährlich.

Als im Jahre 1879 Industrie und Handel begannen aufzuleben, verschwan=
den die Tramps nach und nach.   Man hörte nichts mehr von ihnen.   Sie fanden
Beschäftigung und wurden „gute Bürger", d. h. sie gestatteten jenen biederen
Seelen, die sie kurz vorher mit Koth beschleudert und ihre Ausrottung gefordert
hatten, sie von Neuem um die Frucht ihrer Arbeit zu bestehlen.   Das stellte das
„freundschaftliche Verhältniß" wieder her.   Das Eine aber wurde unwiderlegbar
bewiesen, daß die Tramps weder Faullenzer noch Verbrecher gewesen waren.

Seit etwa einem Jahre (1883) tritt die Erscheinung der Tramps wieder auf.
Ihre Zahl wächst mit jedem Tage und ist jetzt bereits größer, als vor 8—9 Jahren.
Und wiederum ertönt dasselbe Geschrei; wiederum greift unsere herrliche Presse
zu denselben Waffen. — Im Laufe der letzten Wochen ereigneten sich eine Anzahl

sogenannter „Eisenbahn=Unglücke.“ Bei der musterhaften Verwaltung und Be=
triebsführung unserer Bahnen kann das nicht mit rechten Dingen zugehen. Böse
Menschen, Teufel, scheußälige Verbrecher müssen ihre Hand da im Spiel haben . . .
die Tramps — ? Ja, freilich! Wer sonst als sie wäre im Stande, so etwas zu
begehen? Deshalb nieder mit den Schuften! „Schießt, stecht, schneidet sie in
Stücke, verbrennet, vergiftet sie, die scheußliche Brut!“ Das ist wiederum das
Kriegsgeschrei, das durch die verrätherische Presse geht. Dieselbe Geschichte, wie
vor 8 und 9 Jahren!

Und wer sind diese Tramps? Sind es nicht unsere Collegen und Kameraden
von gestern? Unsere Freunde, die gestern noch mit uns an derselben Bank gear=
beitet — offene, gemüthsvolle, treue und gutherzige Seelen, in deren Herzen kein
Arg ist? Und wollen wir es gestatten, daß eine jedem Preis zugängliche öffent=
liche Metze, wie die kapitalistische Presse, dieselben mit so offenkundiger Absicht
schändlich verleumdet? Oder zweifelt Ihr daran, daß es Verleumdungen sind?
Sagt uns dann, welches Interesse jene Hungerleider daran haben könnten, einen
Eisenbahnzug voll armer Emigranten zu vernichten?

Wir haben eine hohe Meinung von unseren Tramps. Wir kennen sie. Wir wis=
sen, wessen sie fähig und wessen sie nicht fähig sind. Einen Zug, auf dem sich eine
Anzahl Raubmörder vom Schlag der Farwells, Armours, Vanderbilts, Goulds,
der Kohlen= und Eisenfürsten befände — den in einen Abgrund schleudern, würde
ihrem Herzen wohlthun! Der amerikanische Tramp besitzt nachweisbar einen
seltenen Grad von Rechtsgefühl. Und dies läßt uns hoffen, daß er im Laufe der
nächsten Jahre in der Revolutionsgeschichte dieses Landes eine hervorragende Rolle
spielen wird.

Er wird noch Eisenbahnzüge und Paläste plündern. Er wird die Verkehrs=
wege des Landes belagern und höchst wahrscheinlich die erste Anregung zu einem
allgemeinen Klassenkampf geben.

„Staatshülfe“ und Stimmzettel.

Das Gesetz der ökonomischen Entwickelung gleicht einem mächtigen und
treibenden Strome, der jedes Hemmniß und jeden Widerstand überwindet und in
seinen Fluthen begräbt. Die politischen Staaten, die sich als Beherrscher dessel=
ben wähnen, gleichen dem Narren, der, gegen die Stromschnelle schwimmend,
glaubt, deren Lauf zu hemmen und noch mehr als das — ihn zu bestimmen.

Karl Marx erzählt uns, daß im 15. und 16. Jahrhundert das Aufblühen der
Wollmanufaktur in England die Enteignung zahlloser Kleinbauern und die Ver=
nichtung ganzer Ortschaften und Städte zur Folge hatte. Die Ländereien wurden
in Schaftriften verwandelt und gingen in Großbesitz über, während die Klein=
bauern, besitz= und heimathlos, verarmten. Er erzählt uns dann weiter, wie die
Regierung durch Gesetzakte versuchte, dieser Enteignung der großen Volksmasse

Einhalt zu gebieten, sowie daß eine in diesem Sinne 150 Jahre fortdauernde Gesetzgebung, verbunden mit der allgemeinen Volksklage, absolut fruchtlos blieb.

Thucydides erzählt uns, daß in dem freien Griechenland die Anhäufung großen Reichthums die Erscheinung großer Armuth und Noth mit sich brachte, und daß die politische Organisation, trotz ihrer volksthümlichen Basis, sich vergebens bemühte, diesem Uebelstande abzuhelfen. Aehnliches läßt sich mit Bezug auf Rom sagen. Und dasselbe gilt von unserer Zeit. Die materialistische Anschauung, wie Engels sehr deutlich ausführt, stützt sich auf die geschichtliche Beobachtung, daß jede Gesellschaftsordnung, also auch die gegenwärtige, die Produktions= und Austauschweise zur Grundlage hat.

Diesen Grundgedanken, wenn auch noch nicht so klar entwickelt und zum Verständniß gelangt, finden wir bereits bei Adam Smith. Er beherrscht die Buckle'sche Culturgeschichte der Menschheit. Auch Herbert Spencer und viele andere Gelehrte von Bedeutung bekennen sich dazu.

Was wir mit diesem beabsichtigen ist, ein für allemal feststellen, ob dieser Grundsatz die Möglichkeit, durch politische Operationen die Gesellschaftsordnung zu ändern, zuläßt oder ausschließt? Wir sagen, er schließt sie aus und stützen uns dabei auf die angeführten geschichtlichen Thatsachen einestheils und anderntheils auf das Resultat eigener Beobachtung.

So lange wir uns erinnern können, soweit also unsere eigene Beobachtung geht, winseln die Völker ihre politischen Machthaber und Gesetzgeber um Abhülfe des Nothstandes an. Soweit wir uns erinnern können, doktern die Letzteren seit ebenso langer Zeit an dem Nothstande herum. Was nun mit dieser politischen Behandlung des rein wirthschaftlichen Uebels bezweckt worden ist, wird durch Nichts besser illustrirt, als durch die Thatsache, daß das Uebel — also Zunahme des Reichthums und Zunahme der Armuth — seitdem in einer Weise gewachsen ist, wie es schlimmer ohne diese „staatsmännische" Behandlung unmöglich hätte wachsen können.

Herbert Spencer veranschaulicht in trefflicher Weise, wie nutzlos und schädlich die Versuche der englischen Gesetzgebungen, die Verarmung der Volksmasse zu verhüten, gewesen sind. Denn unbehindert um Das, was die Gesetzgebungen ihr in den Weg legten, ging die ökonomische Entwicklung ruhig ihren Gang. Gesetze, welche beabsichtigt waren, die Concentration und Anhäufung des Reichthums zu verhüten, erwiesen sich nach kurzer Zeit als lästige und drückende Fesseln gerade Derjenigen, in deren Interesse und auf deren Wunsch hin sie erlassen worden waren. Zehn bis zwanzig Jahre, und noch länger, agitirte das Volk für die Schaffung eines bestimmten Gesetzes, um alsdann eine gleiche Zeitdauer, in der ein solches Gesetz unberechenbaren Schaden angerichtet hatte, für dessen Abschaffung zu agitiren.

Daß die Gesetzgebung nicht den geringsten Werth hatte, geht daraus hervor, daß die Enteignung und Verarmung der Masse, allen Präventivmitteln zum Trotz, wuchs und zunahm und heute größer ist, als zu irgend einer früheren Zeit. Daß sie aber großen Schaden angerichtet hat, ließe sich durch eine endlose Reihe von Beispielen sehr leicht beweisen.

Gestützt auf diese Erfahrung, verwerfen die Anarchisten den Glauben, — denn weiter ist es nichts — als sei der Staat überhaupt im Stande, Abhülfe zu schaffen. Denn selbst wenn er wollte, könnte er nicht. Deshalb wollen sie auch von sog. „Staatshülfe" nichts wissen. Und deshalb verwerfen sie auch die Politik — selbst als Mittel zum Zweck. Sie können eben nicht einsehen, daß man durch „Blindes Kuh-Spiel" die Sehkraft der Mitspielenden schärft. Vielmehr herrscht bei ihnen die Ansicht vor, daß dieselbe dadurch geschwächt wird.

Die Anarchisten sind in ihrer Denkungs= sowohl als Handlungsweise die consequentesten Sozialisten, und wir machen mit Befriedigung die Wahrnehmung, daß sich die denkenden und uneigennützigen Genossen immermehr dieser Richtung zuneigen.

Die Industrie ist die Waffe, mit der wir die Natur beherrschen; sie macht den Menschen frei. Doch zuvor muß sie ihren Todfeind, die willkürliche, brutale Gewalt erlegt haben — den Staat. Helfen wir daher unserer Befreierin und nicht unserem Unterdrücker.

*   *   *

Wenn man ihren Worten Glauben schenken darf, sind unsere republikanischen „Bürger" seit einer Reihe von Jahren um die städtische Herrschaft betrogen worden. Diese Herrschaft ist ein sehr einträgliches Geschäft. Diejenigen, welche den Betrug verübt haben sollen, nennen sich zur besseren Unterscheidung von Denen, welche betrogen zu sein behaupten, Demokraten. Der Betrug soll durch die verschiedenartigsten Wahlschwindeleien verübt worden sein; wir wollen einige der bekannten Methoden anführen:

1. Das Stimmen der Todten durch lebende Stellvertreter. (Man will wissen, daß fast alle in den letzten 10 Jahren gestorbenen Demokraten auf diese Weise stimmten. Hiermit wird nun auch die Angabe der „Tribune" widerlegt, daß die Demokraten deshalb die politische Uebermacht nicht gewinnen könnten, weil sich alljährlich 45,000 von ihnen todtsaufen; denn ob todt oder lebendig, gestimmt wird auf jeden Fall.)

2. Das „Einrichten" von Dutzenden von Logirhäusern. Das geschieht folgendermaßen: Man miethet in der 1. und 9. Ward sämmtliche leerstehenden Basements, pumpt sich von einem Tröbelkrämer einige Stühle und alte Bettstellen, möblirt die Räume etwa drei Wochen vor der Wahl mit diesen und läßt Hunderte von Stimmgebern in ihnen „wohnen". In Wirklichkeit existiren diese Proletarier nicht, von denen Harrison sagt, er wolle sie ihres Stimmrechtes nicht berauben; nur so viel Namen werden angegeben und in den Registrir=Listen aufgeführt. Die „professionellen Bürger" haben ein Duplikat dieser Liste und lassen

am Wahltage auf jene Namen stimmen.   Es verursacht dies nicht sehr viel Mühe, wenn man berücksichtigt, wie viel von diesen Stimmen abhängt.

3. Das Stimmen der Polizei.   Dieses besteht darin, daß die Wächter der Ordnung und Sitte am Tage vor der Wahl Alle verhaften und einstecken, die das Tageslicht zu scheuen haben und deren sie habhaft werden können.   Auf einige Hundert beläuft sich ihre Zahl stets.   Die Diener der Gerechtigkeit stellen ihnen am nächsten Morgen die Alternative, das demokratische Ticket zu stimmen, oder nach der Bridewell zu wandern.   Sie ziehen ohne Ausnahme das kleinere dem größeren Uebel vor und stimmen das betreffende Ticket.

4. Das „Bulldozen".   Durch dieses hält man Bürger, die sich weigern, das „richtige" Ticket zu stimmen, durch Einschüchterungen der verschiedensten Art vom Stimmen ab.

5. Das Zählen.   In dem Zählen liegt so eigentlich die Hauptkunst der Wahl, das Geheimniß des Erfolges.   Was die Stimmgeber versäumen oder durch falsche politische Anschauungen verderben, das machen die Zähler wieder gut.

6. Das Einreichen der Berichte.   Hierin liegt ein sehr großer Vortheil bei Wahlen und die Entscheidung der meisten Wahlkämpfe.   Man hält nämlich die Berichte gewisser Wahldistrikte zurück, bis man das Resultat der anderen Distritte kennt.   Jetzt weiß man genau, wieviel Stimmen fehlen, und liefert diese nachträglich oder läßt, je nach Umständen, die Stimmkästen mit Zubehör von einem Polizisten stehlen und stellt sich über den frechen Diebstahl sehr entrüstet, spricht von der Entheiligung des Stimmzettels, Vergewaltigung des Bürgerrechtes u. s. w.

Außer den angeführten gibt es natürlich noch eine lange Reihe anderer Methoden der zunftmäßigen Betreibung des Wahlgeschäftes.   Die Republikaner beschuldigen die Demokraten, sich aller dieser Kunstgriffe bedient und sie dadurch um ihre „rechtmäßige" Herrschaft betrogen zu haben — nicht einmal, sondern dutzende Male.

Verlassen wir unseren Standpunkt für einige Minuten, stellen wir uns auf den der bürgerlichen Staatsanschauung und fragen wir uns dann, ob eine derartig usurpirte Regierung der Bürger anzuerkennen verpflichtet ist?   Ob eine solche Regierung „Gesetz und Ordnung" vertritt und vertreten kann?

Als Republikaner würden wir antworten müssen: Nein und tausendmal Nein!   Diese Leute sind Rebellen!   Und da sie den Betrug nun zum so und so vielten Male wiederholt haben und da ferner nicht die geringste Aussicht ist, daß sie, so lange sie die Herrschaft haben, es anders machen werden, so müssen wir, als Vertreter von „Gesetz und Ordnung", dieser Vergewaltigung unserer Rechte und Mißachtung unserer Gesetze ein Ende machen; wir müssen jene Verbrecher, die uns der Waffe des Stimmzettels beraubt haben, mit anderen Waffen unschädlich machen; wir müssen — um mit einem der Redner in der Indignationsversammlung der 18. Ward zu sprechen — „die Bande mit Waffengewalt aus der City Hall treiben und müßten wir im Blut waten bis an die Knie."

So müßte jeder Republikaner sprechen, dem seine „bürgerlichen Rechte" heilig sind; und so müßte auch jeder Republikaner handeln, der „Gesetz und Ordnung" hochhält — Jeder, der über die Betrügereien der Demokraten hinter'm Biertisch raisonirt, müßte so sprechen und so handeln. Wo soll denn Rettung aus den Händen jener Usurpatoren herkommen, wenn die Uebervortheilten und Betrogenen sich sie nicht selbst verschaffen? Von Jahr zu Jahr wird, muß es schlimmer werden wenn nicht etwas geschieht.

So würden wir reden, wenn wir Republikaner wären und die Ueberzeugung hätten, schmählich betrogen worden zu sein. Und so würden wir handeln, wenn wir eine so große Macht hinter uns hätten, wie die Republikaner.

Wären wir dahingegen Demokraten und wüßten wir, daß jene Beschuldigungen aus der Luft gegriffen wären, dann — wehe Euch, Republikanern!

Wenn dieser Kampf jetzt nicht ausgefochten wird, bedenkt doch nur, Ihr Herren, was Euch demnächst das Volk antworten wird, wenn Ihr es an Euren Stimmzettel verweist! Vielleicht ruft es dann, was Ihr jetzt rufen solltet: „Aux armes, citoyens!".

Dann dürfte es Euch an den Kragen gehen, Euch, die Ihr nach eigenem Geständniß jetzt noch die Gelegenheit habt, wenn Ihr nämlich ehrlich und aufrichtig an den Ballot-Schwindel glaubt, dem kommenden Verhängniß vorzubeugen.

*   *   *

Der Wahlbetrug wird hier geschäftsmäßig betrieben, und gilt keineswegs als unehrenhaft. Im Gegentheil. Man bewundert die Geschicklichkeit, mit der derselbe verübt wird, ebenso wie man künstlerisch ausgeführte Handlungen des Schauspielers auf der Bühne bewundert. Beweis genug, wie wenig das Volk in seinem dunklen Drang von der „Heiligkeit" des Stimmkastens hält. Von dieser Heiligkeit spricht überhaupt nur der Politiker, und zwar in derselben Weise etwa, wie der Dieb von der Heiligkeit des Eigenthums spricht. Das „Volk" glaubt nicht mehr daran. Glaubte das Volk daran, es würde einen so offenkundigen, schreienden Schwindel, wie der, welcher in den letzten Tagen in der 18. Ward hiesiger Stadt begangen wurde, nicht ruhig und stillschweigend geschehen lassen. Bezeichnend ist es, daß derselbe gerade von jener Seite begangen wurde, die sich über die Corruption ihrer Gegner während der letzten Wochen geradezu heiser schrie, von derselben Seite, auf deren Campagnebannern gleich dem "In hoc signo vinces" Constantins, das Zeichen prangte: "An honest ballot" (Eine ehrliche Wahl!).

Vor 4½ Jahren ('79), als unsere sozialdemokratischen Freunde noch für den Stimmzettel schwärmten, erwählten sie in der 14. Ward F. A. Stauber. Das Wahlresultat wurde am Abend des Wahltages verkündet; es gab Herrn Stauber eine Majorität von 59 Stimmen. Als einige Wochen darauf die „offizielle Prüfung" der Wahllisten stattfand, ergab sich, daß Stauber's Gegen-Candidat Mc-Grath eine Majorität von 100 Stimmen erhalten hatte! Die Wahllisten des 7. Precincts der 14. Ward gaben den näheren Aufschluß. Die ursprünglichen Zahlen waren ausradirt und durch andere, die McGrath die Majorität gaben, ersetzt worden. Der Schwindel war so offenbar und klotzig, daß es wohl keinen Menschen in der ganzen Stadt gab, der ihn nicht sofort einsah. Und trotzdem erklärte der ehrbare Stadtrath, der damals in seiner Mehrheit aus Republikanern bestand, McGrath für erwählt.

Die Sozialisten contestirten die Wahl; ein Prozeß wurde eingeleitet, und durch einen reinen Zufall (die gegnerische Seite hatte sich eines technischen Fehlers schuldig gemacht) gelang es nach acht Monaten, eine für Stauber günstig lautende Entscheidung zu erlangen. Wäre die Absicht McGrath's geglückt, so würde sich der Prozeß bis nach Ablauf des Amtstermins hingezogen haben. Der Prozeß kostete über $1000. Die Fälscher der Wahllisten wurden freigesprochen, „weil sie in guter Absicht gehandelt hatten". So entschied der Parteigenosse der Fälscher, Richter Gardner.

Der Wahlschwindel in der 18. Ward hat sehr viel Aehnlichkeit mit dem angeführten. In dem 6. Senatorial-Bezirk standen sich die Candidaten Brand (Dem.) und Lemann (Rep.) gegenüber. Das ursprünglich berichtete Wahlresultat gab Lemann die Majorität; er galt als erwählt. Bei der „offiziellen" Prüfung der Wahllisten „stellte sich aber heraus", daß in dem 2. Precinct der 18. Ward eine Aenderung der Zahlen seitdem stattgefunden hat und daß hiernach Brand der erwählte Senator ist. Da die Zählbehörde aus 2 Demokraten und 1 Republikaner besteht, so ist es außer Zweifel, daß Brand als der Erwählte erklärt werden wird. Die Republikaner bringen auf eine Zählung der Stimmzettel, die Demokraten protestiren dagegen, „weil eine solche Zählung nicht gesetzmäßig ist", gerade wie in dem Stauber-McGrath-Falle. Der Schwindel wird mit so augenscheinlicher, als den Demokraten Eine einzige Stimme in der Staats-Gesetzgebung fehlt, um die Majorität zu besitzen und den Bundessenator zu erwählen. Lemann bleibt allerdings das Recht eines gerichtlichen Contestes. Bis indeß auf diesem Wege eine Entscheidung erlangt ist, haben die Demokraten ihren Zweck erreicht, ist die Wahl des Bundessenators vorüber. Es sei ferne von uns, den Demokraten hieraus einen Vorwurf machen zu wollen. Thun doch die Republikaner, wo sie die Macht haben, dasselbe! Wenn wir über diesen Gegenstand überhaupt ein Wort verlieren, so geschieht es, um dem Volk über „die Heiligkeit des Stimmzettels" und über seine politischen Rechte die Augen zu öffnen.

*   *   *

Eines der geistreichsten und originellsten Argumente, deren man sich zur Abfertigung der Revolutionäre bedient, ist: „So lange wir den Stimmzettel noch haben 2c." — der Leser weiß schon, was wir meinen. Ohne nun das Wesen des Stimmzettels selbst und seine vermeintliche Wunderkraft untersuchen zu wollen — ein Gegenstand, den wir ein anderes Mal besprechen werden — halten wir eine kurze Beleuchtung seines praktischen Werthes nicht gerade für überflüssig. Da man in unserem „realistischen" Zeitalter ohnehin den Werth eines Dinges nach

seiner praktischen Nutzanwendung bemißt, so dürfte, das Nachfolgende für Viele
eher geeignet sein, als eine philosophische Abhandlung, sie von der gänzlichen Un-
zulänglichkeit des Stimmzettels zwecks Beseitigung sozialer Uebelstände zu überzeugen.

Als im Herbst die Geschäfte flauer und flauer, als die Arbeitslosigkeit und
damit die Gefahr des Eigenthums größer und größer wurden; als man vor-
aussah, daß der Hunger die Grenzen des „Eigenthums" nicht in gewohnter Weise
beobachten und respektiren würde, denn „Noth kennt kein Gebot," da drangen
unsere Großdiebe auf eine Verstärkung der Mord-, auch Ordnungsgarde genannt.
Unseren demokratischen Politikern von Fach war dies nicht unangenehm. Die
Verstärkung der Polizeimacht gab ihnen Gelegenheit, einen Theil ihrer "Ballot
box stuffers" und Wardbummlern in der städtischen Versorgungs-Anstalt unter-
zubringen. Denen sie auf diese Weise Versorgung verschafften, brauchten sie keine
Freiquartiere bis zur nächsten Wahl in der Bridewell anzuweisen. Sie griffen
also die Gelegenheit beim Schopf und verordneten, daß das Volk bei der letzten
Wahl über die Frage der Verstärkung der „Ordnungsbande," oder wie wir es
nennen, der Civilversorgung von Zuchthäuslern, abstimmen solle. Die demokratische Partei-Clique ließ auf die für ihr Gefolge berechneten Stimmzettel die
Worte drucken: „Für die Bewilligung von $100,000 zur Verstärkung der städti-
schen Polizei." Die republikanische Partei-Clique dahingegen erwähnte die
Frage auf ihrem Stimmzettel, ob aus Absicht oder Versehen, wollen wir nicht
entscheiden, überhaupt nicht. Am Tage nach der Wahl hieß es, die Bewilligung
sei höchstwahrscheinlich verworfen worden, da das demokratische Ticket die
Majorität der Stimmen nicht erhalten hatte. Außerdem wollte man wissen, daß
viele der anständigeren Demokraten gegen die Bewilligung gestimmt hatten.
Doch einige Tage darauf ließ der Chef des städtischen Banditenthums durch die
Presse ausposaunen, das Volk hätte durch Majoritäs-Abstimmung die Bewilligung
genehmigt. Die demokratische Zählbehörde hatte dieses Resultat festgestellt. Es
kam Niemand in den Sinn, die Richtigkeit der amtlichen Zählung und Erklärung
in Frage zu ziehen und kurze Zeit darauf wurden 300 Bridewellianer dem Polizei-
dienst einverleibt. Das Volk hatte gesprochen — so hieß es — und der „Ord-
nungs-Chef" gehorchte. Nun hat sich durch einen Zufall herausgestellt, daß das
Volk, d. h. die Mehrheit desselben, aber ganz anders gesprochen, nämlich die Bewilligung verworfen hat. Es ist der reinste Zufall, daß das Volk von diesem
schreienden Betruge jemals Kenntniß erlangt hat. Wie oft das „souveraine Volk"
schon in ähnlicher Weise betrogen worden ist, ohne daß es jemals etwas davon
erfahren hat, darüber kann man sich freilich nur Vermuthungen hingeben

Wie unsern Lesern erinnerlich sein wird, fälschte die demokratische Partei-
Clique das Wahlresultat des 2. Precincts der 18. Ward, um dem demokratischen
Candidaten für den Staatssenat zum Sieg zu verhelfen und dadurch die Wahl
eines demokratischen Bundessenators zu bewerkstelligen. Der Betrug wurde ruch-
bar, allein nur mit großer Mühe und durch willkürliches, „ungesetzliches" Ein-

greifen in den gesetzmäßigen Gang der Dinge gelang es der republikanischen Partei-Clique, den Zweck des Betruges zu vereiteln. Nach langem Hin- und Her-
ziehen wurde eine Spezial-Grand-Jury zu dem besonderen Zweck ernannt, die
Verüber des Betruges zu ermitteln und zur Anklage zu bringen. Während dieser
Untersuchung, die eine Anklageerhebung gegen den demokratischen Maschinen-
meister Mackin und einige seiner Genossen zur Folge hatte, stellte sich aber des
Weiteren heraus, daß noch viel größere Betrügereien vorgekommen sind, von denen
bislang Niemand, außer den betreffenden Betrügern, eine Ahnung hatte.

Die Zählung der Stimmen von Seiten der Großgeschworenen ergab, daß in
den meisten Precincts die Einschreibungen in den Wahlbüchern ganz willkürliche
sind, die mit dem thatsächlichen Resultat nicht im entferntesten Verhältniß stehen.
So ergab sich denn auch, daß in vielen Distrikten das abgegebene Gesammtvotum
„für die Polizei-Bewilligung‟ eingetragen war, während auf kaum der Hälfte der
Stimmzettel die Bewilligungsfrage überhaupt erwähnt war. Die gewünschte Bewilligung ist durch Volks-Abstimmung also von einer überwältigenden Mehrheit
verweigert worden. Man hat dem Volk gesagt, die Mehrheit hätte sich dafür ausgesprochen; die 300 Verbrecher sind ernannt worden und haben ihr blutiges Handwerk seit Wochen ausgeübt. Einige Bürger sind ihren Knüppeln und Revolvern
bereits erlegen. — Es ist göttlich!

*   *   *

Recht erbaulich ist es, wenn man in demselben Blatte gestern oder vorgestern
die feierliche Betheuerung gelesen hat, daß das amerikanische Volk die mächtigste
aller Waffen, das freie Stimmrecht, besitzt, und liest heute, „die Volkswahlen
sind ein ungeheurer Schwindel.‟ Steht man auf dem letzteren Standpunkt,
dann amüsirt oder ärgert man sich über die ungeschickten Sprünge unserer Preß-
Akrobaten. Steht man auf dem ersteren, dann bedingt es wohl die Wichtigkeit
des Gegenstandes, daß man untersucht, ob die alte, hergebrachte und ererbte Anschauung von dem Stimmzettel und der Volksregierung begründet und richtig, oder
ob sie falsch ist. Unsere Ansichten sind zum weitaus größeren Theil nicht die
unseren; wir betrachten sie nur als solche. Sie sind in Wirklichkeit die Ansichten längst verblichener Generationen. Nun entdecken wir aber fortwährend in
dem Maße als wir uns von dem Alten und „Ehrwürdigen‟ losreißen, d. h. entwickeln, wie irrig im Allgemeinen und im Besonderen die Ansichten unserer Väter
und Großväter waren. Diese Entdeckung sollte uns vorsichtig machen mit Bezug
auf Alles, was wir von ihnen ererbt haben.

Wenn man seine Waaren längere Zeit aus einem bestimmten Geschäft bezogen hat, stets in dem Vertrauen, daß sie gut seien, und entdeckt dann, daß man
die ganze Zeit betrogen und über's Ohr gehauen wurde, dann ist das doch genügender Grund mißtrauisch zu werden. Und dieses berechtigte Mißtrauen sollte
der vernünftige Mensch gegen die geistige Hinterlassenschaft seiner Ahnen hegen,
denn wenn wir sie als richtig acceptiren, und unsere Augen vor der Gegenwart

nicht verschließen, finden wir auf Schritt und Tritt, daß wir betrogen sind. Unsere Fehler und Irrthümer sind, wie gesagt, nicht sowohl die unseren, als vielmehr die unsrer Vorfahren. Unsere Aufgabe ist es, dieselben abzuschütteln und eigne, der Wahrheit mehr entsprechende Ansichten uns anzueignen. Und wenn wir uns auch nur aus den Fesseln einiger Irrthümer, die uns hagelbicht umgeben, herauswinden, so ist das schon ein hohes Verdienst.

Die französischen Encyclopädisten des vorigen Jahrhunderts erklärten bereits, daß Alles, was vor dem Richterstuhl der Vernunft nicht bestehen könne, keine Existenzberechtigung habe. Wir wollen hier ganz so weit nicht gehen, denn die menschliche Vernunft hat noch nicht Alles begriffen und dürfte daher einen schlechten Richter über manche Dinge abgeben. Soweit aber wollen wir gehen und jeder Mensch, der nicht an geistiger Trägheit oder Impotenz leidet, wird dasselbe thun, daß Irrthümer, die als solche nachgewiesen sind, abgestreift werden, und zwar rüksichtslos und ohne Schonung. Ein solcher Irrthum ist das sog. freie Stimmrecht als Mittel zur Volksherrschaft. Der ganze Schwindel basirt auf einer falschen und zum Theil utopistischen Voraussetzung—der Voraussetzung nämlich, daß alle Menschen in einem bestimmten Staatswesen frei und gleich seien, was nirgends auch nur annähernd der Fall ist, und dann, daß die erwählten Machthaber keine Menschen mehr sind, sondern unverzüglich Engel werden, die nicht im geringsten die Schwäche besitzen, ihre bevorzugte Stellung vermittelst der ihnen einmal verliehenen Macht zu behaupten, so lange sie sich behaupten läßt. Die Vereinigten Staaten sind so eigentlich das klassische Land des freien Stimmrechtes und der sog. Volksherrschaft, was immer darunter gemeint sein mag. Damit man uns nicht der Parteilichkeit, wohl gar der Enstellung beschuldigen kann, wollen wir unseren Gegnern, den Anhängern des Wahlschwindels, das Wort ertheilen. Die hiesige „Times“, schreibt:

„Volkswahlen in unserer Republik sind eine ungeheure Farce...... Durch den schamlosesten Betrug und Schwindel sind sie zu Spielen gewissenloser Schurken herabgesunken, zu Spielen, die mindesten so verwerflich sind, wie das Kümmelblättchen Spiel, nur tausendmal schädlicher...... In Chicago wurde uns letztes Jahr von einer schurkischen Bande, deren Chef Mackin war, ein Beispiel geliefert. In Columbus, Ohio, hat man entdeckt, daß 300 Stimmzettel für einen bestimmten Candidaten schwindelhafterweise in eine einzige Wahlurne manipulirt wurden. In Cincinnati wurden in einem Distrikt, in welchen nur 700 Stimmgeber wohnen, 996 Stimmen abgegeben...... Dies ändern, ist unmöglich. Ja, wir sind überzeugt, unsere durch Betrug erwählten Gesetzgeber würden im Falle eines wirklichen Reformversuchs wie ein Mann ausrufen: „Das ist nicht verfassungsmäßig; das ist eine Attacke auf das Bollwerk unserer Freiheit, unserer freiheitlichen Einrichtungen......“

In einem anderen Artikel desselben Blattes, der die Schandwirthschaft im County Irren-Asyl bespricht, heißt es:

„...... Jedes Jahr, wenn die Wahl von County-Commissären stattfindet, wird die Corruption dieser Clique an's Licht gezogen und ein sog. „Reformticket" aufgestellt. Und jedesmal hat es sich gezeigt, daß diese angeblichen „Reformer" noch größere Diebe waren, als ihre corrupten Vorgänger...... Angesichts dieser Thatsachen muß jeder Versuch, Reformen vermittelst des Stimmzettels durchzuführen, einfach als lächerlich erscheinen.....Den einzigen Ausweg erblicken wir in der Abschaffung des Countyboards......"

Nun brat' uns einer 'nen Storch! Ist das nicht derselbe Vorschlag, den wir in nur etwas ausgedehnterer Form seit langer Zeit gemacht haben und deswegen wir uns von der „Times" allerhand Schmeicheleien zuzogen, wie Verbrecher, verrückte Ausländer u. s. w.? Freilich. Und wenn es lächerlich ist, auch nur den Versuch zu machen, vermittelst des Stimmzettels Reformen herbeizuführen, warum dann, Mr. „Times", empfiehlt man den am meisten Gedrückten und Leidenden, den Lohnarbeitern, den Stimmzettel als die mächtigste Waffe zur Besserung ihrer Lage? Ist das nicht infamer Betrug? Doch das nur nebenbei. Wer irgend welche Beobachtungsgabe besitzt, muß längst zu der Ueberzeugung gekommen sein, daß der Stimmzettel ein für Dumme berechneter Schwindel ist. Ist er nun ein Schwindel, beruht der Glaube an ihn auf einer ererbten irrigen Ansicht, warum dann nicht fort mit ihm! Warum noch in die Kirche laufen, wenn man an keine Herrgötter mehr glaubt!

Friedliche Entwicklung.

Friedliche Entwicklung! In allen Tonarten hat man davon gesungen und gepredigt. Ja, wenn fromme Wünsche sich nur mir nichts dir nichts auch zur Wirklichkeit gestalteten! Kein Mensch, dessen Gehirn gesund ist, sehnt Brandstiftung und Blutvergießen herbei, aus Wohlgefallen an der Sache selbst. Wenn aber die Ereignisse sich so gestalten, daß nur die Wahl bleibt zwischen feigem Zugrundegehen und der Anwendung von Gewaltmitteln, wird jeder Mann zuerst einen Gang mit den Waffen wagen. Ferdinand Lasalle hörte schon vor mehr als 20 Jahren den „dumpfen Massenschritt der Arbeiterbataillone" und sah mit geistigem Auge die Rebellion heranschreiten, „mit wild wehendem Lockenhaar, erzene Sandalen an den Sohlen." Er und die nach ihm kommenden Sozialisten aller Länder haben ihre warnende Stimme erhoben. Bei der herrschenden Klasse hat der Mahnruf nur bewirkt, daß sie sich rüstete auf den kommenden Kampf und die Ausbeutung schärfer betrieb, wie je vorher. Der Sklave wurde noch mehr gepeinigt und getreten wie früher. Länder, die als Zufluchtsstätte des armen Mannes galten, wetteiferten mit der alten Welt in der Menschenabschlachtung auf industriellem Gebiet. 45 bis 55 Cents Tagelohn ist in den Ver. Staaten nichts Unerhörtes mehr. Verhungern und Verderben starren Hunderttausenden

arbeitslustiger Männer in's grammumwölkte Antlitz. Mit der zunehmenden Noth
schlugen die bis dahin zahmen und unterwürfigen Arbeiter-Organisationen einen
freieren Ton an. Auf dem Fuße folgte dem von Seiten der Ausbeuter der Kampf
gegen die Arbeiter-Organisationen überhaupt. Mochten letztere sich noch so harm-
los geberden, man sah in ihnen Beraubte, welche sich eines Tages gegen ihre
Dränger wenden könnten. Deshalb nieder mit j e d e r Organisation der Arbeiter! Sklaven haben zu gehorchen! — Dies der Ruf der Ausbeuter.

*　　*　　*

Die Ereignisse jedes neuen Tages bestätigen und erhärten, was wir längst
gesagt und immerwährend betont haben, nämlich, daß die Arbeiter auf sog. gesetzlichem Wege n i c h t d a s G e r i n g s t e e r r e i c h e n können und daß alle Versuche
in dieser Richtung einfach für die Gänse sind. Es gibt aber Menschen, die nichts
einsehen und die heute noch geradeso wie vor 20 Jahren blöken, die Regierung
sollte Dies oder sollte Jenes thun; die Arbeitszeit solle verkürzt, die Sträflings-
arbeit solle abgeschafft, die Kinderarbeit solle verboten werden und was derartiger
Dinge mehr sind. Solche Menschen scheint es von jeher gegeben zu haben; denn
in der Bibel heißt es schon: „Sie haben Augen und sehen nicht, Ohren haben
sie und hören nicht......"

In Michigan wurde, wie wir schon häufig erwähnten, von der letzten Gesetzgebung ein Gesetz erlassen, welches bestimmt, daß vom 20. September an 10stün-
dige Arbeit als gesetzlicher Arbeitstag angesehen werden soll; ferner, daß kein Arbeitgeber irgend welchen Zwang auf seine Lohnarbeiter ausüben darf, um dieselben
zu bestimmen, länger als 10 Stunden zu arbeiten. Als der Tag heranrückte, an
dem das Gesetz rechtskräftig wurde, traten die Mühlen- und Minenbesitzer von
Menominee, Manistee und Umgegend zusammen und verfaßten ein Schriftstück
etwa folgenden Inhalts: „Wir die unterzeichneten Lohnarbeiter, erklären hiermit, daß wir ohne irgendwelche Beeinflussung unserer Arbeitgeber, aus freiem
Willen und freien Stücken, nach wie vor 11 Stunden den Tag arbeiten wollen;
und ferner verpflichten wir uns, diesen freien Entschluß für die Dauer von ....
Jahren für bindend zu betrachten." Mit diesem Schriftstück begaben die Herren
Arbeitgeber sich in ihre Knochenmühlen und forderten die gekauften Knochen-
gerüste auf, dasselbe zu unterzeichnen. Aber, Prosit die Mahlzeit! was war denn
das? Die Leute verweigerten ihre Unterschrift? Ja wohl, sie verweigerten dieselbe und schwuren so den Zorn ihrer „Brodgeber" auf sich herab. Die Letzteren
schlossen ihre Mühlen und Fabriken, um die Widerspenstigen und Undankbaren zu
züchtigen. Etwa 5000 Lohnsklaven sind dadurch in der genannten Gegend allein
broblos geworden. Aus den anderen Distrikten des Staates liegen nähere Nachrichten noch nicht vor. Wo zum Teufel ist denn jetzt die Polizei und Miliz, um
die Rebellen gegen den Staat zur „Ordnung" zu bringen? Sagen die „Bosses":
„Der Staat sind wir." Und so ist es.

Ein anderer Fall: England, das klassische Land der Freiheit, das sogar vom Sturm der großen Revolution des vorigen Jahrhunderts unberührt blieb, weil die „Freiheit", welche auf dem Continent erst unter furchtbaren Wehen zur Welt kam, dort bereits im Knabenalter stand; England, das stets mit Stolz darauf hinwies, daß es die meerumschlungene Heimath der Freiheit sei — in diesem England fand am Sonntag eine Monster-Versammlung von Sozialisten statt, um gegen die Vergewaltigung der Redefreiheit zu protestiren; und diese Versammlung wurde von der Polizei gewaltsam gesprengt, in noch roherer Weise, als das in der Bismarckei zu geschehen pflegt. Die Sozialdemokraten Englands suchen auf „friedlichem und gesetzlichem" Wege den Nothstand des arbeitenden Volkes zu heben. Sie beabsichtigen, Vertreter in das Parlament zu wählen, wo dieselben die Interessen des beraubten Volkes gegen die Räuber vertreten sollen. Zu diesem Zweck hielt man Versammlungen ab. Mehrere dieser Arbeiter-Versammlungen wurden unter nichtigen Vorwänden — ein Ausnahmegesetz gibt es daselbst noch nicht — gesprengt und die Redner verhaftet. Um gegen diese Vergewaltigung nun Protest zu erheben, beriefen unsere Genossen eine Versammlung nach Limehouse. Das Kabel berichtet, daß es die größte Versammlung war, die in jener Gegend jemals stattgefunden hat. Die Polizei erschien auf Befehl des Ministers des Innern und versuchte die Redner zu verhaften; es entspann sich ein hartnäckiger Kampf, der aber schließlich mit einem Sieg der Polizei endete. Marx's Tochter, die anwesend war, und eine Anzahl anderer Frauen wurden verknüppelt, die Redner wurden verhaftet; auch Morris wurde nachträglich verhaftet, weil er einen Polizisten zur Rede stellte, als dieser eben eine Frau verknüppelte.

Ob unsere englischen Genossen aus diesem Vorfall die Lehre ziehen werden, daß es für die Klasse, der sie angehören, oder der sie sich angenommen, k e i n e n „g e s e t z l i c h e n" W e g g i b t? — Wir wollen es hoffen. Morris und die gesammte „Socialist League" stehen übrigens längst auf d i e s e m S t a n d p u n k t. Das Geschwätzel von „gesetzlichem und friedlichem Weg" ist h i r n l o s e s Blech, ob in England, in Deutschland oder Amerika. Donn Piatt charakterisirt in der letzten Nummer von „John Swinton's Paper" diese Leute sehr richtig als Sancho Panzas, die sich mit Gemeinplätzen füttern, wie: „der Stimmzettel ist des armen Mannes Bayonnett," „Alle Regierungen sind zum Besten der Regierten", „Alle ehrliche Arbeit adelt". Die Wunden und Schrammen, die wir den Tritten unsrer Herren verdanken, werden mit derartigen Pfläsiterchen beklebt......Das geht so lange fort, bis die straff gezogene Saite eines Tages bricht, und dieser Tag ist viel näher, als Viele glauben."

*   *   *

„— täuscht Euch!" — Vor drei Jahren herrschte in den Steinbrüchen zwischen Lemont und Joliet ein längerer Streit, der mit der Niederlage der Arbeiter endete. Es handelte sich damals um eine Lohnherabsetzung, die sich die Arbeiter nicht gefallen lassen wollten. Der Lohn betrug zur Zeit etwa $2.50 den Tag.

Die Arbeit in den Brüchen ist bekanntlich nicht leicht und ist mit so häufigen Unterbrechungen verknüpft, daß der Jahresverdienst unter dem derzeitigen Lohn-satz deutschen und irischen Arbeitern zur Befriedigung ihrer bescheidenen Bedürfnisse nicht genügte. Sie streikten und verloren. „Wir müssen diese an-spruchsvollen und tecken Arbeiter durch bedürfnißlosere und bescheidenere zu er-setzen suchen" — sagten sich die durch schwindelhafte Regierungs-Contrakte reich gewordenen Steinbruchbesitzer und begannen, die Deutschen und Irländer durch Polen, Schweden und Ungarn zu vertreiben.

In der letzten Zeit gehörten die dort beschäftigten Arbeiter fast ausschließlich den letztgenannten Nationalitäten an und der Ausbeutungswuth der Steinbruch-besitzer war nunmehr keine Schranke gesetzt. Der Lohn sank auf $1.25 den Tag; der tägliche Durchschnittsverdienst im Jahr stellte sich auf etwa 60 Cents. Die europäischen Chinesen, denn so kann man jene bedürfnißlosen Ungarn, Schwe-den rc. mit Recht nennen, fanden aber, daß es unmöglich sei, mit diesem Lohn auszukommen, und forderten daher dieses Frühjahr eine Lohnaufbesserung. Von dieser Seite hatten die „Bosses" so etwas nicht erwartet. Natürlich weigerten sie sich, den Vorstellungen Gehör zu schenken und ein Streik war die Folge. Die Ausbeuter griffen zu dem bekannten Mittel der Anstellung von „Scabs"; es gibt ja zwei Millionen Menschen in diesem Lande, die eine philantropisch-christliche Ge-sellschaft zum Hungertod verurtheilt hat und die sich unter irgend welchen Be-dingungen und ohne die geringste Rücksichtnahme auf ihre Nebenmenschen das Leben zurückerkaufen, sei es auch nur eine kurze Gnadenfrist, — wenn ihnen die Gelegenheit geboten wird! Kurz, sie stellten „Scabs" an, um die Streiker zu züchtigen oder zu vertreiben. Hiergegen lehnten sich die Streiker auf. „Samiel, hilf!" schrieen da die Ausbeuter. Eine Zeit lang besann sich dieser; er mochte Gewissensbisse empfinden, doch nur für kurze Zeit. Denn als die Raubritter zum zweiten Mal riefen: „Samiel, hilf!" da stand die Miliz bereits unter Waf-fen, der nächste Zug trug sie nach Joliet.

Gouverneur Oglesby entsandte vier Compagnien gedrillter Mordbuben, um den halbverhungerten Arbeitern etwas mehr Verständniß für die Zustände im Arbeiter-Canaan beizubringen. Die erste Unterrichtsstunde fand am Samstag den 2. Mai '85 statt. Eine Anzahl Streiker befand sich auf einem öffentlichen Verkehrsweg zwischen Lemont und Lockport, als plötzlich eine Compagnie bewaff-neter Pengel ihnen, nach Wegelagerer-Manier, den Weg vertrat. Sie ließen sich nicht einschüchtern und riefen den uniformirten Mordbuben zu, daß sie nach Joliet wollten. Da brach plötzlich und ohne jede Warnung aus dem Hinterhalte hervor eine weitere Schaar von Wegelagerern und machte mit gefälltem Bayonnett meuchlings einen Angriff auf die darauf nicht gefaßten Arbeiter. Diese hatten sich überrumpeln lassen und stoben jetzt nach allen Seiten hin auseinander.

Mit diesem billigen Sieg über einen zum größeren Theil wehrlosen Haufen Arbeiter noch nicht zufrieden, fingen die Jämmerlinge etwa 80 der Flüchtenden ein, „verhafteten" sie und schleppten sie nach Joliet, wo sie eingesperrt wurden.

Fragen wir uns nach dem Grund, auf den hin dieser mörderische Angriff und die Verhaftung erfolgte, so finden wir ihn darin, daß die Streiter von dem ihnen gewährleisteten bürgerlichen Versammlungsrechte Gebrauch machten und ihre „Bosses" damit n i ch t einverstanden waren.

Warum hielten aber auch die Streiker den auf sie zustürmenden Soldaten die Verfassung nicht unter die Nase und machten sie auf ihren Irrthum und die grobe Rechtsverletzung aufmerksam? Wir sind überzeugt, die Herren Milizer hätten augenblicklich die Mordwaffen weggeworfen und gehorsamst um Verzeihung gebeten. Hier in diesem Lande des Stimmzettels, der Constitution und Freiheit, bildet ja das Volk die Regierung und da ist die Anwendung von Gewalt ein Verbrechen!

Es wäre gut, wenn sich in Zukunft jeder Arbeiter mit einer guten—Constitution b e w a f f n e n würde, damit er event. Falles gegen Polizeiknüppel, Kugeln und Bayonnette gewappnet ist.

Was meint Ihr dazu?

Drei todt, etwa Fünfzehn verwundet und die Mörder abzüglich einiger unbedeutender Wunden mit heiler Haut davon gekommen. —

Die alte Leier!

Die Mörder b e w a f f n e t, organisirt, feig; die Opfer u n b e w a f f n e t, unorganisirt, tapfer und kühn. Hätten die Letzteren Waffen gehabt — ! Ja, h ä t t e n s i e ...... warum h a t t e n sie denn nicht? Ist es ihnen etwa nicht oft genug gesagt worden? Haben die verhaßten und geschmähten Sozialisten, Communisten und Anarchisten nicht bei jeder Gelegenheit, die sich ihnen bot, erklärt und immer und immer wieder erklärt: Arbeiter bewaffnet Euch? Ja, freilich haben sie das gethan, aber wer will den auf diese gottlosen Menschen horchen, die das Volk aufhetzen und aufwiegeln; lieber geht man da zu dem Pfäfflein, läßt sich etwas von den Herrlichkeiten des Himmels erzählen und betet womöglich noch: „Gott, beschütze uns vor Pestilenz und bösen — Anarchisten."

Mit dem Gelde, welches die polnischen Steinbrucharbeiter für ihre Kirchen und Pfaffen aufgebracht haben, hätten sie sich ein ganzes Waffen-Arsenal anschaffen können. Ein solches Waffen-Arsenal wäre gut für einen Tageslohn von mindestens $3.00, dafür bürgen wir! Und wenn es denn Leute giebt, die ihrem „lieben Herrgott" absolut danken wollen, — wir wissen allerdings nicht wofür — ei, dann können sie das am Ende auch in der schönen, herrlichen Natur oder in ihrem „stillen Kämmerlein" besorgen. Dem Alten ist das ganz schnuppe; es ist aber nicht schnuppe, ob man, wenn die Würger und Bluthunde der Ordnung über uns hereinbrechen, bewaffnet und unvorbereitet ist, oder nicht.

Diese Worte möchten wir hauptsächlich an unsere glaubensfrommen Freunde richten und, wahrlich, sie kommen uns vom Herzen. Sie mögen unsretwegen g l a u b e n und beten bis sie schwarz werden, aber wenn sie ihr Leben höher schätzen als das Himmelreich, und das thun die Meisten ja doch, dann sollten sie sich unverzüglich Waffen anschaffen!

Wir haben jene Grenzlinie in der Geschichte überschritten, wo leben —
kämpfen heißt; kämpfen nicht nur um das nackte Leben, für das tägliche Brod,
nein, kämpfen gegen jene Horden, die die Mordwaffe bereits auf uns angelegt und
mit diabolischer Lust das tödtliche Blei in die abgehärmte Brust des Proletariers
entsenden; gegen Horden, denen der aufspritzende Blutstrahl ein nero'sches Lächeln
entlockt; gegen Horden, die sehr genau wissen, daß ihr Fortbestand nur durch
die Abschlachtung großer Arbeitermassen möglich ist und durch die bedingungs-
lose Unterwerfung und Knechtung der verbleibenden Ueberreste.

Das glaubt Ihr nicht? Gut, so erfahret es; erfahret es, wie es Eure Brüder in Lemont gestern (4. Mai '85) erfuhren!

Hört, was die hiesige „Times" über den Vorfall bemerkt! Sie sagt: ....
„Ohne mit dem Sachverhalt genauer bekannt zu sein, scheint doch so viel gewiß,
daß die Miliz nichts werth war. Wenn die Leute nicht auseinander gehen wollten, wäre es Aufgabe des Commandeurs gewesen, „Feuer!" zu kommandiren,
nicht wildes Schießen, sondern Gewehrsalven, die den Pöbelhau-
fen um mehr denn zwei Coroners-Gegenstände geschmälert
hätten...."

Das ist deutlich. Die anderen Blätter sprechen sich in ähnlicher Weise aus.
Wer daher nicht durch des Coroners Hände in den „Himmel" eingehen will, der
bewaffne sich. Heute in Lemont, morgen vielleicht schon in Chicago —
Arbeiter, bewaffnet Euch!

Die „soziale Revolution."

Ueber die Form des allgemein als „soziale Revolution" gedachten Ereignisses,
dessen baldiges Eintreten in neuer Zeit sogar von den conservativen Denkern pro-
phezeit wird, herrschen die verschiedenartigsten und auseinandergehendsten Ansichten. Die vorherrschendste dieser Ansichten ist die fast durchgängig von den
deutschen Sozialdemokraten vertretene. Ein Vertreter dieser Richtung bemerkte
neulich (Frühjahr 1886) in einer Versammlung in Buffalo im Laufe einer kurzen
Diskussion: „Ich glaube nicht, daß die Revolution innerhalb der nächsten fünfzig Jahre kommt; wir werden vermuthlich die Einführung des sozialen Staates
(was immer das sein mag) nicht erleben." Ganz abgesehen davon, daß derartige
Aeußerungen, da sie einen entmuthigenden Eindruck auf die weniger unterrichteten Mitstreiter machen müssen, der Agitation nur schädlich und hinderlich sind
und direkter Abwiegelung gleichkommen, sei hier darauf aufmerksam gemacht, daß
die Anschauung, welche durch jene Worte ausgedrückt wird, eine gradezu alberne
und kindische ist und auf eine grobe Mißkenntniß der Thatsachen, auf die sich der
moderne Sozialismus stützt, schließen läßt. Die Annahme derartiger „Revolutionäre" ist, daß die Arbeiter sich allmählig zum Sozialismus bekehren und daß,

wenn diese Bekehrung bis zu einem gewissen Grade gediehen ist, sie, die sozialist=
schen Arbeiter, der herrschenden Klasse den Krieg erklären; — daß alsdann die
„Arbeiter=Bataillone" in militärischer Ordnung „in die Straßen steigen" und
durch „ihren Massenschritt" die Feinde zur Flucht treiben werden. In der Detail=
malerei mögen die verschiedenen Köpfe von einander abweichen, im allgemeinen
jedoch sind die oben grob skizzirten Umrisse das Bild, welches jenen Leuten von der
Revolution vorschwebt.

Die Auffassung ist jedenfalls eine ideale, eine so ideale leider, daß sie
mit Dem, was jene Revolution wirklich ist und sein wird, absolut nichts gemein
hat, und deshalb erachten wir es auch für nöthig, den Gegenstand hier kurz zu be=
sprechen.

In der sozialen Revolution kämpft eine unterdrückte Klasse für ihre Befrei=
ung. Wer diese unterdrückte Klasse ist, wissen wir. Zur Entscheidung der Frage,
wann diese Revolution voraussichtlich eintreten wird, ist es von Belang, festzustel=
len, wann wohl die für ihre Befreiung kämpfenden Elemente in größerer Zahl
aktiv auftreten und am Kampfplatz erscheinen werden. Nun, und was wäre dar=
auf zu erwidern? In 50 Jahren?

Ehe wir diese Frage beantworten, halten wir vorerst 'mal Umschau in der
Gegenwart; vielleicht wird's uns dann leichter, der Wahrheit auf den Grund zu
kommen. Liegen die Dinge so, und ist die Lage und der Geist der „Revolutions=
soldaten" derart, daß sie vorerst noch nichts unternehmen werden? Recognoszi=
ren wir das Feld:

Hier stehen 10,000 Arbeiter in offener Rebellion begriffen. Sie haben die
Verkehrswege eines großen Gebietes abgesperrt und schreiben ihren Unterdrückern
Bedingungen vor, auf welche diese unmöglich eingehen können, ohne sich ihrer
Vorrechte zu begeben. Möglich, daß ein Waffenstillstand vereinbart wird,
aber daß ein solcher nicht von langer Dauer sein kann, ist nur zu augenscheinlich,
denn der Stein des Anstoßes besteht fort.

An einem andern Ort stehen zwischen 5 — 10,000 Kohlengräber kampfbereit
und bieten der bestehenden „Ordnung" Trotz. Ihr Auftreten ist ein gewaltthäti=
ges und gesetzwidriges. Es kann jeden Augenblick zu Blutvergießen führen. Der
Casus belli ist solcher Art, daß er sich nicht beseitigen läßt, ohne daß gleichzeitig
die bestehende Ordnung, das Privat=Eigenthumsrecht, mit beseitigt würde. Es
ist auch hier möglich, daß ein Waffenstillstand für kurze Zeit vereinbart wird, aber
was dann?

An einem anderen Ort begegnen wir wahren Kriegslagern von Polizei und
Miliz. Ihr Zweck ist, die Woge des Aufruhrs zu dämmen.

Da hören wir auch Gewehr= und Revolver knattern, sehen Leichen und Schaa=
ren Gefangener.... Es ist das Bild des Krieges!

Wir brauchen uns nicht weiter umzusehen, was wir sahen, genügt: Die
Revolution in 50 Jahren! Bah! Die Revolution ist da! Die Kriegsfurien sind
bereits entfesselt, die Wogen schlagen höher und höher, die Elemente rasen in toll=

wüthigem Wettkampf, alle Welt ist erstaunt und überrascht. Einer frägt den
Anderen, was das zu bedeuten habe, was wohl zu thun sei, Jeder weiß einen guten
Rath, aber Keiner hält des Anderen Rath für gut und annehmbar. Die kostbare
Zeit wird vertrödelt, die Rathlosigkeit beherrscht Alles — da schlagen die Wogen
über das morsche Gerüste der „Ordnung" — es wankt und bricht, und dahin
brausen die wild schäumenden, tosenden Fluthen....

Es ist freilich möglich, daß der wilde Strom sich sofort besänftigen würde,
wenn man ihm das Programm der Soz.=Arbeiter=Partei vorhielt und dem Unge=
stümen bedeutete, daß er sich gegen Paragraph Soundso vergangen habe, der be=
sage, daß die Revolution sich innerhalb der vorgeschriebenen und abgesteckten Bahn
zu bewegen habe; allein der Sünder ist sehr halsstarrig und eigensinnig — wenn
er sich nun sein eigenes Flußbett wählte? Doch verfolgen wir diesen Gedanken
nicht weiter. —

*
* *

Die Grenze der menschlichen Geduld kennen wir nicht; könnten wir diese fest=
stellen, dann wäre es ein Leichtes, ziemlich genau vorauszusagen, wann der
Schlußakt der Revolution, in der wir leben, beginnen wird. Aber wir vermögen
aus bestimmten Erscheinungen und Zeichen auf den Zustand eines Körpers oder
einer Bewegung oder eines Prozesses zu schließen. Gut, nehmen wir hierzu
unsere Zuflucht. Hinter uns liegt eine lange, lange Kampfperiode. Das Pro=
letariat kämpfte innerhalb des Rahmens der bestehenden Ordnung; die Kampfes=
weise war die des Widerstandes. Die Ordnung wurde dadurch zwar gelockert,
aber an sich war der Kampf ein harmloser und den Vertretern der herrschenden
Klasse fiel es gar nicht ein, demselben irgendwelche Bedeutung zuzuschreiben, es
waren vorübergehende Zuckungen. Seit einiger Zeit aber hat sich das geändert.

Die einzelnen Zuckungen haben mächtigen und allgemeinen Convulsionen
Platz gemacht. Der Kampf findet nicht länger innerhalb des Rahmens der
„Ordnung" statt, er ist vielmehr gegen diese selbst gerichtet und entwickelt
sich auf beiden Seiten mit wachsender Bitterkeit und Heftigkeit, und in gleichem
Verhältniß wächst auch die Kampfeslust. Die Streitfrage ist zur Spitze getrie=
ben. Ein Zurückgehen gibt es nicht mehr und ebensowenig ein Nachgeben.

Der entscheidende Kampf kann jeden Augenblick entbrennen. Ueberall finden
bereits Reibungen statt — wer weiß, ob nicht die nächste schon den elektrischen Fun=
ken aussprüht, der die Herzen entzündet und die Freiheitsflamme entfacht.

Wenn wir die Ereignisse der letzten Jahre zu einem zusammenhängenden
Bild vereinigen, dann will es uns scheinen, als habe der Schlußakt der sozialen
Revolution bereits begonnen. Eine Revolution, wie die hier in Rede stehende,
gleicht nicht etwa einem Kriege, der zwischen zwei geographisch getrennten Heeres=
mächten geführt wird, sie ist vielmehr nur der Gesammtbegriff einer unendlichen
Reihenfolge von Kleingefechten und Scharmützeln, die sich bis in die tiefsten Win=
kel des Familienlebens ausdehnen und bald in dieser, bald in jener Form auftre=

ten, überall aber ihren zersetzenden Einfluß hinterlassen, somit die Gährung der Elemente fördernd, bis die Kruste der Ordnung springt und bricht.

Da sich die Kruste der Ordnung jetzt schon über dem gährenden Gesellschafts= teig hebt und senkt, müssen wir jeden Augenblick gewärtig sein, daß sie bricht. Seien wir also auf der Hut und machen wir es nicht wie die thörichten Jung= frauen unserer Zeit, die das Kommen des „Heilandes" auf fünfzig Jahre hinaus= schieben.

Ein Stück Geschichte.

Die Vorfälle im Sommer '77, — das massenhafte Niederknüppeln und =Schießen der Arbeiter von Seiten der Polizei, das gewaltsame Sprengen der Monster=Versammlung am Market Square, der Ueberfall der Schreiner in der Vorwärts=Turnhalle und die Ermordung eines der Theilnehmer, Teßmann — hatten einen gewaltigen Eindruck auf die Lohnarbeiter dieser Stadt gemacht, der sich erst nach Jahren verwischte, als die erhaltenen Hiebe allmälig in Vergessenheit geriethen. Heute, nach Verlauf von nur acht Jahren, merkt man es dem in= zwischen zum Storekeeper, Lagerbierwirth oder sonstigen kleinen Hungerleider, vielleicht gar Häuschenbesitzer oder Philister gewordenen Proletarier von anno '77 nicht mehr an, welch' wilde, rebellische und ordnungswidrige Wogen damals sein braves Bürgerherz durchtobten und seine fromme Denkart in gährendes Drachen= gift verwandelten. Die Haue hatten weh gethan, aber schmerzlicher noch als diese hatte man den Schimpf empfunden, der in jener Behandlung lag. Man war „respektabler Bürger" und sollte sich wie ein gemeiner Kerl behandeln lassen! Nein, das war zu arg.

Man schwur Rache, bittere Rache, und ein seitdem zum Preßlouisthum ge= wöhnlichster Gattung herabgesunkener Lump Namens Lyser, der während des Sprengens der Versammlung am Market Square sich in die damalige Office des „Vorbote" flüchtete, wo man am nächsten Tage seinen Corpus, den er helden= haft in ein leeres Tintenfaß versenkt hatte, entdeckte — spielte bei dieser Eides= leistung den würdigen Ceremonienmeister......Kurz vor dem 77er Aufstand hatten sich etwa 12 Mitglieder der alten Internationale zu einem bewaffneten Verein zusammengethan — einige derselben sind heute noch in der Stadt —, der unter den Namen „Lehr= und Wehr=Verein", freilich nur in engeren Kreisen, be= kannt war. Diesem kleinen Verein strömten die Rachedürstigen jetzt schaarenweise zu und er wuchs zusehends, wie eine Wassermelone, wuchs dermaßen, daß er im folgenden Sommer (1878) bereits einen Ausmarsch mit Waffen nach dem Ogden's Grove vornehmen konnte, der allgemeine Aufregung unter den ,,ordnungsliebenden" Elementen hervorrief und sogar die damalige National=Executive der venerablen Soz. Arbeiter=Partei, die ihre Residenz in Cincinnati hatte, entsetzte und zum Erlaß eines Bannfluches veranlaßte.

Im Herbst desselben Jahres wurden drei Candidaten der Sozialisten in die Legislatur und einer sogar in den Senat gewählt. Jeder Gauner an der Milwaukee Avenue, der Blue Island Avenue und der 16. Ward, jeder Geschäftsmann, Halsabschneider, Wucherer und Rechtsverdreher, der von den Demokraten und Republikanern noch kein Pensions-Patent erhalten hatte, entwickelte sich jetzt mit einer Geschwindigkeit von 0,9 zu einem „zähnefletschenden" Sozialisten. Der „Lehr- und Wehr-Verein" wuchs zusehends. Ein zweiter Verein, der Jäger-Verein, war inzwischen schon aus ihm hervorgegangen. Die Mitglieder der letzteren, herrliche Pflänzchen zum Theil, wollten nämlich das deutsche Commando beibehalten wissen; der Lehr- und Wehr-Verein hatte das englische eingeführt, daher die Trennung. Dann kam die historisch gewordene Commune-Feier (1879) im Ausstellungsgebäude. Die bewaffneten Mannen, etwa 1000 Mann stark, marschirten beim Gaslicht in strammer militärischer Ordnung nach der Festhalle, wo an die 50,000 Menschen versammelt waren. Diese Commune-Feier rief eine Panik hervor unter den „respektablen Elementen" der Stadt; man fühlte sich nicht mehr sicher, und eine Bill zur Unterdrückung des Lehr- und Wehr-Vereins, die vorher schon eingebracht worden war, wurde nun auf Grund des neuesten Begebnisses in den folgenden Tagen zur Debatte gebracht und mit Hinweis auf die Gefahr, welcher die Bürgerschaft durch die bewaffneten Communisten ausgesetzt sei, angenommen.

Am 1. Juli '79 wurde das Gesetz rechtskräftig. Vorher, es mag im Juni gewesen sein, fand der letzte und unstreitig auch der größte Ausmarsch der „Proletarier", wovon die Mehrzahl Soldaten spielende „Businessmenschen" waren, statt. Es war dies, wie man sich ausdrückte, eine „friedliche Demonstration" gegen ein „verfassungswidriges Gesetz." Der Zug war anderthalb Meilen lang; er setzte sich Morgens um 11 Uhr von der Vorwärts-Turnhalle aus in Bewegung und langte erst Nachmittags 5 Uhr an dem Auflösungsort, 54 Lakestr., an. Diese äußerlich imposante, ihrem Charakter nach aber jämmerliche Demonstration bildete gleichsam das Ende des gesetzlichen und spießbürgerlichen Lehr- und Wehr-Vereins.

Das neue Miliz Gesetz, welches das Exerciren und Paradiren von bewaffneten Organisationen, die kein Patent des Staats-Gouverneurs besaßen, verbot, war der erste Probstein des Lehr- und Wehr-Vereins. Wie bei einer Goldprobe die benutzten Säuren alle anderen Metalle zersetzen und nur das reine Gold zurück lassen, in ähnlicher Weise vollzog sich jetzt allmälig der Prüfungsprozeß des Lehr- und Wehr-Vereins. Wir sagen allmälig — man muß nämlich bedenken, daß die Businessmenschen ein Schiff nicht eher verlassen, bis es nichts Rechtes mehr zu holen giebt; es konnte ja wieder eine Wendung eintreten! Das Gesetz war ja doch verfassungswidrig und die Richter, für deren Wahl man im Frühjahr desselben Jahres ebenso lebhaft als prinziplos gewirkt hatte, würden einen angestrengten „Testfall" in diesem Sinne entscheiden und das Gesetz umstoßen meinte man. Daß das Gesetz nicht umgestoßen werden, daß es vielmehr bestätigt wer-

den würde, durfte man damals Niemandem sagen, so fest baute das „revolutio=
näre" Proletariat jener Zeit noch auf „verfassungsmäßige Rechte," auf Gesetz und
Richter. Und so wurde denn das Testverfahren eingeleitet, welches mit der jetzt
vom Oberbundesgericht abgegebenen Entscheidung seinen Abschluß gefunden hat.
Herman Presser, der damals Commandeur des Lehr= und Wehr=Vereins war,
marschirte mit einer kleinen Abtheilung durch die Late Str., ließ sich verhaften
und wurde auf Grund des betreffenden Gesetzes um $10 bestraft. Als Beauftrag=
ter des Lehr= und Wehr=Vereins legte er Berufung gegen das Urtheil ein, die nach
einiger Zeit vor Richter Barnum zur Verhandlung kam. Barnum entschied, daß
das Gesetz im Widerspruch mit dem Wortlaut der Verfassung stehe, die den Bür=
gern das Recht, sich zu bewaffnen, sowie sich im Gebrauch der Waffen zu üben,
garantire, daß es daher verfassungswidrig und das Urtheil des Polizeirichters um=
gestoßen sei. Der „Staat" erhob gegen diese Entscheidung Berufung bei dem
Staatsobergericht und dieses entschied nach längerem Zeitraum, daß das Gesetz
durchaus n i c h t im Widerspruch mit der Verfassung stehe und stieß die Entschei=
dung des Richters Barnum um.

Gesetze und Verfassungen, über deren Sinn hochweise Richter derartig diffe=
riren, daß der Eine das direkte Gegentheil von dem herausliest, was der Andere
darunter versteht, muß man haben — sagt man uns — und zwar, weil „die
Masse" eine R i c h t s c h n u r haben muß. Ein wahres Glück, daß diese Richt=
schnur nach allen Richtungen hinläuft......

Man verzeihe uns diese kleine Abschweifung. Der Lehr= und Wehr=Verein
erhob gegen diese Entscheidung abermals Berufung und zwar vor dem höchsten
Gerichtshof des Landes. Da hat dieselbe etwa fünf Jahre lang gelegen; seit Jah=
ren schon hat kein Mensch mehr, außer dem Advokaten, sich um den „Case" be=
kümmert. Die nunmehr erfolgte Entscheidung hat in den Kreisen, welche sie zu=
nächst berührt, kaum das allergewöhnlichste Interesse hervorgerufen. Man lacht
heute höchstens über die Dummheit, als Revolutionäre einst im Namen und auf
Grund des Gesetzes g e g e n Gesetze gesetzlich demonstrirt, appellirt und nutzloser
Weise Geld verschleudert zu haben.

Der Verlauf und Ausfall des Prozesses hat bewiesen, daß die früher so häufig
in's Feld geführte Behauptung, der „Testfall" sei „ein ausgezeichnetes Propa=
gandamittel", dumme Faselei war. Wo ist denn die Propaganda? E i n e B l a =
m a g e i s t d i e g a n z e G e s c h i c h t e f ü r d i e A p p e l l a n t e n , s o n s t
n i c h t s.

Um nun auf den Lehr= und Wehr=Verein zurückzukommen. Wir führten be=
reits an, daß sich nach Einführung des Gesetzes die seichten Gewässer langsam
verliefen; das dauerte etwa bis zur Herbstwahl von '79; als da mit einem Male
das sozialistische Botum auf kaum 4000 Stimmen (im Frühjahr war es über
12,000 gewesen) zurücksank, da war es aus mit der ganzen „Bewegung", auf die
manche Menschen heute noch unerklärlicher Weise mit Stolz zurückweisen. Was
man für eine Volksströmung gehalten hatte, stellte sich als sehr seichtes, flaches

und zum Theil nicht sehr sauberes...... indeß, lassen wir das. Die Prü = gel von 77 waren inzwischen in Vergessenheit gerathen, politisch war nicht viel zu wollen und geschäftlich — na, da war nach dem Rückgang der „Bewegung" auch nicht viel mehr los: kurz, es lohnte sich nicht mehr, Sozialist oder bewaffneter Proletarier zu sein; die Geschichte brachte nichts mehr ein, und von dem großen Haufen war bald nur noch ein kleines Häufchen geblieben. Aber dieses kleine Häufchen war gut und hat seitdem mehr bezweckt, als vormals der große Haufen. Die Bewaffnung hat seitdem riesenhafte Fortschritte gemacht. Wo vor sechs Jahren etwa 1000 Mann mit Büchsen bewaffnet waren, die zum größten Theil ja auch heute noch vorhanden sind, da finden wir heute eine Macht, die man weder durch Gesetze noch durch Gewalt bekämpfen kann; wo einst eine militärische Organisation, deren Stärke man genau kannte, da besteht heute ein unsichtbares Netzwerk von Kampfgruppen, deren Ausdehnung sich jeder Berechnung entzieht und dessen Organisationsform eine zeitgemäße ist. — Jenem Gesetz sind wir hierfür wohl theilweise zum Dank verpflichtet.

Etwas für und über Pinkerton.

Es liegt in der Natur der Sache, daß sämmtliche Privilegirten, gleichviel ob sie Republikaner oder Monarchisten sind, gleichviel, welcher Nation sie angehören mögen, die nichtprivilegirten Revolutionäre aller Länder als ihre Feinde betrachten. Aus dieser Solidarität der Ausbeuter aller Länder resultirte denn natürlich ihr gemeinsamer Kampf gegen die Unterdrückten und Ausgebeuteten aller Länder. Die Privilegirten Amerika's machen in dieser Beziehung keine Ausnahme. Sie sind der europäischen Volksausbeuterbande gegenüber zu allen möglichen Hand = langer = und Henkersdiensten gegen die Revolutionäre bereit. Sie können auch von ihrem Standpunkte aus nicht anders handeln, denn sie steuern und streben ja genau denselben Zuständen und Einrichtungen zu, wie solche in den alten Staater Europa's bestehen.

Die eigenthümliche Entwickelungsform, der auf Ausbeutung beruhenden bürgerlichen Gesellschaft ist diese: Zuerst entwickelt sich in Folge der Concentration des Kapitals die industrielle Diktatur. Diese haben wir in Amerika bereits, sie wird geübt von unserem Eisenbahn =, Telegraphen =, Kohlen =, Eisen =, Oel = und Bank-Monopolisten. Eine kleine Anzahl gleichinteressirter Personen controllirt das gesammte industrielle Leben und Treiben des Volkes; der industriellen Diktatur folgt nothwendig die politische; sie ist das Resultat der ersteren. Da die industriellen Ausbeuter keine Zeit haben, die Politik selbst zu besorgen, so stellen sie zu diesem Zwecke gewisse Sachverwalter an. Die Politik wird ein Geschäft. Die politische Maschine wird etablirt und sie arbeitet genau nach Commando der industriellen Herrscher.

Die Berufspolitiker sind nur Angestellte der industriellen Machthaber, sie sind die Verwalter der Domäne der Monopolisten. Diese Verwalter und Vertreter der Interessen der Großindustriellen suchen natürlich auf eigene Faust so viel zu machen, wie möglich. Ein gewisses Maaß von Dieberei lassen sich die Monopolisten zwar durch ihre politischen Clerks gefallen, wenn diese es aber zu arg treiben, dann setzt die Monopolistenklasse einen recht gut bezahlten und mit großen Machtvollkommenheiten ausgerüsteten politischen General-Agenten ein und der politische Diktator ist fertig. Natürlich wird dadurch an den Verhältnissen nichts geändert. Die Massen werden wirthschaftlich auf das gründlichste ausgebeutet und politisch unterdrückt, entrechtet und corrumpirt. Auch die politische Diktatur, die durch die Maschinen die Wahlen beherrscht, kauft, was zu kaufen ist, und wenn dies nicht genügen sollte, das erwünschte Wahlresultat herbeizuführen, dann durch geschickte Zählerei zu corrigiren versteht, hat ihre Schattenseiten.

Um das System auf die Dauer zu halten, muß man zum letzten Mittel greifen und der industriellen und politischen Diktatur die militärische beigesellen. Das ist der natürliche Entwicklungsgang der bürgerlichen Gesellschaft. Natürlich fühlen unsere industriellen Herrscher im Lande nicht übel Lust, schon jetzt mit der Entwicklung des Militarismus zu beginnen. Die politische Diktatur ist zwar noch nicht vollständig perfekt, aber sie wird es in einigen Jahren sein. Darüber brauchen wir uns keiner Täuschung hinzugeben. Nun ist bekannt, daß in den älteren europäischen Staaten, in denen die industrielle, die politische und die militärische Diktatur bereits vollständig ist, hin und wieder kleine Dynamit-Explosionen stattfinden. Diese bringen die Machthaber um ihren Schlaf, sie stören sie in ihren Genüssen; die Herren, die sich sonst nicht gerade in übergroßer Liebe gegenüberstehen, werden plötzlich gute Freunde, und die gemeinsame Niederhaltung der Unzufriedenen bewirkt ihren Bund.

Sämmtliche europäischen Regierungen sind sich darüber einig, daß gegen die Revolutionäre auf der ganzen Linie vorgegangen werden muß. Für diese darf es in der ganzen bekannten Welt kein Asylrecht mehr geben. Dieser Sachlage gegenüber konnte sich auch unser König im Frack eine Kundgebung gegen die Revolutionäre nicht verkneifen. Er hat deshalb an sämmtliche Bundesmarschälle des Landes eine Ordre erlassen, (Frühjahr 1885) nach Dynamitfabrikanten und Händlern zu suchen und Jeden, der Sprengstoffe in's Ausland sendet, die dort zu Zwecken bestimmt sind, die in dem betreffenden Lande als ungesetzlich gelten, als Verbrecher zur Verantwortung ziehen. Desgleichen sind die Bundesanwälte angewiesen worden, gegen derartige Verbrecher energisch vorzugehen.

Die Bundesmarschälle und Anwälte werden nun zwar ohne besondere Bezahlung derjenigen, welche ein sehr schlechtes Gewissen haben, keine „Entdeckungen" machen, sie werden sich nicht gerade sehr ereifern. Aber dem amerikanischen Gesellschaftsretter Pinkerton und seiner Schwefelbande ist plötzlich ein sehr einträgliches Thätigkeitsfeld erschlossen worden. Wir werden bald die wunderbarsten

Dinge seitens dieser Gesellschaft erleben, denn bald wird hier im Lande, zum Zwecke der Gelderpressung von den Monopolisten, eine regelrechte Dynamitriecherei etablirt werden.   Wir gehen interessanten Zeiten entgegen.

*   *   *

Ein hiesiges Blatt läßt sich von Detroit berichten, daß an der Arbeiter-Demonstration am Dienstag Abend (den 6. Oktbr. '85) eine Anzahl Chicagoer Geheimpolizisten theilgenommen hätten.   Ein „Herr", der seinen Namen im Hotelregister D. Robertson zeichnete, sei am vorigen Donnerstag mit einem 15 Mann starken Trupp in Detroit eingetroffen, um die „Arbeiter-Parade" zu überwachen. Um keinen Verdacht zu erregen, hätten sie sich in verschiedenen Hotels und Logirhäusern einquartirt.   Laut Instruktion seien sie, natürlich einzeln, zu den verschiedenen Arbeiter-Organisationen, bezw. deren „Führern" gegangen, hätten sich ihnen als zugereiste Berufsgenossen vorgestellt und sich mit ihnen bekant gemacht. Einem sei es sogar gelungen, sich durch „Handgriff" und Paßwort als Mitglied der K. of L. einzuführen.   So vollständig sei es ihnen gelungen, die Detroiter Arbeiter hinter's Licht zu führen, daß am Abend der Demonstration mehrere von ihnen die Marschalls-Abzeichen getragen hätten, während die Anderen in den verschiedenen Abtheilungen in Reih und Glied mitmarschirten.   Einer habe sogar ein Transparent mit folgender Inschrift getragen: „Die Verschwörungs-Gesetze und die Pinkerton'schen Piraten und Würger must go!" —

Ob diese Mittheilung auf Wahrheit beruht oder nicht, daran ist wenig gelegen, worauf es hauptsächlich ankommt, ist, daß eines der ersten Blätter dieses Landes das Vorgesagte als Spezial-Depesche bringt.   Es ist dieselbe nämlich als Reklame für die Pinkerton'sche Bluthunde-Agentur berechnet.   Den Kapitalisten, die sich unter gegenwärtigen Verhältnissen doch nicht so ganz sicher fühlen, wird ein Wink mit einem Zaunpfahl gegeben: „Braucht Euch nur an Pinkerton zu wenden; derselbe verfügt über wohldressirte Bluthunde, mit denen Ihr Eure Arbeiter im Zaum halten und nöthigenfalls niederhetzen könnt.   Keine wohlgeordnete Fabrik, keine Corporation sollte ohne dieselben sein."

Daß dies keine leere Vermuthung ist, beweist ein Circular, welches die Pinkerton'sche Agentur dahier an alle größeren Fabrikanten, Minenbesitzer, Corporationen u. s. w. hat ergehen lassen.   Ein Exemplar desselben gelangte in die Hände der „Trade und Labor Assembly" von Minneapolis, Minn., die so freundlich war, uns dasselbe zur Einsichtsnahme zu übermitteln.   Dasselbe lautet:

„Pinkerton's National Detective Agency,
191 und 193 Fifth Avenue, Chicago.

Sirs!

Wir lenken Ihre Aufmerksamkeit auf die Vorzüglichkeit unserer Polizei und bieten Ihnen im Falle der Noth dieselbe zum Dienste an ...... Die Mitglieder unserer Polizei sind sorgfältig ausgesuchte Menschen, welche natürliche Anlagen zum Geheimdienst haben, unter trefflicher Disziplin stehen und von erfahrenen Offizieren kommandirt werden.

Wir befinden uns in der Lage, Ihnen, wenn immer gewünscht, uniformirte Leute beim Tag, bei der Woche oder Monat für irgend einen Dienst zur Verfügung zu stellen, und erlauben wir uns daher, die Besitzer von öffentlichen Lokalen, Eisenbahn- und andere Corporationen, die mit vielen Menschen zu thun haben, oder mit entfremdeten oder streikenden Arbeitern, auf unsere Detektives aufmerksam zu machen.

Die Pinkerton-Detektive-Agentur lieferte Polizei-Mannschaften an die Hocking Valley Coal & Iron Co. in Ohio während des langen Streikes im vorigen Jahre; an die Chicago, Wilmington & Vermillion Coal Co. in Illinois; an die Menominee Mining Co. in Michigan; an die Holzhändler von Saginaw City, Michigan; an die Rochester & Pittsburg Railroad & Coal & Iron Co. in Pennsylvanien; an die Burton Iron Co. in Troy, New York, und Troy Malleable Iron Works.

Unsere Agentur gründete die erste Kohlen- und Eisen-Polizei in Schuylkill Co., Pa., welche unseren Detektives behülflich war, die Molly Maguires in den Kohlenfeldern Pennsylvaniens zu unterdrücken und während des „Riots" in '77 die Ordnung aufrecht zu erhalten.

Die obige Liste enthält nur einige der vielen Corporationen und Fabrikanten, bei denen die Pinkerton'sche Polizei die Ordnung aufrecht hielt, sowie Eigenthum und Angestellte („Scabs") beschützte, welche willens waren, zu arbeiten, während Streiks im Gange waren.

Corporationen oder Individuen, welche die Gesinnung ihrer Arbeiter kennen zu lernen wünschen, oder erfahren möchten, ob dieselben unter gewissen Umständen wohl streiken würden, oder ob dieselben einer geheimen Arbeiter-Organisation angehören in der Absicht, bestimmte Bedingungen von Corporationen oder Arbeitgebern zu erzwingen, — wollen sich vertrauensvoll an uns wenden; wir werden sofort einen Detektiv als geeigneten Auskundschafter senden.

Gerade jetzt, wo unter der arbeitenden Klasse so große Unzufriedenheit herrscht und geheime Arbeiter-Organisationen überall gegründet werden, wäre es da nicht rathsam, wenn die Eisenbahngesellschaften und andere Corporationen oder Individuen, welche eine größere Anzahl von Arbeitern beschäftigen, ein wachsames Auge auf die Letzteren hätten, damit böswillige Menschen unter den eigenen Arbeitern, welche im Interesse geheimer Arbeiter-Organisationen unter ihren Kameraden thätig sind, um Streiks 2c. anzuzetteln, sofort entdeckt und ausgemerzt

werden können? Es ist häufig der Fall, daß, wenn man diese Vorsicht zeitig ge=
nug anwendet und mit den Anstiftern prompt verfährt, sehr vielem Trubel
vorgebeugt wird......

Yours resp.

Wm. A. Pinkerton.

*   *   *

Das obige Cirkular ist, wie schon aus seinem Wortlaut hervorgeht, an
sämmtliche Großspitzbuben der Ver. Staaten gerichtet. Die Depesche von Detroit
ist in aller Wahrscheinlichkeit nur ein weiterer Reklamekniff derselben Würger=
bande, was aber keineswegs ausschließt, daß die Mittheilung auf Wahrheit beruht.

Ein Mensch, der zufällig in unsere „Ordnung" hineingeschleudert würde,
müßte der nicht annehmen, daß die arbeitende Klasse eine Klasse von Verbrechern
und die faulenzende Klasse eine solche von ehrlichen und braven Menschen sei—?!

O, es geht in der That göttlich, es geht herrlich zu in unserer ordnungs=
mäßigen Gesellschaft.

Die Polizei.

Wenn die Arbeiter hier und dort den Versuch machen, ihre Bürde ein wenig zu
erleichtern, — wer tritt ihnen da zuerst in den Weg und klopft ihnen bedeutsam
auf die Finger?

Die Polizei!

Und wenn die Arbeiter irgendwo Anstalten machen, ihre Sklavenketten zu
brechen und sich von ihren Drängern zu befreien, — wer stellt sich da mit Knüp=
peln und Mordwaffen zwischen sie und ihre Freiheit?

Wiederum die Polizei!

Daß die Polizei auf Anordnung und Befehl Anderer handelt, geht uns in
ersterer Linie nichts an. Wenn uns ein Wegelagerer überfällt, fragen wir ihn
dann etwa: „Freund, sag', handelst Du aus eigenem Antrieb, oder nur im Auf=
trag eines Anderen? Wohl kaum. Fragten wir ihn aber dennoch und er ant=
wortete — „im Auftrag eines Anderen", ist es dann wahrscheinlich, daß wir uns
stillschweigend von ihm die Kehle zudrücken ließen, weil er ja eigentlich nur „ein
Produkt der Verhältnisse" und weil er nur den Willen eines Anderen ausführt?
Wohl schwerlich.   Ja, wir sind im Gegentheil gewöhnt, in dem gedungenen
Mörder eine viel verächtlichere Creatur noch zu erblicken, als in dem Mörder, der
aus freiem Antrieb mordet.   Der berufsmäßige Mörder, der schnöden Geldes
wegen Menschen mordet, die ihm nie etwas zu leid gethan haben, — er verdient
keine Nachsicht, kein Mitleid, keine Gnade.   Ihn schonen ist ein Verbrechen
gegen uns selbst und gegen Alles was menschliches Antlitz trägt.   Ihn zertreten
und vernichten, ist Pflicht und Schuldigkeit, ist ein verdienstliches Werk.

Die Polizei ist nichts Anderes, als eine Organisation solch' gedungener
Mörder!

„Es giebt aber auch anständige Polizisten"—hören wir einwenden.   Thor=
heit! Es giebt auch unter den Piraten und Räuberbanden „anständige" Menschen.
Powderly behauptet sogar, daß der größte Räuber unsrer Zeit, Jay Gould, ein
„anständiger" Mensch sei.   Für das Opfer ist es nebensächlich, ob ihm ein „an=
ständiger" Bandit die Kehle abschneidet, oder ein ganz gewöhnlicher.   Ein Kerl,
der sich das Morden zum Beruf gewählt, ist eine Bestie und damit Basta!   Wir
ziehen keine Unterscheidungslinie zwischen „anständigen" und gewöhnlichen Bestien.

Während des Carkutscher=Streiks letzten Sommer (1884) sahen wir mehrere
„anständige" Polizisten an der Madison Straße, darunter welche, die ehemals
hervorragende Mitglieder der Soz. Arb. Partei gewesen waren.   Wir wollen
zugestehen, daß es ihnen leid that, gegen hungernde Lohnsklaven in's Feld geführt
zu werden, aber welch' ein leidiger Trost ist das!   Sie hätten auf das Commando
„Feuer" ebenso wie die gewöhnlichen Polizisten geschossen; dafür spricht die That=
sache, daß sie dort am Kampfplatze waren; daß sie nicht den männlichen Muth
gehabt hatten, ihren Auftrag abzulehnen und dem Handwerk des Mordens zu ent=
sagen.   Und wäre es für jene rebellischen Lohnsklaven etwa süßer gewesen, durch
eine Kugel zu verenden, die von „anständiger sozialdemokratischer Hand" gefeuert
wurde, als durch die eines gewöhnlichen „Bulleys?" — wir fragen.

Der Pariser „Intransigeant" brachte vor Kurzem einen Artikel über „die
Polizei und die Armen," aus dem wir in dieser Verbindung einige Auszüge machen
wollen.

„Ebenso, wie es einen pfäffischen Geist und einen Bourgeois=Geist gibt, gibt
es auch einen Polizisten=Geist...... Jeder, der seinen Fuß in das Polizei=Depar=
tement setzt, um dort eine Stelle, gleichviel welcher Art sei, zu bekleiden, wird von
diesem Geist ergriffen, wenn er auch vorher vollständig frei davon war und über
den professionellen Tendenzen stand...... Worin besteht dieser Polizeigeist? Sein
hervorragendster Charakterzug ist der Haß der Armen...... Die Polizei wurde in
Wirklichkeit nur gegründet, um dafür zu sorgen, daß die Reichen ruhig schlafen
können. Ihr Hauptzweck im gesellschaftlichen Leben ist, die Besitzenden zu beschützen
und die Besitzlosen davon abzuhalten, denen etwas zu nehmen, die Alles besitzen.
Somit muß denn der Polizist in den Armen seinen natürlichen Feind erblicken.

„Der Polizist ist der geborene Feind des armen Mannes.   Der Letztere kann
nicht umhin, ein „Verbrecher" zu sein; auf alle Fälle ist er der Embryo eines solchen,
und kann sich jeden Augenblick entwickeln. Außerdem ist die Einrichtung der Polizei
eine repressive aber keine präventive.   Folglich beschützt sie den Armen nicht, in der
Erlangung eines ehrlichen Lebensunterhaltes, noch bietet sie ihm irgend welche
Gelegenheit in dieser Richtung.   Sie überwacht ihn nur als einen frei umher=
laufenden Verbrecher und verhaftet ihn, sobald er ein Zeichen der „Schwäche" von
sich gibt.   Darum zögert sie auch nie, — besonders, wenn angesehene Bürger es
so wünschen — Unglückliche aus ihren Wohnungen auf die Straße zu setzen,
wissend, das sie dieselben dadurch zum Verbrechen treibt.

„Und dann hat die Polizei auch nicht das geringste Interesse an der Ausrot:
tung des Verbrechens. Die Existenz von Verbrechern ist ja die einzige Entschul:
digung für ihre eigene Existenz. Gleichsam instinktmäßig pflegt sie das Verbrechen
— aus Erhaltungstrieb."

Unsere "Strafmaschinerie und ihre Opfer."

John P. Altgeld, ein hiesiger Advokat, hat jüngst ein Schriftchen über unsere
„Strafmaschinerie und ihre Opfer" herausgegeben, das eine Menge interessanten
statistischen Materials enthält und uns über manches Wissenswerthe Aufschluß
gibt.

Zuvörderst theilt uns der Verfasser, indem er sich auf den amtlichen Bericht
des Polizeichefs stützt, mit, daß im Jahre 1882 von der hiesigen Polizei 32,800
Verhaftungen vorgenommen wurden; d. h. 5 Prozent der gesammten Bevölkerung
wurden verhaftet. Die Verhaftungen, welche von Constablern und Bundes=
Beamten vorgenommen wurden, die sich ebenfalls auf viele Tausende belaufen
dürften, sind in dieser Zahl nicht einbegriffen. In einem Zeitraum von 33 Jah=
ren, also einer Generation, würde sich, nach diesem Maßstab berechnet, die Ge=
sammtzahl der Verhaftungen auf mehr denn eine halbe Million belaufen; d. h.
eine Verhaftung auf je einen Einwohner.

Sehen wir nun, welchen Kreisen diese ungeheure Zahl von Verhafteten ange=
hört. Rekrutiren sie sich aus jener Klasse, die gesund, gut erzogen und gebildet ist,
die gut ißt und gut wohnt und müssen sie daher als absichtlich „verbrecherisch" be=
trachtet werden? Oder aber, rekrutiren sie sich aus jener anderen Klasse, deren
hervortretendstes Merkmal die Armuth ist? Wir brauchen nicht lange zu suchen;
der Verfasser liefert uns einen Bericht des Inspektors der „Bridewell", der uns
die erwünschte Auskunft gibt. Von 7566 Personen, die wegen sogenannter Ord=
nungsvergehen verhaftet und verurtheilt wurden, waren nur 190 im Stande, die
kleine Strafe zu bezahlen, welche in den meisten Fällen nicht mehr als $5 betrug.
Die Anderen mußten die Strafe in der Bridewell abarbeiten. Es befanden sich
darunter 1808 Personen weiblichen Geschlechts, von denen 359 Prostituirte, 871
Dienstmädchen, 147 Waschfrauen, 52 Näherinnen, 99 Köchinnen nnd 24 Kleider=
macherinnen waren. Wir dürfen unsere Augen noch so sehr anstrengen, einen
Kapitalisten, Fabrikanten, Börsenspekulanten, Advokaten, Pfaffen, Richter,
Alderman, oder sonstigen Verbrecher von Beruf finden wir darunter nicht;
aus einer Zahl von 7566 nicht einen einzigen! Es drängt sich Einem da unwill:
kürlich der Gedanke auf, daß unsere Strafeinrichtungen lediglich für Solche be=
stimmt sind, die in eine der vielen Verbrecher=Professionen hineinpfuschen, ohne
einen Gewerbeschein oder die nöthigen „Arbeitsmittel, bezw. Werkzeuge" zu be=
sitzen. —

Die Strafanstalten sind bekanntlich Correktions=, Besserungs=Institute. Die von der Bahn des Guten abgekommenen Menschen, welche ihren Fehltritt durch Entrichtung einer bestimmten Summe Geldes nicht gut machen können, werden zur Besserung nach der Bridewell geschickt; Diejenigen indeß, welche die betreffende Geldsumme bezahlen können, bedürfen der Besserung nicht, denn sie schickt man nicht dort hin. Das ist der moralische Inbegriff unseres Rechtswesens!

Wie sehr unsere „Ordnung" auf die Besserung ihrer Unterthanen bedacht ist, zeigt der Umstand, daß sie auch auf kleine Kinder schon das Strafverfahren an= wendete, wie aus dem Bericht hervorgeht. Es wurden nach der Bridewell ge= sandt: 1 achtjähriges Kind, 5 neunjährige, 14 zehnjährige, 25 elfjährige, 47 zwölf= jährige, 68 dreizehnjährige und 103 vierzehnjährige Kinder.

Aus demselben Bericht geht sodann des Weiteren hervor, daß mit nur ver= einzelten Ausnahmen diese Kindersträflinge sämmtlich e l t e r n= u n d h e i m a t h= l o s waren. Daß eine solche Verderbtheit von Kindern im zartesten Alter schon strenge Strafe verdient, ist einleuchtend, denn wer in seiner frühesten Kindheit nicht einmal Eltern noch eine Heimath hat, was steht von dem nicht erst zu erwar= ten, wenn er älter wird! Den Zweck, den unsere Ordnung bei der Bestrafung die= ser Kleinen verfolgt, ist offenbar der, andere Kinder vor dem Verbrechen, elternlos zu sein, abzuschrecken, sie mit Bezug auf die Wahl ihrer Eltern etwas vorsichtiger zu machen, auf alle Fälle aber dafür Sorge zu tragen, daß sie überhaupt Eltern und Heimath haben. Die gute Absicht und nicht minder die Vorsicht und Weis= heit, mit welcher dieselbe von unserer fürsorglichen Obrigkeit ausgeführt wird, ver= dient unsere vollste Anerkennung.

Was hatten denn aber nun diese 32,800 Personen, die während des Jahres 1882 von unserer Polizei verhaftet und eingesteckt wurden — was, fragen wir, hatten diese Frauen, Männer und Kinder verbrochen?

Wir müssen hier den Bericht des Polizei=Chefs wieder zu Hülfe nehmen. 10,743, sagt dieser, wurden nach stattgefundenem Verhör von den Polizeirichtern freigesprochen ganz abgesehen von der vielleicht ebenso großen Zahl, die an die Großgeschworenen verwiesen und von diesen entlassen wurde. Wer nun das We= sen unserer Polizei=Gerichte und die Handhabung der „Gerechtigkeit" in denselben kennt, sei es auch nur oberflächlich, weiß, daß Niemand, gegen den auch nur der Schatten des Scheines spricht, hier straflos ausgeht, wenn er oder sie nicht ein= flußreiche Fürsprecher hat, oder selbst Einfluß besitzt; und daß arme einflußlose Menschen, besonders solche, die bereits früher einmal das Pech hatten, arretirt worden zu sein, schon aus dem Grunde verurtheilt werden, weil sie verhaftet wur= den, — daß also die Thatsache der Verhaftung genügender Grund zur Verurthei= lung bildet! An die 20,000 junge Personen wurden also in einem Jahre, Ver= brechern gleich, verhaftet und eingesteckt, gegen die nichts, absolut nichts, vorlag! Keines Verbrechens, nicht einmal eines gewöhnlichen sog. Ordnungsvergehens, waren sie schuldig und dennoch wurden sie wie „Verbrecher" behandelt, mit ver= rohten „Verbrechern" zusammengesteckt. Die Meisten von ihnen wurden bei der

Verhaftung geknüpfelt, Viele geschlossen und Mancher, der sich seiner „ungerech=
ten“ und „ungesetzlichen“ Verhaftung widersetzte oder davonzulaufen versuchte,
wurde todtgeschossen oder dermaßen verwundet, daß er zeitlebens ein Krüppel ist.
Bei den letztgenannten unglücklichen Opfern wollen wir hier nicht länger verwei=
len; der bloße Gedanke an die Scheußlichkeit, das Leben von Menschen in die
Hand verrohter Bestien von Polizisten zu legen, ist so ungeheuerlich, daß man
vergebens nach Worten sucht, ihm Ausdruck zu verleihen.

Herr Altgelt, dessen Broschüre wir die angeführten Zahlen entnehmen, fragt
in Verbindung mit dem Vorstehenden: Welche Wirkung muß eine derartige Be=
handlung auf die Betroffenen ausüben? Werden sie die Schmach, die man ihnen
anthat, jemals vergessen? Werden sie nicht vielmehr in dieser „Ordnung“ ihren
ärgsten Feind erblicken und sie hassen, während bei Anderen das Selbstgefühl und
die Selbstachtung untergraben wurde?

Der Verfasser fährt alsdann fort und entwirft ein Bild von der Willkür,
mit welcher die Polizei Verhaftungen vornimmt und wie sich die Ordnungs=
gardisten der Zahl der von ihnen gemachten Arrestanten rühmen. Der Polizeichef
sogar weise mit Stolz und Befriedigung auf die Zunahme der Verhaftungen hin.
Er unterlasse freilich, hinzuzufügen, daß diese Verhaftungen an den Armen
Schwachen und Hülflosen vorgenommen wurden; daß sich die öffentliche Gewalt
gerade gegen Die richtete, zu deren Schutz gegenüber den Uebergriffen der Stär=
keren sie angeblich in's Leben gerufen wurde.

Bürger, fällt es Euch nicht wie Schuppen von den Augen? Begreift Ihr
nicht, daß diese öffentliche Gewalt immer noch das ist, was sie von jeher war und
so lange bleiben wird, wie sie besteht — der Bluthund der Mächtigen, der mit
seinen fletschenden Fängern die Hülflosen und Schwachen zur Unterhaltung seiner
Herren zerreißt und zerfleischt!

Hier einige Beispiele. Addie M——, ein armes Proletarier Mädchen, wird
von einem Bourgeois verführt. Von ihren Verwandten verachtet und verstoßen,
wirft sie sich einem Leben der „Schande,“ einem Leben des Vergessens und wilden
Taumels in die Arme. Sie ist jung und schön — der Polizist Malony gewahrt
sie und fordert auf Grund seiner amtlichen Autorität, daß sie sich ihm unentgeltlich
hingebe. Sie weigert sich; die Arme begreift nicht, welche Folgen eine derartige
Weigerung nach sich führt; sie kennt jene uniformirten Bluthunde, in denen sie
bisher immer nur die Beschützer der Schwachen erblickt hatte, nicht; doch sie soll
nicht länger über deren eigentlichen Beruf im Zweifel bleiben. Jählings ergreift
sie der Lüstling, schleppt sie davon; ein Patrolwagen kommt herangerasselt; einige
Knüppelhiebe rauben der Armen das Bewußtsein, als „Betrunkene“ wird sie in den
Wagen geschleudert, nach der Station gebracht und in eine Zelle geworfen. Am
nächsten Morgen wird sie vor den Polizeirichter geführt; ihre Aussagen sind
„leere Ausflüchte.“ Malony erklärt, daß er das Frauenzimmer betrunken ange=
troffen habe. Das genügt; das arme Geschöpf wird zu $5.00 und Kosten ver=
urtheilt. Zum Glück hat sie so viel Geld, zahlt und glaubt nun, sie sei frei.

Eben will sie das Gebäude, wo die „Gerechtigkeit" waltet, verlassen, da legt sich eine schwere Hand auf ihre Schulter und eine Stimme erklärt ihr, daß sie verhaftet sei. Es ist Malony; er schleppt sie in den Keller und schließt sie ein. Am nächsten Morgen erzählt Malony dem Richter, Abbie habe bei ihrer Verhaftung ein Messer in der Hand gehabt; er habe dasselbe nachträglich am Ort der Verhaftung gefunden. Sie leugnet, erklärt, daß sie nie ein Messer getragen, allein wer glaubt einer Prostituirten! „$25.00 und Kosten!" ruft der weise Richter. Sie kann die Kosten nicht bezahlen und einige Stunden später befindet sie sich in der „Black Maria" auf dem Weg nach der Bridewell, um dort ein zweimonatliches Quartier zu beziehen. Von jetzt an befindet sie sich unter polizeilicher Aufsicht. Um nicht alle 14 Tagen nach der Bridewell zu wandern, hält sie sich auf gutem Fuß mit den Polizisten, drückt ihnen hie und da einen Dollar in die Hand und steht ihnen in jeder Hinsicht zu Diensten. —

Das Vorstehende ist nicht Fiction; es ist Wahrheit. Fälle dieser Art geschehen hier tagtäglich. Niemand wird verkennen, daß Abbie durch die Behandlung, die sie von Seiten der Ordnung erfuhr, gebessert wurde!

Tausende von Personen, zum größten Theil Unerwachsene, Knaben von 8—15 Jahren, werden alljährlich verhaftet, weil sie unter freiem Himmel schlafend angetroffen wurden. Die Kleinen haben kein anderes Obdach, als das weite Himmelszelt, keine andere Heimath als die Erde, und diese gehört nicht ihnen; sie ist das Eigenthum Anderer. Da sie nun keine Flügel haben, um nach dem Mond zu fliegen, sind sie gebunden, in der Heimath, in der sie kein Recht haben, zu verweilen; unter einem Seitenweg, in einem alten Stall, in einem der Parks verkriechen sie sich Nachts, um der Ruhe zu pflegen. Ruhe? Für diese Unglücklichen gibt es keine Ruhe im Zeitalter der Humanität und des Christenthums! Das Auge des Ordnungswächters hat sie entdeckt. „Ihr diebischen Rangen; ich will Euch ein besseres Bett besorgen!" fährt er die erschrockenen Kleinen an — „vorwärts, nach der Station!" Und mit diesen Worten versetzt er den „Verbrechern" einige Tritte und Rippenstöße. In der Station werden sie in Zellen eingeschlossen zusammen mit abgehärteten Sündern, die einst vor Jahren ihre Laufbahn in derselben Weise begannen, wie unsere kleinen Heimathlosen, die heute zum ersten Mal das Innere eines Gefängnisses sehen. Den nächsten Morgen fragt sie der Richter nach ihren Eltern. Eltern! Sie wissen kaum, was man darunter versteht. „Also Vagabunden!" nickt der strenge Richter verständnißvoll und fügt dann hinzu: „60 Tage Bridewell!"

Im Ganzen wurden während des Jahres 1882 6835 Personen weiblichen Geschlechts verhaftet und in den Polizeistationen einquartiert; 1809 bezogen die Bridewell wegen Unfähigkeit, die ihnen auferlegte Strafe zu bezahlen. Von der letztgenannten Zahl waren, wie bereits angeführt, nach Aussage der Polizei 359 Prostituirte, 871 Dienstmädchen, 114 Wäscherinnen ec. Die Meisten wurden aus malitiösen Gründen von ihren „Herrschaften" der Veruntreuung von Sachen beschuldigt und daraufhin kurzerhand nach der Bridewell gesandt. (Es sind zahl-

reiche Fälle zu unserer Kenntniß gelangt, wo „Herrschaften" ihrem Dienstmädchen
einige Wochen Lohn schuldig waren, wo dann plötzlich Ringe, silberne Löffel oder
andere Werthgegenstände „verschwanden", die niemand Anders als das „infame
Dienstmädchen" gestibitzt haben konnte.   Ließ sie sich einschüchtern und ging unter
Verlust ihres Lohnes davon, dann war die Sache gut; erklärte sie ihrer Herrschaft
dahingegen, daß das eine elende Verleumdung sei, daß sie ihren Lohn fordere,
u. s. w., dann war einige Minuten später der Patrolwagen da und das Mädchen
ward als Diebin und Ruhestörerin abgeführt.   Den nächsten Morgen erscheint
die „Herrin" und ersucht den Richter, ihretwegen die Klage auf unordentliches Betragen umzuändern; sie wolle sechsmal lieber ihr Silbergeschirr verlieren, als
daß sie sich mit einer so schlechten Person (wie die Angeklagte) vor Gericht herum-
balge.

Der Richter thut, wie gewünscht, verhängt eine Strafe von $10—$25 über
das Mädchen und dieses bezieht dann in Ermangelung des Geldes als Verbreche-
rin die Bridewell.

Was soll dieses unglückliche Mädchen nun beginnen, wenn es nach wochen-
langem Aufenthalt in jener moralischen Pesthöhle wieder auf freien Füße gesetzt
wird?   Jeder zeigt mit Fingern auf sie; Niemand will ein Mädchen im Haus
haben, das schon in der Bridewell gesessen.   Es bleibt der Armen nichts übrig,
als sich dem Laster zuzuwenden — die unvermeidliche Folge des „Besserungsver-
suches"!

Und die 359 Prostituirten!   Finden wir unter ihnen die eleganten „Damen"
der Boulevards?   Nein.   An die Letzteren wagt sich die „Ordnung" nicht heran;
sie greift nur jene „frechen Geschöpfe" auf, die zur Erlangung eines Abendessens,
Nachtlagers u. s. w. bei Sturm und Wetter, Frost und Kälte sich in die Straßen
wagen.   Auch hier also sind es die Aermsten, die der Arm der „Gerechtigkeit" ereilt.

Dieser Tage lasen wir in einem hiesigen Morgenblatt:—„Die Polizei machte
gestern Abend eine allgemeine Razzia auf Freudenmädchen.   Zwanzig wurden
eingefangen und vierzehn von diesen standen gestern vor Richter Woodman.   Es
war eine verkommene und abgelebte Gesellschaft, sehr dürftig gekleidet; nur dreie
davon waren jung und rothwangig, eine sogar ein Kind von kaum 14 Jahren.
Strafen von bezw. $1.00—$5.00 wurden ihnen auferlegt."

Derartige Razzias finden alle paar Wochen, manchmal in noch kürzeren Zwi-
schenräumen statt.   Was kann wohl der Zweck derselben sein?   Man fängt regelmäßig dieselben unglücklichen Wesen ein, beraubt sie ihres „Sündengeldes" oder
schickt sie nach der Bridewell.   Der einzige erkennbare Zweck ist der, dem betreffenden Richter $20—$30 Gebühren „zuzuschaustern".   Das Geld theilen die „Männer der Ordnung" alsdann unter sich.   Wegelagerer und Straßenräuber haben
zuviel Ehrgefühl, arme Mädchen zu berauben. —

Fassen wir das Ergebniß unserer Untersuchungen auf dem Gebiet des Straf-
verfahrens zusammen, so finden wir:

1. Daß sich dasselbe lediglich gegen die Armuth richtet;

2. Daß es in den Händen der Polizei liegt, einer Organisation, die sich aus den denkbar niedrigsten und rohesten Elementen zusammengesetzt;

3. Daß es auf Willkür und Unwissenheit beruht; und

4. Daß es den Zweck, den man ihm unterschiebt,—die Gesellschaft gegen Verbrecher zu schützen durch deren Abschließung in „Besserungs=Anstalten"—nicht erfüllt, sondern das direkte Gegentheil bewirkt.

„Es mag unrecht sein,"—wird man da einwenden, „Kinder zu bestrafen und wie Verbrecher zu behandeln, weil sie keinen Nachweis über ihre Eltern liefern können, weil die letzteren todt oder vielleicht nicht im Stande sind, für sie zu sorgen, es mag unrecht sein, daß die Polizei mit bestialischer Willkür Personen grundlos verhaftet oder todtschießt u. s. w., aber man darf das Kind nicht mit dem Bad ausschütten, Strafgesetze und Strafe für wirkliche Verbrechen müssen wir haben, ohne sie können wir nicht fertig werden;—nicht die Strafeinrichtung an sich, sondern die corrupte, willkürliche Handhabung derselben ist schuld an den beklagenswerthen Mißständen — — —."

Nun, wir sind entgegengesetzter Meinung, wollen unserm Gegner aber dennoch auf diesen Punkt folgen. Wer sind, fragen wir, jene wirklichen Verbrecher, an deren Bestrafung die Gesellschaft ein Interesse haben könnte? Diebe? Nein, unser Gegner gibt zu, daß der Diebstahl eine nothwendige Folge unserer Eigenthumsverhältnisse ist; daß eigentlich Jedermann stiehlt und zum Stehlen gezwungen ist, und daß es ein grobes Unrecht sei, eine besondere Art des Diebstahls gesetzlich zu erlauben, dahingegen eine andere, viel berechtigtere, zu bestrafen. Wir zählen ihm nun die anderen Verbrechergattungen der Reihe nach auf: Einbruch, Fälschung, Straßenraub, Unterschlagung, Schwindel u. s. w. Da diese nur „Spielarten" des Grundbegriffs Diebstahl sind, so nimmt er keinen Anstand zu erklären, daß sie allesammt Folgen, und zwar unvermeidliche Folgen unserer Eigenthums=Verhältnisse sind. Unser Gegner ist also kein engherziger Philister; er ist ein Mensch mit durchaus liberalen Anschauungen und genügenden Kenntnissen, um in den Erscheinungen im gesellschaftlichen Leben das Wirken des Causalitätsgesetzes zu erkennen; aber mit Bezug auf gewisse Verbrechen will er diesen Grundsatz nicht gelten lassen. Mord, Nothzucht und ähnliche Verbrechen müssen, seiner Meinung nach, bestraft werden.

Es sei uns hier gestattet, einzuschalten, daß in 1882 in unserem Staats=Zuchthaus 1449 Personen Straftermine abbüßten; hiervon 140 Personen wegen Mordes, 27 wegen Todtschlages und 15 wegen Nothzucht. Mit Ausnahme einer kleinen Anzahl von Sittlichkeits=Vergehen, fallen alle Anderen in die allgemeine Categorie der „Eigenthums=Vergehen." Der weitaus größere Theil der Mordthaten entsprang ebenfalls den Eigenthums=Verhältnissen. Mordthaten also faßt unser Gegner als Willkür und aus dem Grund als strafbare Handlungen auf. Und, in der That, bei oberflächlicher Beobachtung macht es den Eindruck, als sei der Mord ein eigenmächtiges Verbrechen. Wie aber steht es nun mit dieser Thatsache? Die Thatsache ist, daß der Mord mit so viel Regelmäßigkeit begangen

wird und eine so gleichmäßige Verbindung mit gewissen bekannten Umständen
zuläßt, als es bei der Bewegung von Ebbe und Fluth und bei der Wiederkehr der
Jahreszeiten der Fall ist. Quetelet, der sein Leben der Sammlung und Ord=
nung statistischer Nachrichten über verschiedene Länder gewidmet hat, stellt als Er=
gebniß seiner mühevollen Untersuchungen fest, „daß in Allem, was das Verbrechen
betrifft, dieselben Zahlen mit einer Beharrlichkeit wiederkehren, die kein Mißver=
ständniß zuläßt, und daß dies sogar bei Mordthaten der Fall ist, die gewöhnlich
nach Streitigkeiten begangen werden, — also ganz unabhängig von menschlicher
Berechnung und augenscheinlich aus zufälligen Umständen. Nichtsdestoweniger
wissen wir aus Erfahrung, daß jedes Jahr (unter gleichen Verhältnissen) nicht nur
dieselbe Zahl von Morden stattfindet, sondern daß selbst die Werkzeuge, mit denen
sie begangen werden, in demselben Verhältniß zur Anwendung kommen......"
Dies war die Sprache, welche im Jahre 1835 der erste Statistiker in Europa
führte und jede folgende Nachforschung hat ihre Richtigkeit bestätigt.

Die Statistik beweist mit überzeugender Macht, daß die Verbrechen unter be=
stimmten gesellschaftlichen Gesetzen geschehen, daß das metaphysische Dogma vom
freien Willen Unsinn und daß das Einzel=Individuum, welches ein Verbrechen
begeht, nicht eigenmächtig handelt, sondern von der Gesellschaft dazu getrieben
wird. Nun erwächst die Frage, ist es vernünftig oder unvernünftig, wenn die
Gesellschaft sich an dem Einzelmenschen für eine That rächt, zu deren Begehen sie
ihn selbst gezwungen? Diese Rache muß als unvernünftig und bar=
barisch bezeichnet werden.

Entweder es gibt einen freien Willen und dann beruht die ganze moderne
Wissenschaft, deren Grundpfeiler die Lehre von Ursache und Wirkung ist, auf einer
grundfalschen Voraussetzung, oder es gibt einen solchen nicht, und dann steht unser
ganzes Strafverfahren verurtheilt da. Wir wissen jedoch, daß das Erstere nicht
der Fall und können daher unmöglich an das Dogma eines unabhängigen, freien
Willens glauben. Welchen Zweck aber hat diese Erkenntniß, dieses Wissen, wenn
wir dasselbe nicht auf das praktische Leben ausdehnen? Gesetzt den Fall, wir wür=
den die 2 Millionen Dollars, die wir in dieser Stadt alljährlich den uniformirten
Bluthunden und ihren Helfershelfern in den Rachen werfen, damit sie die Ar=
men, Schwachen und Hülflosen zerfleischen, dazu verwenden, die Verbrechen erzeu=
genden Ursachen festzustellen und zu beseitigen? Daß unser Strafwesen auf einer
unwissenschaftlichen, barbarischen Anschauung beruht, daß es Alles, nur den beab=
sichtigten Zweck nicht erfüllt, dafür bedarf es wohl einer weiteren Demonstration
nicht.

Man sagt oft, daß die Staaten und Gesetzgebungen sich im Verhältniß mit
dem Fortschritt unseres Wissens entwickelten. Das ist eine Lüge. Die Wissen=
schaft hat theoretisch den Barbarismus verdrängt; daß dies nicht auch in Wirk=
lichkeit geschehe, dafür sorgt der Barbar Staat. Daher sagen wir: Nieder
mit dem Staat; es lebe die Wissenschaft.

Die Herren Kapitalisten.

Die Kapitalisten haben die Tendenz, so viel wie irgend möglich sich von ihren Opfern, den Lohnsklaven, entfernt zu halten. Für Vertreter der Lehre von der Harmonie zwischen Kapital und Arbeit gewiß eine schwer erklärliche Thatsache. Gestaltet sich unter den Arbeitern einer Ausbeuter-Gesellschaft oder eines einzelnen Kapitalisten die stets vorhandene Unzufriedenheit zu einem Streik und die Arbeiter lassen die Mittelspersonen links liegen und wenden sich an die Urquelle alles Uebels, welcher die Früchte der Menschenschinderei zufließen, thut besagte Urquelle äußerst erstaunt über die ihr gemeldeten Dinge. „Haben in der That niemals von diesen Sachen gehört. Herr X. besitzt mein volles Vertrauen. Ich werde Alles untersuchen, und wenn Ihre Beschwerden gerechtfertigt sind, wird denselben sofort abgeholfen werden." Diese und ähnliche Redensarten werden den Arbeitern aufgetischt, und manche sind naiv genug, solche Phrasen für Zeichen großer Arbeiterfreundlichkeit zu halten. Häufig genug aber ist es auch der Fall, daß die eigentlichen Ausbeuter so im Hintergrunde bleiben, daß ihre Personen nicht bekannt sind oder nicht aufgefunden werden können, da sie ferne von dem Orte ihrer durch Mittelspersonen ausgeführten Schandthaten den Ertrag des an ihren Mitmenschen begangenen Raubes verprassen.

Gerechtfertigt! Was ist in den Augen eines Kapitalisten gerechtfertigt? Alles was seine Einkünfte vermehrt. Es ist ja wahr, der Kapitalist ist mitunter im Privatleben ein ganz netter Kerl. Vielleicht sogar ein thränenreicher Bursche, welcher von Sentimentalität überfließt. Kann sein, daß er einer jener Schwächlinge ist, die man Philantropen nennt und daß er sich unter Umständen gnädig und herablassend benimmt. Das Alles gilt aber blos soweit nicht die Frage des Geldmachens in Betracht kommt. Dort hört seine Gemüthlichkeit auf. Der liebenswürdige Vater gestattet, wünscht, befiehlt es sogar, daß man Kinder zu Tode arbeitet oder sie Lagen aussetzt in denen sie Gefahr laufen verstümmelt und für ihr Leben unglücklich gemacht zu werden. Der zärtliche Familienvater hält Männer von ihren Familien fern, so daß in manchen Berufszweigen ein Vater seine Kinder nur am Sonntag für einige Stunden wachend zu Gesicht bekommt. Das fromme Kirchenmitglied, das tief entsetzt über die Verkommenheit der Prostituirten irgend einem Verein für „gefallene Mädchen" Beiträge zukommen läßt, zahlt seinen Fabriksklavinnen Löhne, welche diesen nur die Wahl lassen sich zu prostituiren oder zu verhungern. Für Bildung schwärmt ein solcher Mastbürger wohl auch. Das Rohe und Gemeine haßt er allem Anschein nach ingrimmig. Unterstützt er nicht Expeditionen nach dem Nordpol oder Central Afrika? Schickt er seine Sprößlinge nicht auf die besten Schulen des Landes und gehört er nicht einem sogenannten Bildungs-Verein an? Aber dieser selbe Herr der für den geistigen Fortschritt der Congoneger und der Eskimo so mannhaft eintritt, läßt dem Arbeiter sehr oft nicht Zeit und raubt ihm die Gelegenheit sich auch nur ein beschränktes Wissen anzueignen.

Auch den verruchtesten Ausbeuter ergreift hin und wieder so etwas wie Scham. Alle die herrlichen Gründe, welche sogenannte Nationalökonomen erfinden, um sein schändliches Treiben zu beschönigen, reichen nicht immer aus, die Stimme seines Gewissens zu übertäuben. Selbst seine ihm aus der Seele geschriebene Leibzeitung, die ihn immer preist und lobt als den Wohlthäter zahlreicher Menschen, bringt hin und wieder Schilderungen von Thatsachen, die ihn beunruhigen. Er möchte die Verantwortlichkeit los haben für das von ihm verschuldete Elend. Er braucht Sündenböcke, die sich auch finden in der Gestalt von Geschäftsführern und Vormännern. Nun fühlt er sich etwas mehr beruhigt. Er ist es ja nicht, der die Leute schuhriegelt, er ist es ja nicht, welcher den Lämmern die Wolle scheert. Er nimmt allerdings schmunzelnd das Ergebniß der Schur entgegen, was nicht ausschließt, daß er die Lämmer, die nun frieren müssen, tief bedauert und sein Werkzeug sanft rügt, weil es gar zu unceremoniös zu Werke ging. Die Henkersknechte des Arbeiters aber trösten sich hinwiederum, daß sie nur im Auftrage Anderer so handeln, wie sie handeln. Der Schurke aber bleibt Schurke, auch wenn er durch Stellvertreter sündigt. Sein Verbrechen wird dadurch nur raffinirter und grauenhafter.

Neue Märkte.

Das Kapital kann nur durch unausgesetzten Raub sich erhalten; seine eigene Vermehrung ist zugleich Lebensbedingung und Lebenszweck desselben. Seine Herrschaft wirkt daher auch verheerend und vernichtend. Wo immer sie existirt, da finden wir diese Thatsache bestätigt. Der französische Oekonom Blanqui verglich die moderne Industrie, die Schöpferin des Kapitals, mit einem brillanten Fahrzeug, das mit rasender Schnelligkeit dahinrollt und unzählige Opfer unter seinen schweren Rädern zerdrückt und zerquetscht, ohne daß seine Insassen das große Leichenfeld auch nur eines Blickes würdigen. Verwüstung, Elend und Tod bezeichnen seine Bahn ...

Blicken wir nach England. England ist das reichste Land der Erde; das englische Volk dahingegen ist unter den modernen Culturvölkern das ärmste. Vor der Aera der Großindustrie war das Land nicht reich, aber das Volk lebte nach damaligen Begriffen in Wohlstand. Die Großindustrie hat den Wohlstand des Volkes vernichtet, indem es denselben in Privatkapital verwandelte. Wo einst Wohlstand, herrscht heute Armuth und Noth. Wie eine Heuschreckenplage hat die Großindustrie gehaust. Wo sie sich niedergelassen, ist kein Grashalm geblieben, und wenn sie Alles aufgezehrt hatte und es nichts mehr zu rauben gab, da hat sie sich stets neue Felder gesucht, bis sie auch hier Alles verschlungen hatte, um dann abermals weiter zu ziehen.

Da das Kapital stets mehr nimmt, als es zurückgibt, so trifft überall über kurz oder lang der Zeitpunkt ein, wo es Alles an sich gerissen hat und es nichts mehr zu nehmen gibt. Dann macht es sich auf die Socken, um denselben Aussaugeprozeß anderswo fortzusetzen, denn ein Verbleiben an derselben Stätte würde seine eigene Vernichtung zur unvermeidlichen Folge haben. Wäre die Groß-industrie in England z. B, nur auf das geographisch abgegrenzte Land angewiesen gewesen, dann würde sie dieses bis auf das Mark ausgesaugt haben. Das wäre aber auch gleichzeitig ihr eigenes Ende gewesen. Denn wo hätte sie dann noch ihre Nahrung hernehmen sollen? —

Das Einzige, was die Herrschaft der privatkapitalistischen Produktion soweit gehalten hat, das sind die in allen Welttheilen erschlossenen neuen Märkte. Zu-haus vernichtete man die Kauf= und Konsumkraft des Volkes durch rück-sichtslosen, unverschämten Raub und dann gründete man im Namen des Herrn Jesu Christi in Gestalt von Colonien neue Raub=Agenturen, die noch toller wirthschafteten und stahlen, als im eigenen Lande. Lange dauerte es nicht, da zeigten sich auch hier die Folgen des „Defizits." Die Consumenten, denen man zehn Mal so viel nahm als man ihnen gab, wurden bald ebenso konsumunfähig wie das Volk im alten Lande. Das Kapital vermehrte sich inzwischen mit Riesenschritten und je größer das Ungeheuer ward, desto mehr Nah-rungsstoff forderte es zu seiner Unterhaltung. Aber wo hernehmen, wo man be-reits Alles gestohlen hat? Und so rasch lassen sich neue Märkte nicht schaffen, um den Appetit des entsetzlichen Raubthieres zu stillen.

Im Gegentheil, diese Märkte werden von Tag zu Tag rarer! Und da hinzu kommt noch, daß sich, wo früher England so zu sagen ungestört seinem Raub nachgehen konnte, jetzt stets ein halbes Dutzend gleichmächtiger Mitbewerber fin-den, von denen einer den anderen zu verdrängen sucht. Wir sind kurzum da an-gelangt, wo dem Moloch das Futter auszugehen anfängt. Der Einbruch Eng-lands in Burmah, das Colonisationsfieber der Bismarckei und Frankreichs zeigen das zur Genüge.

Wie aber, wenn Indien den frechen Räuber endlich einmal zur Thüre hinaus-würfe? Wie, wenn China die Großproduktion im Orient selbst übernähme — man steht ja dort bereits im Begriff, das Land mit Eisenbahnen zu durchschnei-den —? Hat man je daran gedacht, daß China mit seinen 400 Millionen Ein-wohnern durch Einführung der modernen Produktionsmittel und =Methoden die ganze Welt mit billigen Waaren überschwemmen könnte? Und dann —? Aber wir brauchen so weit gar nicht einmal auszugreifen. Die paar neuen Märkte, die man heute noch aufgabelt, sind außer Stande, den Hunger des Großkapitals auch nur auf ganz kurze Zeit zu stillen. Es hat den Ast, auf dem es sitzt, bis zur Rinde abgesägt. Es wird und muß in aller nächster Zeit mit diesem herunter-stürzen. Wer das nicht voraussieht, muß mit Blindheit geschlagen sein.

Ohne Gleichheit keine Freiheit.

Es kann den Lohnarbeitern nicht oft genug in Erinnerung gebracht werden, daß die angebliche bürgerliche Freiheit in diesem Lande für die Besitzlosen nicht besteht. Es ist ein plumper Schwindel, wirthschaftlich abhängigen Personen gegenüber von Freiheit, Rechtsgleichheit oder Gleichberechtigung zu reden. Freiheit kann ohne Gleichheit nicht bestehen. Da aber von Gleichheit in der heutigen, auf Privateigenthum und Privatausbeutung begründeten Gesellschaft nicht die Rede sein kann, so ist auch die Freiheit eine Lüge. Das Privateigenthum an Grund und Boden und an den Arbeitsmitteln ist die Wurzel alles Uebels. So lange diese Eigenthumsordnung besteht, ist Freiheit, Gleichheit und Gerechtigkeit für Alle unmöglich. Und alle Behauptungen, daß diese idealen Güter dennoch existirten und dem ganzen Volk gegenüber wirksam, weil durch die Verfassung garantirt seien, beruhen auf Täuschung. Jeder Besitzlose wird, wenn er nicht verhungern oder stehlen will, seine Arbeitskraft, also sich selbst, gegen einen gewissen Lohn den Besitzenden zur Ausnützung anbieten müssen. Damit ordnet er sich fremdem Willen unter; damit hört seine Unabhängigkeit, also seine Freiheit, auf. Der Besitzende befiehlt, der Besitzlose hat zu gehorchen — oder zu verhungern.

Dies Verhältniß ist doch so klar und einfach, daß man sich über die Frechheit wundern muß, mit welcher die Vertheidiger der heutigen Eigenthumsordnung zu behaupten wagen, daß sich Abhängigkeit und Freiheit vereinbaren ließen, daß Freiheit und erzwungener Gehorsam Begriffe seien, welche sich decken. Nur durchaus unabhängige Personen sind frei. Lohnarbeiter sind nicht unabhängig und können daher auch nicht frei sein, und wenn tausend Gesetze und Verfassungen sie frei erklärten und die so Freierklärten besäßen die Mittel nicht, auf Grund eigener Thätigkeit ihre Existenz unabhängig von Anderen zu sichern, so nützte ihnen die Freiheitserklärung gar nichts, sie wird solchen Abhängigen gegenüber zum Hohn und Spott.

Nur Personen, welche sich gleich unabhängig und mit gleichen Machtmitteln ausgerüstet gegenüber stehen, sind frei, weil gleich; die Gleichheit trägt die Freiheit in sich, die Freiheit ohne Gleichheit ist eine Lüge. Der Stärkere und Mächtigere wird thun, was er will, und der Schwächere wird sich fügen müssen. Die Ungleichheit führt den Mächtigeren zur Willkür und zwingt den Schwächeren zur Duldung, zum Gehorsam, also zur Unterordnung. Ungleichheit bedeutet Willkür auf der einen Seite und Unfreiheit, resp. Knechtschaft auf der anderen Seite.

Diese natürliche Logik der Thatsachen kann durch keine Deklamationen von Freiheit und Gerechtigkeit, oder durch Humanitäts=, Moral= und Sittlichkeitsgeflunker erschüttert werden. Wer die wirthschaftliche Gleichheit der Menschen nicht will, nicht vertheidigt oder erstrebt, ist und bleibt ein Feind der Freiheit und der Gerechtigkeit, mag er sonst auch von Brüderlichkeit, Christenthum, Gleichberechtigung und ähnlichen Dingen schwadroniren, so viel er will. Freiheit und Gerechtigkeit sind Produkte wirthschaftlicher Gleichheit, wirthschaftlicher Unabhängigkeit.

Ohne diese giebt es keine Freiheit, gibt es keine Gerechtigkeit. Auch die Gleichberechtigung ist ohne die thatsächliche wirthschaftliche Unabhängigkeit nur eine Phrase, wie ein Messer ohne Klinge, dem das Heft fehlt; ein Begriff, dem das Reale mangelt. Alle diese Erörterungen sind nun zwar nicht neu, aber es ist gerade die Aufgabe der Arbeiterpresse, dem Freiheitsgeschwafel der kapitalistischen Presse und der Freiheitsduselei vieler Proletarier gegenüber immer wieder auf die reale Lage der Dinge aufmerksam zu machen. Die gesammte Ausbeuterschaft unseres Zeitalters ist bestrebt, unter allen Umständen die wirthschaftliche Gleich-stellung der Menschen zu verhindern, und folglich kann diese Ausbeuterschaft sagen und thun und lassen, was sie will, sie ist und bleibt so lange freiheitsfeindlich, wie sie der wirthschaftlichen Gleichheit aller Menschen entgegen wirkt. Auch die Pro-letarier können thun und lassen und sagen, was sie wollen, so lange sie nicht die wirthschaftliche Gleichheit Aller, diese unerläßliche Vorbedingung wirklicher Gerechtigkeit erstreben, so lange sind sie — gleichviel ob bewußt, oder ob unbe-wußt — freiheitsfeindlich und reaktionär. Ohne wirthschaftliche Gleichheit keine Freiheit!

Der Staat.

Das Wort S t a a t ist innerhalb der modernen sozialistischen Bewegung zum Ausgangspunkt einer bedeutungsvollen Streitfrage geworden. Obschon Marr vor nahezu 40 Jahren die politische Organisation, den Staat, als eine der Klas-senherrschaft entspringende Gewalt-Einrichtung nachwies, die für eine freie Ge-sellschaft nicht den geringsten Sinn habe, so hat sich dennoch der — sagen wir — Glaube an einen vollkommenen, allmächtigen und allweisen „Zukunftsstaat" un-ter vielen Sozialisten bis auf den heutigen Tag erhalten. Zwar erklären Manche, die jener Zukunftsstaatsschule angehören, wenn sich Andere über ihren Staats-fetisch lustig machen: „Unsinn, die Staatsidee ist ein längst überwundener Stand-punkt" —, allein im nächsten Augenblick malt ihre constructive Phantasie, statt des überwundenen Staates, ein buntfarbiges Ding zusammen, das, genau be-trachtet, noch viel abscheulicher und häßlicher ist, als irgend eine uns bekannte frühere Staatsfetischfratze. Man findet für diese psychologische Erscheinung nur eine Erklärung: Die Altstaatsverneiner und Neustaatsschöpfer sind Menschen, deren construktiver Sinn unverhältnißmäßig stark entwickelt ist. Ihnen genügt es nicht, die bestehenden Einrichtungen, die mit der Zeit kulturfeindlich geworden sind, zu zerstören und einen B o d e n für eine neue Gesellschaft zu schaffen — be-hüte, das wäre ja gar nichts! — — Sie sind geborene Baumeister; der Gesell-schaftskörper ist für sie ein Haus; ein aus anorganischen Stoffen bestehendes Haus, das der Hand des Baumeisters und nicht, wie das bei organischen Dingen der Fall, der e i g e n e n E n t w i c k l u n g bedarf.

Nehmen wir z. B. Herrn Gronlund, den Verfasser des den Sozialismus be-handelnden Buches „Cooperative Commonwealth". Jeder, der das Buch liest, wird anerkennen, daß der Verfasser eine klare Auffassungsgabe von solchen Dingen hat, die innerhalb der Grenzen seines Gesichtskreises liegen, d. h. von solchen Dingen, die überhaupt existiren. Von Dingen, die außerhalb seines Ge-

sichtskreises liegen, die überhaupt noch nicht existiren, kann Niemand eine bestimmte Vorstellung und deshalb auch keine klare Auffassung haben. Das hätte
Herr Gronlund bedenken sollen, als er sich in das Labyrinth spekulativer Combi-
nationen begab; als er der zukünftigen „freien Gesellschaft" einen Staatsfetisch
vorzirkelte, der nicht einmal Anspruch auf Reinheit der Rasse erheben kann, vielmehr den Eindruck macht, als sei er der hundertfache Bastard von allen bisherigen
Staatsgöttern und als hätten sich auf ihn nicht gerade die rühmlichsten Eigenschaften seiner Erzeuger vererbt. Diesen Fetisch — sagt er alsdann — müßt ihr
verehren, ihm, dem von eigener Hand willkürlich geschaffenen Götzen, müßt
ihr gehorchen und unterthan sein, sonst, beileibe, bin ich für nichts verantwortlich und ich sage voraus, daß die ganze Gesellschaft aus Rand und Band, daß
sie in Stücke gehen wird, — denn:

„.... Die Regierung als Straf- und Zwangsbehörde mag vielleicht in Zukunft abgeschafft werden, doch der Staat niemals! Den Staat aufheben, hieße die Gesellschaft
auflösen...."

Ist das nicht der alte Götzenunfug in erneuter Auflage? Hier wirft man
mit spöttischem Lächeln über den Aberglauben der Väter den hölzernen Hergott in
die Rumpelkammer, und da baut man mit eigner Hand, mit ernster und pietät-
voller Miene, einen eisernen oder bleiernen auf! Was ist der Unterschied? Herbert Spencer, der die Beschaffenheit, das Wesen und den Zweck des Staates zu
einem, man könnte sagen, Lebensstudium gemacht hat, läßt sich in einem jüngst
in der „Contemporary Review" erschienenen Artikel "The Sins of Legislators"
über denselben folgendermaßen vernehmen:

„—Das Eine ist unbestreitbar wahr, daß Gewalt und Ungerechtigkeit die Erzeuger jedweder Regierung sind, und daß
Gewalt und Ungerechtigkeit die Bedingungen ihres Fort-
bestandes sind...."

Einen Staat ohne Regierung kann es aber nicht geben; deshalb verschont
uns, Ihr Herren Baumeister, doch lieber damit!

Weshalb wir kämpfen.

Bei sonst recht intelligenten Menschen stößt man mit Bezug auf Fragen, die
das soziale und individuelle Leben berühren, oft auf die abgeschmacktesten Ansichten. Nehmen wir z. B. einen in der Physik bewanderten Menschen. Er würde
Jeden für einen Dummkopf erklären und auslachen, der das Gesetz von Ursache
und Wirkung bestreiten wollte. Führen wir nun aber diesen selben Menschen
auf das Gebiet der sozialen Wissenschaft und er wird die Erscheinungen hier als
rein zufällige oder willkürliche beurtheilen. Daß hier dasselbe Gesetz von Ursache
und Wirkung waltet — ihn davon zu überzeugen, dürfte uns schwer fallen. Und

es ist das auch durchaus nicht zu verwundern, wenn wir berechnen, daß sogar Männer, die sich seit Jahren mit dem Studium gesellschaftlicher Fragen befaßt haben, dieses Gesetz immer noch nicht begriffen zu haben scheinen.

Wie oft wurde uns von solchen Leuten nicht schon gesagt: „Wozu ärgert, plagt und opfert Ihr Euch für eine stumpfsinnige Masse, die Euch zum Dank dafür schmäht und von der es zu erwarten steht, daß sie selbst Euch eines schönen Tages aufknüpst!"

Die Voraussetzung, von welcher derartige Schwätzer ausgehen, ist erstens, daß der vernünftige Mensch nichts thun sollte was ihm keinen materiellen Gewinn und nicht einmal Dankbarkeit und Anerkennung einbringt, und zweitens, daß die Sozialisten aus überfließender Liebe für die leidende Menschheit, oder aus krank=haftem Sentimentalismus, d. h. aus freiem Willen, handeln.

Diese Voraussetzung ist eine höchst laienhafte, wird trotzdem aber nicht nur von dem banalen Philisterthum, sondern auch von intellektuell höher stehenden Menschen gehegt. Man mißt den Sozialisten, sowie denn überhaupt allen frühe=ren Reformern und Revolutionären viel zu viel Großmuth bei, wenn man ihnen nachsagt, sie hätten sich aus Liebe für die Menschen geopfert, oder ihr Handeln werde durch diese Liebe bestimmt. Der Sozialist ist Sozialist, weil er nicht anders kann. Der Wille des Menschen ist seinem eigenen Organismus untergeordnet. Der Sozialist trägt somit nur der Befriedigung seines eigenen Organismus Rechnung. Wenn er das nicht thäte, so würde er leiden. Daß die Masse durch sein Thun und Wirken Vortheile zieht, ist für ihn nicht bestimmend. „Der Strom braust dahin,"— schreibt Max Nordau —„weil die Gesetze der Hydraulik es so erfordern. Es ist aber für ihn nicht wesentlich, ob sich an seinen Ufern Mühlen ansiedeln, die aus ihm ihre Bewegungskraft schöpfen, oder nicht......"

So ist es auch mit dem Revolutionär. Er hat kein Recht, von Opfern zu sprechen oder auf Dank Anspruch zu erheben. Denn das was er thut, ist nur die Kundgebung der Gesetze, die seinen Organismus beherrschen.

Die direkte Veranlassung zu der obigen Betrachtung gab uns ein Artikel in John Swinton's Paper, in welchem derselbe einen großen Redner verlangt, einen modernen Wendell Phillips. Solche Männer bekommt man nicht auf Be=stellung wie gewöhnliche Durchschnitts=Philister; sie sind eigene Formationen, die die Zeit hervorbringt.

Swinton dürfte sich übrigens inzwischen bereits davon überzeugt haben, daß jene „Verlangt=Anzeige" recht albern war. Es ist ihm nämlich eine Anzahl Briefe zugegangen, in denen die Verfasser sich um die Stelle bewerben und hinzu=fügen, „daß sie warme Freunde der Arbeiter sind."

Swinton bemerkt hinsichtlich dieser „Freundschaft" sehr richtig, daß W. Phillips niemals erklärt habe, daß er der „Freund der Arbeiter" sei, — dazu sei er zu bescheiden gewesen.

Notizen.

„Wir müssen ehrliche und tüchtige Männer in unsere Gesetzgebung wählen!"
ist das Feldgeschrei der verschiedenen Gattungen von Reformern. — „Unsinn," sagt
die „Internationale Arbeiter=Association," „die Corruption unseres Regierungs=
und Verwaltungswesens wurzelt tief in dem Wirthschaftskörper; sie ist unaus=
rottbar, so lange man ihre Ursache, das Privat=Eigenthum, nicht beseitigt." —
Das gefällt den Herren Reformern nun aber durchaus nicht. „Setzt uns einmal
in die Aemter und Ihr werdet Wunder erleben; wir sind Mordskerle," — ent=
gegnen sie.

Ein solcher Mordskerl war seit Jahren der Antimonopolist Marshall in Cali=
fornien. Im Schimpfen auf die Monopole that's ihm keiner gleich. Er hatte
für Alles ein Gesetzchen. Die Anti=Monopolisten und andere Reformer, unter
denen er einer der rabiatesten war, blickten mit Stolz auf ihn und als die Wahl
herannahte, wurde er als General=Anwalt des Staates nominirt und — erwählt.
Jetzt war er da, wo er etwas thun konnte. Man freute sich schon im Voraus auf
die Verlegenheit, in die er die Corporationen stürzen würde. Daß er seine Schul=
digkeit thun werde, wagte Niemand zu bezweifeln. Letztes Frühjahr hatte er ja
noch im „Stockton Herald" erklärt: Ich zweifle fast daran, daß das Volk sich
seine Freiheit erhalten kann, wenn es nicht bald Hand an's Werk legen wird! . . . .
Und jetzt hat derselbe Marshall den Staat an die Eisenbahn=Corruptionen f ü r
e i n e r u n d e M i l l i o n a u s v e r k a u f t !

Der „Stockton Herald," ein antimonopolistisches Blatt, das seine Wahl so
eifrig befürwortet hatte, erklärt jetzt: „Die Verhandlungen des Ausverkaufs sind
die scandalösesten und schmachvollsten, die die Geschichte Californiens bisher zu
verzeichnen hatte."

„Ein schwarzes Schaf!" werden unsere Reformer erwidern. Sie wollen
nichts lernen. Die Wahrheit verletzt sie. Sie können und wollen nicht begrei=
fen, daß das herrschende System, auf Raub und Diebstahl aufgebaut, auch nur
durch Raub und Diebstahl erhalten werden kann. Wer also, wie die Anti=
Monopolisten und anderen Reformer, an dem alten System hängt, hat kein Recht,
sich über die Corruption der Beamten zc. zu beklagen. Der Geschäftsmann be=
trügt, der Bauer betrügt, der Fabrikant betrügt—kurz, Jeder ist auf den Betrug
angewiesen,—wie kann man denn da verlangen, daß der Politiker allein ein ehr=
licher Mensch sein soll? Wer in unserer Zeit ehrlich ist und die Wahrheit sagt,
m u ß v e r h u n g e r n , gilt als dumm oder marschirt in's Zuchthaus. Er ist
auf alle Fälle ein Geächteter. Und ein System, das aus der ganzen Gesellschaft
eine Bande von Heuchlern, Lügnern, Verräthern, Betrügern und Feiglingen
macht, sollte man nicht mit ganzer Seele hassen und verachten und zu stürzen
trachten?

*   *   *

Zur Brunstzeit geht der Jäger auf die Pürschjagd. Diese besteht darin, daß er sich in der Nähe eines Wildganges aufstellt und blatet, d. h. auf einem Blatt das Blöcken des Rehes nachahmt. Befindet sich ein Bock in hörbarer Nähe, dann braust er in mächtigen Sätzen heran, um, statt der Liebesgunst, das tödtliche Blei zu empfangen. Die amerikanischen Politiker sind auch Pürschjäger. Ihr Wild sind die Arbeiterstimmen; die Brunstzeit tritt hier einige Monate später ein als in Deutschland und heißt Wahlzeit. Was sie blaten, ist zwar artikulirter, aber für die wahntrunkenen Arbeiter nicht minder verführerisch, als jener nachgeahmte Liebesruf des Jägers.

Einer dieser Pürsch=Politiker, ein Demokrat, oder nennen wir ihn nach Waidmannsbrauch Wilddieb—die Republikaner sind die legalisirten Jäger oder Diebe—blatet den Arbeitern Folgendes vor:

„Arbeiter:

Hat nicht die republikanische Partei seit 24 Jahren die Verwaltung in Händen?

Hat sie während dieser Zeit nicht alle Gesetze gemacht?

Hat die Partei Euch und Euren Familien Wohlstand gebracht?

Bekommt Ihr guten Lohn?

Seid Ihr beschäftigungslos?

Wurde Euer Lohn herabgesetzt?

Findet Ihr, daß die Lebensmittel billig, die Miethen niedrig, Kleider und andre Dinge billig sind?

Wie viele Tage seit Neujahr habt Ihr feiern müssen?

Könnt Ihr sagen, wann Ihr wieder genug Arbeit haben werdet?

Seid Ihr zufrieden mit dem Stand der Dinge?

Hat nicht die republikanische Partei die Geschäfte zu dem gemacht, was sie sind?

Wie viel mehr verdient Ihr denn jetzt, als vor vier Jahren, da die republikanische Partei Euch mehr Arbeit und höhern Lohn versprach, sofern Ihr sie unterstützen würdet—?"

„Deshalb, Arbeiter, müßt Ihr für die demokratische Partei stimmen."—So einfältig, albern und dumm diese Fragen nun auch sind, da gibt's Tausende, die darauf 'reinfallen. Die Republikaner andererseits erklären, daß sie die wahren Jaköbe sind; daß ihre Partei durch weise Gesetzgebung den „Wohlstand" dieses Landes geschaffen habe.

Wir haben schon hunderte Male erklärt und auseinandergesetzt, daß, ob auch in Washington ein Czar, die wirthschaftliche Lage des Arbeiters dennoch dieselbe sein würde. Hören wir einmal, was ein großer Geschichtsforscher, dem man bisher den Beinamen „anarchistischer Crank" noch nicht beigelegt hat, über den Nutzen der Gesetze und Regierungen und deren Einfluß auf die Volkswohlfahrt zu sagen hat: „———Thöricht wäre es und man triebe Spott mit aller gesunder Vernunft, wollte man der Gesetzge=

bung auch nur irgendwelchen Antheil am Fortschritt der Gesellschaft zuschreiben, oder wollte man von zukünftigen Gesetzgebern eine andere Wohlthat als die erwarten, welche in der Zurücknahme des Werkes ihrer Vorgänger besteht." — Das sagt der große Forscher und Denker Buckle.

* * *

Als vor einigen Wochen durch eine Minen-Explosion in Connellsville, Pa., 19 Bergleute getödtet wurden, sagten wir, das „Unglück" würde nicht stattgefunden haben, hätte man die Besitzer der Mine in Colorado, in der zwei Wochen früher durch eine ähnliche Explosion über 30 Arbeiter ermordet wurden, einfach gehängt. — Man hängte sie nicht, deshalb fand der Mord in Connellsville statt. Man hängte auch hier die Mörder nicht, obschon deren Schuld über allen Zweifel festgestellt war, deshalb geschah die grausige Ermordung von 150 Bergleuten in Pocahontas. Man wird auch diese Scheusale nicht hängen, obschon sie verdienten, in Stücke zerrissen zu werden! — Ohne irgendwo auf Widerstand zu stoßen, entwickelt sich somit die Mordlust der Kapitalisten zu einer wahren Manie. Das Morden besitzloser Arbeiter wird aus dem ursprünglich unterhaltenden Sport zu einer wilden Leidenschaft. Die Schlachtopfer und ihre Klasse aber lassen das ganz ruhig geschehen und meinen in ihrer grenzlosen Einfalt, das müsse wohl so sein!

Hunderttausende von braven Arbeitern, nützliche Glieder der Gesellschaft, werden alljährlich in Fabriken, Minen, auf Eisenbahnen ꝛc. grausam ermordet. Kein Hahn kräht darnach. Die Bourgeoisie hält das Tödten eines Besitzlosen, wenn von einem Mitglied ihr Klasse begangen, nicht nur nicht für Mord, sondern oft sogar noch für einen humanitären Akt. „Dem armen Teufel ist wohl!" heißt es.

Erwacht dann aber in dem Arbeiter gelegentlich das unterdrückte Mannesbewußtsein und er schmettert eines jener Scheusale, oder einen deren Helfershelfer zu Boden, dann erhebt nicht nur die gesammte Bourgeoisie aller Länder einen Schrei der Entrüstung über das rohe, entartete und blutgierige Arbeiter Gesindel, sondern die Schafsköpfe von Arbeitern fallen selbst in diesen Schrei ein. Ja, was sagen wir — Sozialisten und sozialistische Organe entsetzen sich sogar über berartige „gemeine Mordthaten!" Keine Spur von Rechtsgefühl und Rechtsbewußtsein!

* * *

Es ist eine faule Geschichte, wenn man die Welt mit Morallehren und Gerechtigkeitsphrasen reformiren will. Die ökonomischen Gesetze, welche die Gesellschaft beherrschen, scheeren sich den Teufel um unsere moralischen Anschauungen. Unter dem System des Privatkapitalismus ist jeder Arbeitgeber aus Selbsterhaltungstrieb gezwungen, so wenig Lohn zu bezahlen wie nur irgend möglich und dafür so viel aus dem Arbeiter herauszuschinden wie nur möglich. Unter diesem System ist der Arbeiter aus Selbsterhaltungstrieb gezwungen, seinen Collegen zu unterbieten und ihn aus seiner Stelle zu drängen, im Falle er beschäftigungslos ist. Da kann man hundertmal jeden Tag sagen, „das ist nicht recht, das sollte nicht sein," die ökonomischen Gesetze achten nicht darauf, sie gehen unbeeinflußt ihren festen Gang. Ebensowenig wie die Sonne sich darum bekümmert, wenn wir ihr sagen: „Es ist unrecht von Dir, daß Du den Nordpol in ewigem Eis erstarren läßt, während Du am Aequator mit Deiner Wärme so verschwenderisch bist," ebenso wenig kümmern sich unsere ökonomischen Gesetze darum, wenn ein Reformer oder ein Pfaff oder Philanthrop sagt, „die Arbeitgeber sollten mit Weniger zufrieden sein, damit die Arbeiter auch etwas haben"......Wer es mit seinen Reformwünschen ehrlich meint, der muß selbst Hand an's Werk legen, muß dafür kämpfen, daß das privatkapitalistische System durch ein neues ersetzt werde, wo der Arbeiter der Besitzer der Arbeitsmittel ist, wo er sich dem Faullenzer, welcher heute diese Mittel besitzt, nicht erst zu verkaufen braucht, um seine Arbeitskraft in nützliche Dinge und Lebensmittel umzuwandeln, die wiederum nicht ihm, sondern seinem Besitzer (Arbeitgeber) gehören. Wer nicht hierfür kämpft, aber dennoch von Reformen faselt, ist weiter nichts als ein Schwätzer, so ein Stück Josua, der Sonne und Mond gebietet, stille zu stehen.

*   *   *

Vive la Commune! — Es lebe die Commune! Das war der Ruf, der vor 15 Jahren, am 18. März 1871, in Paris erscholl, der Ruf, der die Tausende im Nu um das Banner der „Freiheit, Gleichheit und Brüderlichkeit" sammelte, der Ruf, der ein allgewaltiges Echo in den Herzen der Unterdrückten hervorrief, der Ruf, der wie die Posaune des jüngsten Gerichtes die V e r b r e c h e r aus ihren weichen Polstern und eleganten Palästen scheuchte! Die Helden des 18. März 1871 sind seitdem verblutet; was die Versailler Würger „verschonten", fand sein Märtyrium in Neu-Caledonien's Todesrachen und endete in schrecklicher Verbannung. Die körperliche Hülle, aus der jene Freiheitsflamme des reinen Menschenthums emporloderte, sie vermochten die Schänder des Menschenthums zu zerstören, nicht aber den magischen Lichtschein, der von ihr ausging, nicht die Wirkung jener goldenen Strahlen, die, wie Frühlingssonnenschein Feld, Wiese und Wald neubelebt, das Eis des menschlichen Winters verzehrten und das Kommen des Völkerfrühlings ankündigten. Nein, jener Lichtschein ist geblieben; ihm folgen heute die Bedrückten aller Länder, wie einst die Weisen des Morgenlandes dem Stern folgten, der sie nach Bethlehem zum „Erlöser" führte. Doch er ist nicht nur geblieben, jener Lichtschein der Freiheit, aus der einstigen Flamme ist ein züngelndes Feuermeer geworden, dessen verzehrender Gluth die Besten der Ordnung nicht lange mehr Stand halten werden. So sind sie denn nicht umsonst gefallen, jene Tapferen, die ihren Freiheitsdurst an eigenem Blute stillen mußten, nein! Und wenn sie heute über die Gräber zurückblicken und sehen könnten die Millionen, die jetzt in den Ruf „Es lebe die Commune!" miteinstimmen, sie würden sagen: Groß war das Opfer, größer der Gewinn!

*

Der wird stets enttäuscht werden, der an die Möglichkeit überhaupt glaubt, daß durch Beschlüsse unserer Gesetzgebungen die wirthschaftliche Sklaverei und der wirthschaftliche Mord abgeschafft werden könnten, der der Regierung eine Aufgabe zuschreibt, die sie weder jemals besessen hat, noch jemals besitzen wird. Unseren Friedensaposteln geben wir zu bedenken, daß die Aufgabe aller Regierungen die Aufrechterhaltung des zur Zeit Bestehenden ist. Sie gehen aus dem Bestehenden, und nicht umgekehrt das Bestehende aus ihnen hervor. Sie können eine Umgestaltung des Bestehenden nicht wollen, denn nur durch das Bestehende behaupten und rechtfertigen sie ihre Existenz. Würden unsere Freunde, wie John Swinton, diese Wahrheit erfassen, manche Enttäuschung bliebe ihnen und ihren Anhängern erspart. Diese Enttäuschungen üben immer eine nachtheilige Wirkung aus, indem sie entmuthigen und die Thatkraft der „nach Emanzipation strebenden Proletarier" lähmen.

*   *   *

Die Presse, welche so eigentlich an der Spitze der öffentlichen Meinung marschiren sollte, ist gewöhnlich nur der knurrende Hund, der ihr folgt. Wir kennen eine gewisse Gattung von Arbeiter-Agitatoren, die sich vor eine Zuhörerschaft stellen und, nur um deren Beifall zu erringen, ihr schmeicheln und sie belügen; die unter dem Vorwand, ihnen die Wahrheit zu sagen, nur den trügerischen Einbildungen Ausdruck verleihen, von denen die Zuhörer befangen sind. Solche Leute nennt man Demagogen, und zwar mit Recht. Diese Demagogie wird aber in noch ausgedehnterem Maße von der Presse betrieben. Die Vorurtheile und Irrthümer der Masse, statt dieselben zu bekämpfen, nährt sie, leistet ihnen Vorschub. Und in diesem Feilschen um die Volksgunst steht obenan leider die sog. Arbeiter-Presse.

*   *   *

Ihr, die Ihr in warmen Häusern wohnt und Euch sättigen könnt, wenn Euch hungert, — habt Ihr an die Armen gedacht, die mit leerem Magen, in dünne Lumpen gehüllt und barfuß der grimmigen Kälte im Freien, in einem der Tunnels, in Ställen, Frachtwagen ꝛc. Trotz bieten mußten? Vielleicht! Je nun, und was nützt es auch schließlich, an diese Armen zu denken, ohne ihnen helfen zu können! Habt Ihr auch daran gedacht, daß Tausende von Häusern und Wohnungen leer stehen, Häuser vielleicht, die jene Obdachlosen gebaut haben — und ist es Euch da nicht ein einziges Mal in den Sinn gekommen, daß es doch tollhäuslerisch sei, diese Häuser zu verschließen und jene Unglücklichen, wie zum Tod verurtheilte Verbrecher, in den Straßen einer bevölkerten, reichen Stadt, elend erfrieren und verhungern zu lassen?

*   *   *

So ist die Welt! Vor etwa 200 Jahren verbrannte man in Massachusetts Heren, und jetzt ehrt man das Andenken dieser Opfer der „Volksherrschaft" durch die Errichtung von Monumenten. Wer nun glaubt, daß der große Volksesel aus derartigen Dingen eine Lehre ziehen würde, kennt das Langohr schlecht. Wie damals, werden auch heute die Heren verfolgt und verbrannt. Jede neue Idee, jeder neue Gedanke ist eine solche Here. Mit Verachtung, mit Haß und Entrüstung wendet man sich von ihnen ab, denen das Hergebrachte, das Gewohnheitsmäßige nicht einmal als heilig gilt — in hundert Jahren baut man diesen „Verbrechern" von heute Denkmäler. Aber klüger wird der Esel trotzdem nicht.

*   *   *

Ben Butler wird am Ende gar noch Revolutionär. Ob der Mißerfolg seiner Campagne ihn auf den gesunden Gedanken gebracht hat, daß die unterdrückte Menschheit mit anderen Waffen als dem Stimmzettel befreit werden muß —? In einer Rede, die er in Pittsburg (11 Oktober '84) hielt, sagte er: „Es erforderte einen blutigen Krieg, die Sklaven zu befreien. Unsre Sache ist größer, viel größer als die der Abolitionisten. Sie hat das Endziel, 40 Millionen Arbeiter zu befreien —. Geht das nicht mit dem Stimmzettel — dann, so wahr ich lebe, wird dieses Land von einer Kriegsfurie heimgesucht werden, zur Befreiung der weißen Rasse."

Er sagt bereits nicht mehr, daß der Stimmzettel dieses Befreiungswerk zu verrichten vermag; er weiß es besser.

*   *   *

„Wenn Ihr die Zeichen sehet, dann wisset, daß der Tag nahe ist." — General Sheridan, Ober-Commandeur der Bundesarmee, hat die Truppen aus den westlichen Territorien nach einigen central gelegenen Punkten zurückgezogen, von wo aus er sie mit Leichtigkeit nach irgend einer der größeren Städte des Landes detachiren kann. — Nicht gegen fremde Mächte, nicht mehr gegen die — weil betrogenen und bestohlenen — ungemüthlichen Indianer wird in Zukunft eine Armee unterhalten, sondern zum Schutz der Gould's, Vanderbilt's und der besitzenden Klasse überhaupt. Sogar Joaquin Miller nennt das Benutzen des Militärs gegen das eigene Volk — Hochverrath. — Eins aber beweist uns das Zusammenziehen der Truppen, daß unsere Gegner sich zum Klassenkampf vorbereiten — und die Arbeiter?

*   *   *

Ein Minister ist gestorben, Folger ist sein Name. Es wird viel Geschrei über diesen Tod gemacht. Folger war ein Mensch wie viele andere auch, weshalb also das Geschrei? Weshalb der Trauerspuk, um den Mann oder um das Amt? Wäre Folger nicht zufällig im Amte gewesen, hätte man nicht viel Aufhebens über ihn gemacht, weil er aber zur Zeit im Amte war, deshalb der Spektakel. Allein das Amt ist ja nicht mit dem Mann gestorben. Die Trauer ist also gegenstands-

los.   Die Menschen sind doch recht komische Leute.   Es sterben täglich hunderte
sehr nützlicher, braver Leute; es wird darüber kein Spektakel gemacht; stirbt aber
Jemand der recht gut entbehrt werden kann, geht eine allgemeine Heulmeierei an.
Wie kleinlich!

*   *   *

Die hiesige „News" (ein Kapitalistenblatt) leitet einen Artikel wie folgt ein:
„....Unsere Polizei, unsere Polizei-Gerichte, unser Stadtrath, unser County=
Rath, unsere Grand Jury, unsere Petit=Juries, unsere Constabler, unsere Wahl=
und andere öffentliche Behörden sind nichts Anderes, als Agenturen, unter deren
Schutz Diebe, Einbrecher, Mörder, Spieler, Bummler, Todtschläger und andere
Verbrecher ihr infames Handwerk öffentlich und ungestört betreiben."— Die
„News" verlangt nun aber von den Anarchisten, daß sie diese allerliebsten Agent=
uren achten und ehren sollen, indem sie die gesellschaftliche Ordnung aufrechthal=
ten.   Ist das nicht eine unverschämte Frechheit?

*   *   *

Ein junger Mensch, der $30 stahl, als er in größter Noth war, wurde vor
einigen Tagen zu vier Jahren Zuchthaus verurtheilt.   Solche Verbrecher gehören
in's Zuchthaus, aber die wohlangesehenen, reichen Bürger, die ja nur deshalb Be=
trug und Fälschung begingen, um $10,000 aus dem Stadtrath zu stehlen — diese
einer solchen Kleinigkeit wegen anklagen und ihren ehrlichen Namen besudeln, das
ist gemein!

*   *   *

Anarchisten sind keine Patrioten.   Sie begeistern sich für keine Nationalität
auch nicht für die, welcher sie zufällig angehören, dafür aber treten sie für die
Menschheit und Menschlichkeit ein.   Wenn Menschen verfolgt werden,
erheben sie ihre Stimme, einerlei ob die Gehetzten Polen oder Chinesen sind.
Werden Schändlichkeiten und ehrloses Handeln etwa lobenswerth, weil sie von
frechen Volksbetrügern und vornehmen Dieben unter nationaler Flagge verübt
werden?

*   *   *

„Unser Grand Jury=System" — sagte neulich Einer, der dasselbe sehr genau
kennt, „ist eine Schwindel=Einrichtung, wie wir keine zweite haben.   Da kommt
kein Fall vor, der vorher nicht abgekartet ist.   Nebenbei — Sie dürfen aber nichts
davon in der Zeitung sagen — ist die Grand Jury ein ganz infames Blackmail=
Concern...."   Der Mann wird ja wohl Recht haben.

*   *   *

„Unsere Geldaristokraten sind zum größten Theil Verbrecher, die der gerech=
ten Bestrafung durch die Größe ihrer Verbrechen entgangen sind.   Wie Morden
im Kriege zum Ruhm wird, so verleiht der Großdiebstahl Ehre und Ansehen.
Das Ansehen wächst mit der Größe des Raubes. — (Donn Piatt.)

*   *   *

Es soll noch Menschen in Chicago geben, die über Wahlbetrügereien schimpfen — und von der Heiligkeit des Stimmkastens sprechen. Wenn das wahr ist, glauben wir, ließe sich ein Geschäftchen machen. Wir meinen, wenn man diese Sonderlinge in einem „Dime Museum" ausstellte.

* * *

Die Oekonomen ohne Ausnahme geben zu, daß alle Reichthümer von der Arbeit erzeugt werden und durch sie entstehen. Wenn dies nun so ist, so mußte die Arbeit auch die naturgesetzliche Grundlage des Eigenthums bilden, in welchem Falle die Reichthümer Denen gehören müßten, die sie schaffen.

* * *

Eine New Yorker Frau zeigt an, daß sie eine Gouvernante für ihre Kinder verlange. „Dieselbe muß eine eifrige Anhängerin Christi sein und ihre Mahlzeiten in der Küche einnehmen." — „Dieweil ihr allesammt Brüder und Schwestern seid!"

* * *

Donn Piatt spricht sich in seinem „Hatchet" über Jay Gould wie folgt aus: „Er gleicht in seiner Erscheinung einem schmutzigen, kleinen Kleidertrödlerladen kurz nach einer Epidemie. Sein Aeußeres ist ein getreuer Refler des inneren Menschen."

* *

Hunderte von Personen werden alljährlich in den Ver. Staaten gelyncht. Noch aber haben wir von dem ersten Fall zu hören, wo ein Kapitalist gelyncht wurde. Das müssen demnach brave Menschen sein!

* * *

Ueber dem Portal von Jay Gould's Wohnhaus prangt in lateinischer Sprache die Devise: „Laß kein Uebel hier eintreten". — Jay Gould betritt das Haus stets durch die Hinterthüre—!

* * *

Unter allen Sklaventreibern ist der Kapitalist der einzige, der die Unverschämtheit besitzt, seine Sklaven glauben zu machen, sie seien frei.

* *

Europäische „Edelleute" besitzen 21 Millionen Acker Land in den Ver. Staaten. Die Sozialisten werden ihnen gelegentlich den Besitztitel ausfertigen. Nur gemach!

* * *

Niemand sollte vergessen, seine Uhr um 9 Minuten zurückzudrehen, damit er der Zeit nicht vorauseilt und in den Verruf eines Fortschrittlers kommt.

Die Zahl der „Verbrechen" hält gleichen Schritt mit der Zunahme der Be= schäftigungslosigkeit. Wer sind nun wohl die Verbrecher?

*   *   *

Die Erfindung der kleinsten Maschine ist für die menschliche Gesellschaft von größerer Wichtigkeit als 10 Präsidentschaftswahlen.

Plaudereien.*

26. September 1886.

„.... Soll ich" — schrieb Heinrich Heine im Jahre 1830 — „nach Amerika, nach diesem ungeheuren Freiheitsgefängniß, wo die unsichtbaren Ketten mich noch schmerzlicher drücken würden, als zu Hause die sichtbaren, und wo der widerwär= tigste aller Tyrannen, der Pöbel, seine rohe Herrschaft ausübt! Du weißt, wie ich über dieses gottverfluchte Land denke, daß ich einst liebte, als ich es noch nicht kannte...... Ihr lieben deutschen Bauern! geht nach Amerika! Alle Menschen sind dort gleich, gleiche Flegel.... mit Ausnahme freilich einiger Millionen Sklaven...... Die Brutalität, mit welcher diese behandelt werden, ist mehr noch als empörend...... Dabei machen diese Amerikaner großes Wesen von ihrem Christenthum und sind die eifrigsten Kirchengänger. Solche Heuchelei haben sie von den Engländern gelernt, die ihnen übrigens ihre schlechtesten Eigen= schaften zurückließen. Der weltliche Nutzen ist ihre eigentliche Religion, und das Geld ist ihr Gott, ihr einziger allmächtiger Gott. Freilich, manches edle Herz mag dort im Stillen die allgemeine Selbstsucht und Ungerechtigkeit bejammern. Will es aber gar dagegen ankämpfen, so harret seiner ein Märtyrerthum, das alle europäischen Begriffe übersteigt. Ich glaube, es war in New York, wo ein prote= stantischer Prediger über die Mißhandlung der schwarzen Menschen so empört war, daß er, dem grausigen Vorurtheil trotzend, seine eigene Tochter mit einem freien Neger verheirathete. Sobald diese wahrhaft christliche That bekannt wurde, stürmte das Volk nach dem Hause des Predigers, der nur durch die Flucht dem Tode entrann; aber das Haus ward demolirt und die Tochter des Predigers, das arme Opfer ward vom Pöbel ergriffen und mußte seine Wuth entgelten. She was finished, d. h. sie ward splitternackt ausgekleidet, mit Theer bestrichen, in einem aufgeschnittenen Federbett herumgewälzt, in solcher anklebender Federhülle durch die Stadt geschleift und verhöhnt......"

Ja, Heine hat Recht, wenn er dieses Canaan des reichen Pöbels ein „unge= heures Freiheitsgefängniß" nennt! Dickens, der mit wahrer Leidenschaftlichkeit

---

* Im Gefängniß geschrieben.

für die Republik der Ver. Staaten schwärmte, sprach sich in noch herberer Weise über diesen Pöbel aus, nachdem er das Land aus eigener Anschauung kennen gelernt hatte. Bekanntlich hat besagter Pöbel dem großen Schriftsteller das auch nie verziehen. Derselbe ist nämlich neben seiner Brutalität und Flegelhaftigkeit noch von unglaublicher Eitelkeit besessen.

Vorfälle, wie der von Heine angeführte, sind auch heute noch allgewöhnlich und erregen wenig oder gar kein Aufsehn unter der Bevölkerung. Nur da, wo die Deutschen das öffentliche Leben beeinflußen, sind sie seltener geworden. Die Teutschen haben der englisch-amerikanischen Rohheit — nennen wir es einen etwas versöhnlicheren Charakter verliehen. —

Die Ereignisse, welche dem mißglückten Gewaltakt der monopolistischen Prätorianergarde am 4. Mai folgten, sind noch frisch in Aller Gedächtniß. Die nur schlecht verdeckte Rohheit des Geldpöbels trat in ihrer ganzen Nacktheit zum Vorschein. Barbarismus und Willkür, zur Leidenschaft entfesselt, schwelgten im Anblick ihrer wehrlosen Opfer, und wildes Beifallklatschen ertönte wie einst in den Amphitheatern Roms, bei jedem neuen Triumph bestialischer Brutalität. Ha! das war ein Hochgenuß für jenen Pöbel, für das heuchlerische Pharisäerthum! Gesetz, Civilisation, Christenthum —?

Ah bah!...... Allah ist der Geldsack und Gesetz, Civilisation und Christenthum sind seine Propheten!

Allah, der Geldsack war in Nöthen. Propheten, helft! rief die „Citizens-Association." Und sie halfen......

Es dürfte nicht allgemein bekannt sein, daß die von den politischen Regisseuren auf die Bühne gebrachten und „vom Volk" erwählten Beamten nur Scheinfiguren sind, aber solche, die einer selbstconstituirten höheren Gewalt gehorchen. Aber so ist es. In hiesiger Stadt besteht eine engere Verbindung von Großkapitalisten; sie führt den Namen „Citizens Association" und ist so eigentlich der Senat, die Oberbehörde unseres Gemeinwesens. Von ihr erhielt Bonfield, der Mann mit dem Mephistogesicht, den Auftrag, die Versammlung am Heumarkt zu sprengen. Der Bürgermeister wollte nicht haben, daß es geschehe. Aber er hat zu schweigen, wenn sein Vorgesetzter, die „C. A." spricht. Die unverkennbare Absicht der Letzteren war es, die sog. Führer und Redner der revolutionären Arbeiterbewegung an jenem Abend ermorden zu lassen. Einer der Zeugen hat beschworen, daß er einem Geheimpolizisten den Revolver entwand, den dieser auf einen Redner angelegt hatte. Die Annahme liegt nahe, daß dieser Schuß, als aus der Menge kommend, das Signal zum Feuern für die 200 Polizisten sein sollte........Da fiel, wie von der Hand einer gütigen Vorsehung geschleudert, die historische Bombe und trug Tod und Verwirrung in die Reihen der mörderischen Angreifer ....Sieben Menschenleben wurden vernichtet, Viele wurden verwundet, das ist wahr—aber Hunderte wurden dadurch von einem ge-

waltsamen Tode gerettet. Wo heute drei oder vier Wittwen ihre gefallenen Gatten betrauern, da würden wir deren vielleicht hundert und noch mehr zählen......

Nach unseren Gesetzen hätte Bonfield sofort eingezogen und wegen Mordes
prozessirt werden müssen. Aber Bonfield hätte in diesem Fall — immer vorausgesetzt, daß wir ein unbestechliches und unbeeinflußtes Gerichtswesen hätten —
seine Auftraggeber verrathen können! Und so finden wir die Haupthähne der
Letzteren am folgenden Morgen in aller Frühe in geheimem Conclav versammelt,
und was hier beschlossen wurde, ist seitdem zur Ausführung gelangt. Grinnell
und Bonfield wurden mit der Ausführung der Beschlüsse beauftragt und die
Zeitungen wurden mit in die Verschwörung hineingezogen. Die Thatsachen
wurden durch die letzteren verheimlicht und an deren Stelle eine Verschwörungsgeschichte der Anarchisten, welche als solche mit jener Versammlung ja gar nichts
zu thun hatten, zurecht kombinirt. So machte man Stimmung, und wie wir
gesehen haben, mit Erfolg. Dem Publikum standen ob der gruseligen Märchen
die Haare zu Berg, und, statt die Verbrecher zur Rechenschaft zu ziehen, wendete
sich sein ganzer Gram und Haß gegen die Opfer jener geschickt angezettelten Verschwörung. „Haltet den Dieb!“ schrie die Citizens Association, um den Verdacht
von sich abzuwenden, und Bonfield, der eigentliche Dieb, erschien als Diebsfänger.

In der Nacht vom 4. auf den 5. Mai, als die Gebrüder Spies, Schwab
und Fielden in dem Zwinger der Central-Station saßen, fanden sich in einem Ne-
benraum der Office eine Anzahl Mitglieder der Citizens Association zusammen.
Nach kurzer Berathung einigten sich dieselben auf einen Plan. Die Zeitungen
hatten die öffentliche Meinung bereits erfolgreich bearbeitet, die Polizei sollte unter ihren Protege's, der Verbrecherwelt, eine Anzahl „zuverlässiger Ehrenmänner“
aussuchen, diese sollten verwandte Elemente ansammeln und die verhafteten Viere
oder doch mindestens A. Spieß als den Meistgehaßten, auf dem Wege des Lynch-
verfahrens beseitigen — in jener Nacht. „Auf gerichtlichem Wege,“ sagten
sich die Herrschaften, „können wir ihnen doch nichts anhaben.“

Da machte der bekannte Advokat W. D...... sein Erscheinen. „Bei der
Aufregung, die zur Zeit herrscht,“ wendete er ein, „wäre das mehr als ein gewag-
tes Unternehmen......und wozu das? Wir hängen die Kerle im Namen des
Gesetzes; die nöthigen Schritte in dieser Richtung sind bereits gethan, ich habe
mit G. und B. gesprochen......Wir vor Allen müssen den Respekt vor dem
Gesetz kultiviren.“

Was W. D...... mit „jenen Schritten“ andeutete, haben uns die Zeugen
Thompson, Gilmer und einige Detektives im Laufe des Prozesses erklärt, und
ebenso die von Geldern der „Citizens Association“ bestochenen Jammerlappen
Zeliger, Waller rc. Capt. Schaack fungirte hier nur als Unterhändler.
Thompson bekam eine einträgliche Stelle in Marshall Field's Geschäft.........
Die „Jury“ bestand aus Leuten, die bei Mitgliedern der „Citizens Association“
in Beschäftigung standen, bezw. von diesen später „moralisch“ beeinflußt wur-

den. **Ma foi!** D...... wußte, woran er war, als er sagte: „Wir hängen diese Kerle im Namen des Gesetzes." Er hatte ja mit Grinnell bereits Rücksprache genommen!

*   *   *

„Eine Jury von zwölf unparteiischen, ehrlichen **Männern!**" Na, ganz natürlich! Einer derselben ist im größten Wholesalegeschäft der Stadt beschäftigt. Nach dem Prozeß machte er einem im selben Geschäft angestellten Collegen verschiedene recht interessante Mittheilungen, welche, wenn von Letzterem beschworen, allein genügen würden, eine Umstoßung des Urtheilsspruches herbeizuführen. Ob er seine Aussage nicht vor einem Notar beschwören wolle — fragte man ihn. „Ich würde das recht gerne thun, von Rechts wegen sollte ich es thun, aber bedenken Sie, es würde mich mein Brod kosten......nicht die geringste Aussicht wäre vorhanden, daß ich in hiesiger Stadt jemals wieder in einem Wholesalegeschäft Anstellung erlangen könnte" — erwiderte er. Das spricht ganze Bücher. Natürlich waren die Geschworenen unparteiische, ehrliche Hun—Herren; sie führten die Befehle ihrer Brodherren, der Mitglieder der Citizens' Association mit bewunderungswürdiger Gewissenhaftigkeit aus......Brod! ja, das liebe Brod, davon hängt gar Vieles ab. — Die Meisten Derer, welche trotz der polizeilichen Einschüchterungen den Muth hatten, als Zeugen für die Angeklagten aufzutreten, laufen heute als „freie Souveraine" brodlos umher......O, du „ungeheures Freiheitsgefängniß" — ohne f r e i e Diät!

Simonson, der zweite Zeuge der Vertheidigung, der Mann, zu dem Bonfield sagte: „Ich möchte nur 'mal 3000 von diesen gottverd—— dutch socialists zusammenhaben, ich wollte kurze Arbeit mit ihnen machen......" — diesen braven Menschen, der, ungeachtet der großen Gefahr, in die er sich stürzte, indem er als Zeuge auftrat, sich dennoch nicht davon abhalten ließ, ihn verfolgt und chikanirt seither die brave Polizei und die Citizens' Association in einer Weise, die dem oben von Heine erzählten Vorfall um nichts nachsteht. Zuerst placirte man wochenlang 2 Detectives vor sein Haus, die ihn, wenn er seinen Geschäften nachging, auf Schritt und Tritt verfolgten, später wurden dieselben von zwei Rowdies abgelößt, die nicht zur „regulären Force" (Ordnung) gehörten. Diese erwarteten Simonson regelmäßig Abends an der Car und begleiteten ihn von da, indem sie ihn mit Schimpfworten, Stößen u. s. w. traktiren, nach Hause...... Seiner Frau drohte man ebenfalls......Seine Arbeitgeber (er ist Reisender für ein Engros-Geschäft) theilten ihm mit, daß es $5000 für sie werth sein würde, wenn er seine Stelle niederlegte, — er hatte einen Contrakt. „Fällt mir nicht ein," entgegnete er, worauf man ihm mittheilte, daß er nie wieder in einem Chicagoer Wholesale-Geschäft Anstellung erhalten werde......

Ja, Heine, Du hattest Recht, — einen brutaleren Pöbel und eine niederträchtigere Heuchlerbande giebt es nicht, wie in dem „ungeheuren Freiheitsgefängniß" Amerika!

3. Oktober '86.

Bismarck's Ausspruch „Macht ist Recht" ist nur der sprachliche Ausdruck einer unbestreitbaren Thatsache. So grob derselbe auch klingt, er ist wahr. Macht und „Recht" sind nur zwei verschiedene Bezeichnungen ein und desselben Begriffes, und es wird dies um so augenscheinlicher, wenn wir erwägen, daß zu allen Zeiten die Machthaber zugleich Diejenigen waren, die „Recht" sprachen. Tacitus erzählt von den Rechtszuständen unter den alten Deutschen: „....Die Häuptlinge, welche ausgesucht waren, um in den Distrikten und Dörfern Recht zu sprechen, umgaben sich, jeder, mit 100 gut bewaffneten Männern; das geschah, um das richterliche Urtheil zu stärken (!) und Achtung vor dem Richter zu bewahren." Aehnliches berichtet Lelevel von den alten Slaven, Polen und Dänen.... Der Kriegsmann, der Mann des Schwertes, war zugleich Richter, solange das Schwert, d. h. die militärische Organisation, in den Stämmen oder Staaten unumschränkt herrschte. Als später in einzelnen Staaten die Priesterschaft die Oberhand gewann, ward auch sie die Rechtsprecherin, d. h. das Schwert herrschte nach wie vor, es hatte nur durch brutale Gewalt seinen Besitzer gewechselt. Und als dann in einzelnen Staaten Gewerbe, Handel, Raub, und damit Reichthum Einzelner erstand, da sehen wir alsbald die Rechtsprechung in die Hände der Reichen übergehen. Sobald sie mit ihrem Reichthum sich die Schwertesmacht erkauft hatten, gehörte ihnen auch die Befugniß der Rechtsbestimmung und Gerichtsverwaltung.

Das Schwert entschied stets mittelbar oder unmittelbar über Recht und Unrecht. Es liegt in dem symbolischen „Schwert der Justiz" ein tieferer Sinn, als man ihm gewöhnlich beilegt.

In unserer Zeit regiert der Geldsack allein, doch immer nur durch das Schwert. Warum man nicht der blinden Göttin neben dem schneidigen Schwert noch einen Geldsack umhängt, ist eine Frage, mit der ich mich seit einiger Zeit eingehend beschäftigt habe. Am meisten spekulire ich über den Punkt, ob diese nothwendige Ergänzung des Bildes, das doch der Wirklichkeit möglichst entsprechen würde, in Zukunft erfolgen wird, nämlich dann, wenn die Menschen die Metamorphose aus der barbarisch = militärischen Raupe zum merkantilisch = civilisirten Schmetterling glücklich bestanden haben — oder um mich deutlicher auszudrücken, wenn der grimme, rohe, aber biedere Kriegsgott Mars dem spitzbübischen, gewissenlosen, hinterlistigen, falschen, feigen, ehrlosen Merkur das Feld geräumt haben wird......

Wie schön wäre es, sagte ich mir dieser Tage, als ich im hiesigen Criminalgericht saß und dem Vorgang eines monströsen Rechtshandels beiwohnte, wie schön wäre es doch, wenn statt des altgriechischen Weibsbildes mit Schwert und Waage da oben, über dem Richterstuhl ein anderes, besseres, zeitgemäßeres, charakteristischeres Bild stünde: Bonfield mit dem Knüppel und Shylock mit Messer und Waage — diese Beiden als Dioskurenpaar dargestellt, als Symbol der jetzt=

zeitlichen Gerechtigkeit......Darin läge doch noch Sinn; diese Allegorie wäre zu=
treffend...... Und wenn sie der Vollständigkeit ermangelte, so ließe sich da leicht
Rath schaffen. Der Richter z. B. wäre sehr zweckgemäß durch einen Pagoden zu
ersetzen, der, je nach Wunsch des Geldsackes, mit seinem blöden Haupt zu schüt=
teln oder zu nicken hätte. Letztere Kundgebungen könnten vermittelst eines in den
Händen des Staatsanwaltes liegenden Mechanismus geschehen......

*　　*　　*

Die „Gerechtigkeit" ist nie so mißbraucht und nie zu so infamen Zwecken,
zur Metze degradirt worden, als zu Zeiten, wo ihre Vollziehung in den Händen
des Geldadels lag. Die Geschichte ist reich an Beispielen, und die Gegenwart
......aber über diese wollte ich ja gerade plaudern.

Wir haben leider keine Veranlassung, in die Ferne zu schweifen. Am Frei=
tag verhandelten die Advokaten unserer verurtheilten Genossen über die Bewilli=
gung eines neuen Prozesses mit Grinnell, dem Machthaber der Grafschaft Cook.
Der Richter Gary war ebenfalls anwesend. Er konnte nicht wohl umhin, da er
die Ablehnung des Antrages persönlich zu besorgen hatte. Doch das nur neben=
bei........Schöne, wunderschöne Dinge kamen während dieser Verhandlung
wieder zum Vorschein. Unsere Advokaten hatten eine Anzahl beschworener Atteste
eingereicht, auf Grund welcher sie einen neuen Prozeß forderten. Mehrere Bür=
ger hatten eidlich deponirt, daß die Ku=Klurler Denker, Randall und Adams, drei
der „Geschworenen," welche unsere Genossen verurtheilten, vor dem Prozeß er=
klärt hätten, es sei schade, daß die Polizei nicht die ganze Bande dieser ausländi=
schen Bettler niedergeschossen hätte; jeder einzelne müsse gehängt werden."

So etwas beschwört doch Niemand ohne Weiteres; obendrein waren die
meisten der Attestaten Fremde und keine Sozialisten. Sobald diese „Affidavits"
Grinnell eingehändigt waren und er Einsicht davon genommen hatte, ergrimmte
er heftiglich; wie konnte es in seiner Grafschaft Jemand wagen, seinem Wunsch
und Willen zuwider zu handeln — war das nicht offene Rebellion?

„Schwung!" — rief er — „schaff' mir umgehends diese Leute herbei!" Der
Schwung, das ist das Furthmännchen, welches neulich bei Eröffnung der Lincoln=
Turnhalle von einem Turner despectirlicherweise für einen Spucknapf gehalten
wurde. „Schwung" verstand seinen Herrn. Eine Stunde später befanden sich
die meisten der Attestaten unter Arrest. „Jim" Bonfield und Grinnell nahmen
sie in's Verhör, und siehe da, als das Verhör zu Ende war, da hatten die Leut=
chen die eidliche Erklärung zu Papier gegeben, daß ihre früheren „Affidavits" un=
wahr seien, in anderen Worten, daß sie Meineid begangen hätten. Nun wäre es
Pflicht des Staatsanwaltes gewesen, die Leute wegen Meineides zu prozessiren
und nach Joliet zu schicken, wohin er ja auch den „Mohr" Mackin sandte, als
derselbe seine Schuldigkeit gethan hatte und er ihn nicht mehr brauchte. Einer
der Attestaten, Cull, wohnt in Evanston. „Schwung" forderte ihn auf, seine

eidliche Aussage zu widerrufen und, als derselbe sich weigerte, dieser Aufforderung nachzukommen......Cull ward verhaftet, und der Polizei-Capitän von Evanston beschwor ein „Affidavit," besagend, daß Cull ein unordentlicher Mensch sei, der seinen Arbeitslohn gewöhnlich in schlechtem Schnaps investire........Macht ist Recht!

*　　　*　　　*

Vor einigen Jahren ward ich wegen angeblicher Verleumdung eines sehr an= rüchigen Prominenten vor den Großgeschworenen angeklagt. Ich hörte lange nichts von der Geschichte und wußte nicht, was die Großgeschworenen in dem Fall gethan hatten. So suchte ich eines Tages meinen Anwalt auf, um zu er= fahren, wie es mit der beregten Angelegenheit stehe. „Oh!" sagte der, „das ist ja längst erledigt; mein Kutscher war Vormann der Grand Jury, die Klage wurde natürlich unter den Tisch gelegt......"

*　　　*　　　*

Ich wurde hieran erinnert, als ich vor einigen Tagen erfuhr, daß Bruschke, der Möbelfabrikant, welcher im Mai zwei Arbeiter ohne die geringste Provokation niederschoß und auf den Tod verwundete, von der Grand Jury nicht in den An= klagezustand versetzt worden war......Bruschke ist Mitglied der Möbelfabrikan= ten-Association. An der Grand Jury befanden sich zwei Mitglieder derselben Association. Die Grand Jury wird jeden Monat von den County-Commissären ernannt. Ich dachte an meines Anwalt's Kutscher......Macht ist Recht, schöne Leserin, darfst mir's glauben. Ich spreche aus Erfahrung.

*　　　*　　　*

Ich verehre und liebe — es ist das meine schwächste und vielleicht auch meine schönste Seite — die Frauen. Und diese — nun, ich glaube die Sache be= ruht auf Gegenseitigkeit. Da ich die Frauen als Geschlecht, ihrer Schönheit, ihres Gemüthes, ihres revolutionären Geistes und sonstiger Vorzüge wegen liebe, die die Männerwelt nicht besitzt, so unterscheide ich sie auch nicht a priori in Klassen. Ich nehme hier das Gute und Schöne, wo ich es finde. So kommt es, daß ich zahlreiche Freundinnen, brave, wackere Freundinnen in jenen Ständen zähle, deren Männerwelt ich unerbittliche Feindschaft zugeschworen. Mit einer dieser Freundinnen hatte ich dieser Tage eine längere Unterhaltung. Sie kam, um mir ihr entrüstetes Herz auszuschütten. Ja, sie war entrüstet; ich habe sie nie so entflammt gesehen, und ich freute mich dieser Entrüstung, als sie mir den Grund mitgetheilt. „Ich mußte Sie sehen" — begann sie — „Sie wissen, daß ich mich stets mit Ihnen über gewisse Dinge zu streiten pflegte. Sie antworteten mir stets daß ich aus Vorurtheil und Interesse diese Dinge bekämpfe......In diesem Au= genblick können Sie nicht nur keine bessere Freundin, nein, auch keine bessere Ge= sinnungsgenossin wie mich haben......

Denken Sie sich, vor einer Stunde traf ich mit der Mrs. H.... zusammen. Sie kennen die Dame jedenfalls per Renommee, sie ist die Tonangeberin der haute volee und, wie man wissen will, die angebetete und intime Freundin mehrerer der größten Geldsäcke der Stadt. Ich traf sie in Gesellschaft und da kam denn auch die Rede auf die verurtheilten Anarchisten. Natürlich ergriff ich der Letzteren Partei, soweit ich das in jenem Kreise wagen durfte. Aber da hätten Sie dieses Weib hören sollen! Ich bin schließlich auf und davon gerannt......

„Diese gemeinen (ich protestirte gegen diese Bezeichnungen in der allerentschiedensten Weise) Kerle müßten und sollten gehenkt werden, nicht, weil sie Anarchisten sind, sondern weil sie in Folge der von ihnen bekundeten Entschlossenheit, Energie und Rücksichtslosigkeit, mehr noch wegen ihrer Intelligenz die denkbar gefährlichsten Führer der gemeinen Volksklassen sind!" schrie sie in der leidenschaftlichsten Weise.

Als ich daraufhin bemerkte, daß die Arbeiter jedenfalls Grund und Ursache hätten, auf eine Besserung ihrer Lage zu bestehen, und daß man den Verurtheilten für ihr uneigennütziges Streben, für ihre Opferwilligkeit mindestens Achtung zollen müsse, da wäre sie mir fast an den Hals gesprungen.

„Vielleicht kennen Sie diese Schmutzjacken von Helden?" stichelte sie. „Ja," entgegnete ich, „und wenn Sie diese Männer kennten, dann würden Sie sich schämen, jemals von ihnen in dieser Weise gesprochen zu haben." —

Ich wollte mich verabschieden, da sagte die Schlange — schön ist sie, aber ebenso herzlos und eingebildet —: „Sollten Sie mit ihren schönen Freunden in Verbindung stehen, dann können Sie Ihnen mittheilen, daß kein Teufel sie aus den Händen des Henkers zu retten vermag, wenn der Streik in den Stockyards nicht verhütet wird. Denn sie sind es, diese Herren Galgenvögel, die die Arbeiter unzufrieden gemacht haben, jetzt sogar eine politische Arbeiter-Partei gegründet haben — man sollte es nicht für möglich halten! — und sie sind es, die durch ihre Spießgesellen die Arbeiter in den Stockyards auch jetzt wieder in den Streik treiben wollen...."

„Ich habe Sie sofort aufgesucht," fuhr meine Freundin fort — „was sagen Sie dazu?"

„Woher schöpft denn Mrs. H— ihre Information hinsichtlich des Streiks in den Stockyards" — frug ich.

„Man munkelt, daß sie zu dem Millionär A.... in einem sehr intimen Verhältniß steht —"

„Und darüber," bemerkte ich scherzhaft, „sind Sie so entrüstet?"

„Entrüstet —! Na, wenn Potter Palmer, Phil. Armour, Nickerson, Mc-Cormick u. s. w. zu sagen haben, was mit den Verurtheilten geschehen soll, wo bleibt denn da die Gerechtigkeit?"

„Liebe Freundin, ich habe Ihnen ja stets gesagt: „Macht ist Recht!".... Also auch über die neue Arbeiter-Partei sind die hohen Herrschaften ungehalten — ?"

„Ja ganz gewaltig — es sei eine Unverschämtheit des gemeinen Volkes...."

„Nun, sie werden noch unverschämtere Dinge erfahren, die hohen Herr=
schaften, wenn sie nicht vorher — sterben......"

*　　*　　*

24. Oktober, 1886.

„Du bist ein Theil von jener Kraft, die stets das — E i n e will und doch das
Andere schafft." Die kleine Variation des Citats wird mir der Leser verzeihen,
sobald er erfahren, was ich damit ausdrücken will.

Als am Abend des 4. Mai einige Unzen Nytroglycerin an der Desplaines
Straße sich zu einem mächtigen Gasvolumen ausdehnten, das die ganze Luft
erschütterte und um den ganzen Erdball herumvibrirte wie ein Spuk des 19.
Jahrhunderts, da ahnten wohl Wenige die Folgen dieses Ereignisses......„Das
hat die Achtstundenbewegung explodirt!" lautet das Urtheil der Philosophen vom
Stamm Krähwinkel; sie schnäuzten sich dabei mit einem Ausdruck wissenschaftlich
empfundener Entrüstung das Näschen und fluchten sogar — wenn man dem
unverbürgten Gerede boshafter Duckmäuser Glauben schenken darf — den „ver=
rückten Anarchisten."

„Famos! Famos!" riefen die Geldsäcke, sobald sie sich vom ersten Schreck
erholt und die Reaktion in wildem Siegesrausche von einer Gemeinheit und
Brutalität zur andern taumelte. „Der Knall am Heumarkt hat den Frechlingen,
die uns in letzter Zeit so viel zu schaffen gemacht, das Genick gebrochen".... Fast
sämmtliche Werthpapiere stiegen im Curs und so verdächtig war letztere Erschei=
nung, daß sich in manchen Kreisen die Ansicht verbreitete, die Bombe sei von einem
Agenten der New Yorker Geldbörse geworfen worden......

Die ungestümen Revolutionäre, die jugendlichen Enthusiasten, die Unversöhn=
lichen hingegen, sie riefen frohlockend: „Das ist der Anfang vom Ende. Vivat!
Euere Reformblase ist zersprungen — der Krieg ist da......"

Das Richtige trafen die Letzteren, aber sie hatten es ganz anders gemeint....
Daß die Bombe des 4. Mai den Ausgangspunkt einer neuen politischen Partei
bilden würde, das war wohl das allerletzte woran sie dachten. Und doch ist es
so gekommen. Die große politische Bewegung in New York, in anderen Orten
und besonders auch hier in Chicago ist durch den Knall vom 4. Mai in F l u ß
g e s e t z t w o r d e n; er war der Hahnenschrei, der das Proletariat aus seinem
verhängnißvollen Schlaf erweckte.....Aber trotz dieses scheinbaren Rechenfehlers
behalten die Revolutionäre Recht. Der Krieg ist da — der Anfang vom Ende!

Die politische Bewegung ist nur der allgemeine Appell. Sie ist die Strö=
mung, die die verwandten Elemente zusammenschiebt und die feindlichen trennt. Sie
klärt die Sachlage. Sie trennt die Heereslager.... Wer diese Zuckungen des
Wirtschaftskörpers, wie sie von der politischen Camera festgehalten und repro=
ducirt werden, nicht durch eine b e s o n d e r e Brille, sondern mit offenen

Augen beschaut, wird der „neuen Bewegung" diese Bedeutung nicht abbisputiren.

Ich bin weit entfernt davon, mir auch nur den geringsten „direkten und praktischen Erfolg" von derselben zu versprechen, soweit die von den Massen vorläufig angestrebten Reformen in Betracht kommen. Diese verschiedenartigen „Reformpläne" sind alte Zöpfe, die so wie so unausführbar sind, wir brauchen uns bei ihnen nicht aufzuhalten—, doch dienen sie diesmal noch als Sammelsignal für die einzelnen Gruppen und sind, indem sie diese ihre letzte Aufgabe erfüllen, von nicht zu unterschätzender Wichtigkeit. Aber es zeigt meines Erachtens von unverzeihlicher Kurzsichtigkeit, wenn Revolutionäre darüber witzeln, daß Henry George in New York mit seinem Steckenpferd, der Landreform, die Gesellschaft retten wolle. Es ist von durchaus untergeordnetem Belang, welche besonderen Heilmittel George vorschreibt; nur eine verschwindend kleine Zahl von Personen kümmert sich darum. Die große Masse fragt nicht darnach, sie schaart sich instinktmäßig um das Banner, von dem es Milderung seiner Leiden erwartet.... Und die besitzende, die faulenzende Klasse—?

Habt Ihr Hewitt's Pronounciamento gelesen? „Jeder gesetz- und ordnungsliebende Bürger" — schreit der Millionär — „muß gegen diese Communisten, Anarchisten und Nihilisten stimmen, denn die wollen nichts geringeres als „u n s e r Eigenthum......" Und die New Yorker „Tribune" krächzt in banger Vorahnung des möglichen Sieges der Arbeiter-Partei....„Wir werden nöthigenfalls unsere freiheitlichen Institutionen gegen die anarchistische Henry George-Partei mit u n s e r e m B l u t vertheidigen......"

Da habt Ihr die Revolution der Minorität gegen die Majorität! Die besitzende Klasse erblickt in der neuen politischen Bewegung das, was sie ist—eine Klassenbewegung, in anderen Worten eine nicht länger zu umgehende Herausforderung. „Hic Rhodus, hic salta!"

Jawohl, Ihr unversöhnlichen Revolutionäre, wenn das politische Geheul und der unerquickliche Mummenschanz Euch auch zuwider sind, Ihr dürft mit dem Resultat des vierten Mai dennoch zufrieden sein. Das, was Euch gegenwärtig anekelt, ist nur das im Werden Begriffene, von Euch Erstrebte.

Dasselbe gilt auch von der lokalen politischen Bewegung. Man muß die Dinge nehmen wie sie sind, nicht wie sie sein sollten. Wenn man keinen Knüppel hat, macht man aus der Noth eine Tugend und wehrt sich mit der Faust—solange —bis man einer Waffe habhaft wird. Im Kampfe darf man nicht wählerisch sein!

* * *

„Mamma, Mamma, Alles hat gut geendet — Sieben werden gehenkt und Einer geht nach Joliet!" Dies sind die Worte mit denen „Richter" Gary seine würdige Ehehälfte am Morgen begrüßte, wo das Bigilanz-Comite das Berdikt gegen unsere Genossen einbrachte. Dieser würdige unparteiische—Richter. Eine mir befreundete Dame, in deren Gegenwart diese Begrüßung stattfand, sagte mir,

daß das christliche Ehepaar sich aus freudiger Rührung alsdann in die Arme
fiel.

„Aber welches Interesse" — wendete ich ein — „kann denn dieses alte
Weib an der Vernichtung von sieben Menschenleben haben — es ist ja fast un=
glaublich —?"

„Unglaublich, ja so schien es auch mir! Aber ich sah und hörte es mit eignen
Augen und Ohren.... Ich bin dann auf und davon, ich konnte es anfänglich
nicht fassen. Eine Freundin die mit den Gary's gut bekannt ist, und der ich den
Vorfall mittheilte sagte: „Das wundert Sie?" Den Gary's waren bisher die
besseren Gesellschaftskreise verschlossen—dieses Verdikt ist ein passe partout, der
sie ihnen öffnet — begreifen Sie nun?"—

Früher opferten die Menschen ihren Göttern Ochsen. Heute opfern Ochsen
und Esel — und sonstiges Viehzeug — ihren Göttern Menschen! Das
macht die Civilisation.

*   *   *

7. November, 1886.

„Homer's Werke und die Bibel — das sind die zwei bedeutendsten Bücher".
So oder ähnlich hat sich einmal ein bekannter deutscher Kritiker ausgedrückt. Zu
meinem Bedauern muß ich gestehen, daß ich die Bibel nur kurze Zeit, und auch
da nur mit Widerwillen oberflächlich studirt habe. Das war vor meiner Confir=
mation. Die Bibel muß man im reiferen Alter lesen...... „Sie lesen
Dicken's Pickwick=Geschichten?" — fragte mich erstaunt eine junge gebildete
Amerikanerin vor einigen Tagen. „Und warum nicht?" fiel ich ihr in's Wort.
„O, diesen Unsinn!" schrie sie laut auf und lachte. Wann sie dieselben ge=
lesen, erkundigte ich mich. Als zwölfjähriges Mädchen. „Lesen Sie sie noch=
einmal", antwortete ich, „oder warten Sie noch einige Jahre damit; ich versichere
Sie, der Unsinn hat sich inzwischen zur Wahrheit verwandelt. Und Sie wer=
den dann auch nicht mehr lachen, Sie Böse, wenn ich Ihnen sage, daß Don
Quixote, die Pickwick Papers und ·die Bibel meine Lieblingslektüre bil=
den."

„Die Bibel! ha, ha, ha! Das ist ja göttlich — und der Eulenspiegel,
den haben sie wohl anzuführen vergessen?" Die Mittheilung schien meine schöne
junge Freundin ungemein zu belustigen, umsomehr augenscheinlich, da ich sie
selbst erst vor Kurzem aus den Klauen des Christenthums gerettet hatte. Ihre
Stuhlmiethe (Pew=Rent) in einer der fashionablen Kirchen der Stadt ist sogar
bis zum heutigen Datum noch nicht abgelaufen.

„Eulenspiegel meinen Sie" — entgegnete ich ganz ruhig; „es ist gut,
daß Sie mich an diesen erinnern; werd' ihn mir dieser Tage schicken lassen."

Sie lachte noch immer. Sie glaubte, daß ich scherze. Aber mir war alles
heiliger Ernst. Und als ich ihr das sagte, warf sie mir ein Kußhändchen zu,
kicherte noch einmal, rief dann: „Sie sind heute ein Brummbär und wollen

mich zum Narren halten." Ich wollte eben als Antwort deklamiren: „Schnell fertig ist die Jugend mit dem Wort",—da war die hübsche Schwätzerin schon auf und davon.

So wie sie über die Pickwicken Papers, so hatte auch ich einst über den spani- schen Ritter des Cervantes geurtheilt. Als Kind ist man zu verständig. Die Narrheiten des Lebens und der Welt muß man erst kennen lernen, muß wo- möglich selbst erst Narr werden, um die Pointe jener tragikomischen Histörchen zu verstehen.... Das trippelt und springt, das hopft und singt und lacht und weint und frißt und liebt und hungert, seufzt und stellt sich gegenseitig ein Bein, fällt auf den Bauch oder schlägt sich todt, und das ist so kannibalisch lustig, so toll- künstlerisch grotesk, so weltschmerzlich ergreifend.... Als verständige Kinder lachen wir über diese Dummheiten, als närrische Alte nicht. Lachen wir auch als Solche noch darüber, dann ist dieses Lachen doch ein ganz anderes. Wir lachen dann nicht mehr über die lustigen Bilder; wir lachen über uns selbst. Meistens aber lachen wir gar nicht. Es geht uns wie dem Adam und der Eva im Paradies, als sie vom Baum der Erkenntniß gegessen hatten: Ihre Augen gingen ihnen auf und sie sahen, daß sie nackt waren und erschracken.... Dann liefen sie fort und versteckten sich vor dem lieben Herrgott, statt vor den Alten hin- zutreten und zu sagen: „Da sind wir, wie Du uns gemacht hast (nach Deinem Ebenbilde sogar), und wenn Dir das Costüm nicht gefällt, ei, so krieg' Dich selbst an der Nase!" Ja, hätten sie das gethan dann wären sie vernünftig und keine Narren gewesen, und wir würden dann heute möglicherweise auch keine Narren sein...... Der sogenannte Sündenfall war nichts anderes, als die Feststellung des „Rechtsgrundsatzes", wonach das Opfer eines Verbrechens, als Sühne für das letztere, noch obendrein von dem Verbrecher bestraft wird. Wie der liebe Herrgott im Paradies, so treibt es noch heutigen Tages die organi- sirte Gesellschaft. Sie erzeugt Verbrechen und ruft dann: Adam, wo bist Du? Ergreift ihn (das Opfer) und züchtigt ihn....

Aber da komm' ich ganz von meinem Thema ab.—Ja, die Bücher sind große Bilderbücher, in denen der Genius die Menschen, deren Sinnen, Trachten, Stre- ben und Thun abgebildet hat! Nichts als Carrikaturen zwar — aber sie sind gut getroffen! Ich erbaue mich daran. Wenn mir irgend etwas Unangenehmes passirt, so oft ich meine traurigen Erfahrungen um eine weitere bereichert habe, schlag' ich nur eines dieser Bilderbücher auf, und was mich eben noch so ernst stimmte, das zeigt sich alsbald in den heitersten Conturen. Die Weltgeschichte ist nichts als eine schlechte Posse. Der liebe Herrgott hatte offenbar Langweile und da baute er sich in der Welt ein großes Theater, in dem wir Menschen, die schlechtbezahlten Comödianten sind.

* *

Wie ich in den Besitz der Bibel gelangt bin? Sie wurde mir neulich von einer frommen Dame zugeschickt. Als ich das heilige Buch aufschlug, fand ich einen Psalm angemerkt —: „Jauchzet vor Freude! Lobet den Herrn, denn er ist freundlich u. s. w. (Ob der deutsche Text dieser Uebersetzung entspricht, weiß ich nicht) Ein schlechter Witz, dacht' ich und wollte das Buch zur Seite legen, als meine Augen zufällig auf den Auszug der Kinder Israel aus Egypten fielen Ich las — welch' urwüchsige Sprache! welch' ansprechender Humor! welch' bekannte Bilder!

Das ist wirklich eine interessante Geschichte, die Emanzipationsgeschichte der alten Juden. Wenn man den Emanzipationskampf der Lohnarbeiter von heute aus eigner Erfahrung kennt und liest dann so zufällig, wie ich, den Exodus, da fühlt man sich urplötzlich in die Wüste versetzt. Zum Glück lugt mein Taufschein in seiner neuesten Eigenschaft als Lesezeichen aus einem Buch hervor und erinnert mich daran daß ich kein Jude......im übrigen stimmt Alles merkwürdig genau! Der muthige, opferfreudige Moses, dessen ganzes Sein in dem erhabenen Gedanken aufgeht, sein Volk nach Canaan zu führen und es von der Knechtschaft zu befreien — der Schwärmer, der Fanatiker, der Anarchist Moses! Auf der anderen Seite die kleinlichen Stänkerer und Nörgler, die Verleumder, Neidhämmel und Skandalmacher, die Sancho Panza's, die an dem Licht der strahlenden Freiheit keine Erbauung finden und fort und fort lamentiren: „O, daß wir in Egypten in der Knechtschaft geblieben wären, wo wir uns mindestens die Bäuche füllen konnten." Es fehlen da auch nicht die Liebknechts und Avelings, jene Repräsentanten der Schlaumeierei und Zaghaftigkeit, die mit dem einen Auge nach Canaan schielen, während das andere sich von Egyptens Fleischtöpfen sich nicht trennen möchte; gerade sie waren es, welche es verschuldeten, daß der Emanzipationskampf (die Reise) 40 Jahre dauerte......

Ja, die Bibel ist ein großartiges Buch und ich lasse nichts darauf kommen. Und Moses hatte Recht, trotzdem die Stänkerer, die Zaghaften und Ideallosen ihn einen „Crank" nannten, gegen ihn murrten und ihm das Leben zur Hölle machten.

*　*　*

19. Dezember 1886.

Wir befinden uns am Schluß des so ereignißreichen Jahres Eintausendachthundertundsechsundachtzig inmitten der Hochfluth der Reaktion. Wildtosend, wie von Dämonen gepeitscht, schießt schäumend und sich selbst verschlingend, Woge auf Woge dahin. Mit banger Erwartung sieht der Zaghafte das Werk eines Jahrhunderts dem Verderben und Untergang (scheinbar) geweiht. Die Rechte und Freiheiten, für deren Erlangung Geschlecht um Geschlecht gekämpft und geblutet — es macht ihm das Herz schwer: er sieht sie, eins nach dem andern dahinsinken! Was ihm ein Heiligthum gewesen, es ist nur mehr ein Spielzeug des wilden Strudels! Was er als den Lohn menschlichen Ringens und Kämpfens verehrt und geliebt, deß' Vernichtung — sie dient dem Pöbel als Gegenstand des Spottes! Die, mit denen er einst Seite an Seite gekämpft, von ihnen sieht er sich geschmäht und verhöhnt, weil er, statt dem tollen Haufen zu folgen, statt den

Sirenenklängen des Ehrgeizes und Vortheils zu lauschen, an seinem Ideal, an seinem Gott festhält!......Er wird an sich selbst irre — er schwankt......

Nicht doch, verehrter Leser! Dieses Schauspiel ist ein alter Gast; — die Reaktion ist die ewige Begleiterin der Revolution; sie ist die Kehrseite der Revolution. Und so, wie dort der schärfste Schatten, wo das meiste Licht ist, so wirken auch da die revolutionären Kräfte am mächtigsten, wo die Reaktion am wildesten tobt: — Die Reaktion ist ihrem Wesen nach nichts anderes als eine Erscheinungsform der Revolution, ein Theil des revolutionären Prozesses. Wer somit als Revolutionär Klage führt gegen die Reaktion, verkennt die Wesenheit der Dinge und wird dadurch leicht zu Irrschlüssen verleitet.

Die Revolution ist der Kampf des Lebendigen mit dem Todten. Das Eine sucht sich von dem Andern zu trennen, indessen das Andere, das Todte, mit „klammernden Organen" an Diesem, dem Lebendigen, festhält. Derselbe Kampf, der sich täglich, stündlich und jeden Augenblick in der organischen Welt im Einzelnen abspielt, dieser Kampf — dieses Lostrennen und Eingehen neuer Verbindungen — ist, wenn er bei größeren Menschengruppen allgemein auftritt, das, was wir Revolution nennen.

Gegen revolutionäre Bestrebungen Beschlüsse fassen oder Gesetze erlassen, das ist ganz dasselbe, als wenn man den Einzeltheilen des Stoffes, die wir chemisch unterscheiden, ihr Streben nach Formation neuer Körper durch Eingehen neuer Verbindungen und Loßreißung von alten, untersagen und verbieten wollte!—In's Irrenhaus würde man den schicken, der sich eine derartige Idee in den Kopf gesetzt hätte — natürlich! Wer aber d i e s e Idee mit Bezug auf den höchstentwickelten Organismus, auf den Menschen und die menschliche Gesellschaft hegt, ja, nicht nur hegt, sondern sie sogar auszuführen versucht, der ist ein „weiser Mann", ein „klarer Kopf", der wird von jedem Schafskopf als „praktischer Mann" gepriesen. Dahingegen

> „Die Wenigen die was davon erkannt,
> Die thöricht g'nug ihr volles Herz nicht wahrten,
> Dem Pöbel ihr Gefühl, ihr Schauen offenbarten,
> Hat man von je gekreuzigt und verbrannt."

Weshalb das so ist? Weil nur äußerst wenige Menschen sich selbst und ihr Thun begreifen und verstehen lernen, — durch Selbstbetrachtung zum Selbstbewußtsein gelangen. Die große Masse handelt stets nur unter dem Drang der Nothwendigkeit, ohne sich jedoch dieser Nothwendigkeit b e w u ß t zu werden. Und dieses Nichtbegreifen des Nothwendigkeitszwanges ist hauptsächlich verantwortlich für die gewaltthätigen und rohen Kämpfe, von denen Revolutionen in der Regel begleitet sind. Der Wahn, daß die Handlungen der Einzelnen W i l l k ü r a k t e sind, nährt die Erbitterung, schürt den Haß, drängt zum Kampf, — doch, wohl oder übel, auch dieser Kampf ist wieder ein Förderungsmittel des revolutionären Prozesses.

In einem solchen Kampf befinden wir uns gegenwärtig.

Es gibt nun aber auch eine Menge schlechter, gemeiner Menschen, die diesen Prozeß wohl erkennen, aus Eigennutz und schmutzigem Interesse aber ihre Nebenmenschen darüber zu täuschen versuchen. Das ist sehr leicht; man braucht die Masse nur in ihrem Wahn zu bestärken und die Geschichte, von der das Volk nichts weiß, mit einem Schleier zu verhängen.........Die meisten dieser Irrlehrer von heute verdanken ihre bevorzugte Stellung gerade jenen ewigen Mächten, deren Existenz sie verlengnen. Man nehme nur das Mastbürgerthum von heute, und besonders jene Wichtelmännchen, welche sich mit Stolz „die Achtundvierziger" nennen! Ihre soziale Stellung verdanken sie der Revolution, die sie verlengnen, die sie für ein Verbrechen erklären! Mit Recht gilt von ihnen — daß sie die Existenz Gottes verneinen, der sie erschaffen.

Aber solche Creaturen hat es in allen Revolutionsperioden gegeben. Sie wollen Ruhe, Ordnung und Frieden. „Ruh' und Frieden!" — läßt Göthe seinen Berlichingen sagen — „ich glaub's wohl! Es wünscht jeder Raubvogel die Beute nach Bequemlichkeit zu verzehren!".......Und erinnert man sich an ihre Traditionen! Zuerst versuchen sie, sie zu fälschen, und geht das nicht — dann verfluchen sie auch diese und spielen häufig die Rolle des Ochsen im Porzellanladen.

Ludwig Börne hat diese Biedermänner in einer Entgegnung auf den Renegaten Jarke trefflich charakterisirt. Er schrieb: — „Der gefällige Jarke........ich erfahre von ihm und erzähle jetzt, was sie mit uns (den Revolutionären d. V.) vorhaben. Sie wollen nicht allein die Früchte und Blüthen und Blätter und Zweige und Stämme der Revolution zerstören, sondern auch ihre Wurzeln, ihre tiefsten, ausgebreitetsten, festesten Wurzeln und bliebe die halbe Erde daran hängen. Sie gehen mit Messer und Schaufel und Beil umher, von einem Felde, von einem Lande in das andere, von einem Volke zum anderen. Nachdem sie alle Revolutionswurzeln ausgerottet und verbrannt, nachdem sie die Gegenwart zerstört haben, gehen sie zur Vergangenheit zurück.

Nachdem sie der Revolution den Kopf abgeschlagen und die unglückliche Delinquentin ausgelitten hat, verbieten sie ihrer längst verstorbenen, längst verwesten Großmutter das Heirathen; sie machen die Vergangenheit zur Tochter der Gegenwart. Ist das nicht toll? Diesen Sommer eiferten sie gegen das Fest von Hambach. Das unschuldige Fest!......Der Wolf*), der oben am Flusse soff, warf dem Schafe von deutschem Volk, das weiter unten trank, vor: es trübe ihm das Wasser und er müsse es auffressen. Herr Jarke ist die Zunge des Wolfes. Dann rotten sie die Revolution in Baden, Baiern, Sachsen, Hessen aus; dann die englische Reformbill; dann die polnische, die belgische, die französische Juli-Revolution. Dann vertheidigen sie die göttlichen Rechte des Don Miguel. So geht es immer weiter zurück......Neulich setzte er, Jarke, seine Schaufel an die 150-

---

*) Die Regierung.

jährige englische Revolution, die von 1688. Bald kommt die Reihe an den älteren Brutus, der die Tarquiner verjagt, und so wird Herr Jarke endlich zum lieben Gott selbst kommen, der die Unvorsichtigkeit begangen, Adam und Eva zu erschaffen, ehe er noch für einen König gesorgt hatte, wodurch sich die Menschheit in den Kopf gesetzt, sie könne auch ohne Fürsten (und Herrscher d. P.) bestehen.

Man braucht da nur einige Worte zu ändern und die Epistel paßt auf unsere Raster, gewisse Turner u. s. w., als hätte sie ihnen Börne auf den............ geschrieben.

Aber unbekümmert um das wilde und blinde Herumsuchteln dieser Geister schreitet der Heiland des Neunzehnten Jahrhunderts, die welterlösende Idee des Sozialismus auf ihrem Entwicklungswege triumphirend dahin........Möge dem Weihnachtsfest ein baldiges Ostern, ein Auferstehungsfest der ganzen Menschheit folgen; und damit „Fröhliche Weihnachten!"

* * *

9. Januar 1887.

Hast Du jemals, liebe Leserin, eine rabenschwarze Negerin gesehen mit roth-geschminkten Wangen? Es sieht das gar zu putzig aus! Und doch ist es etwas Allgewöhnliches in den Südstaaten, daß sie sich schminken und pudern, die afrika-nischen Ladies — gleichsam, als ob diese Verschönerungsprozedur in einem Para-graphen des Civilrechtgesetzes enthalten wäre, und als ob rothgefärbte Backen das Merkmal gesellschaftlicher Gleichheit bildeten.

Häßlich sehen sie aus, abstoßend häßlich und dabei doch zum Buckeliglachen spaßig, unsere dunkelfarbigen Schwestern mit den rothangestrichenen Backen! Ihnen freilich, den geistig Armen, entgeht die Komik der Erscheinung, ähnlich wie dem Irren, der uns mit der ernsthaftesten Miene von der Welt die allerwunder-lichsten Dinge erzählt.

Wie diese rothbackigen Negerinnen, so kommt mir unsere heutige Gesellschaft vor. Sie macht es gerade wie jene; sie schminkt sich etwas carbinalrothe Civili-sation, die für ein Butterbrod zu haben ist, auf das gemeine und krankhafte Ge-sicht, streut dann eine Portion Preßpuder mittlerer Güte auf die Wichse und glaubt nun, „daß sie es sei, welche!"

Wie die geschminkte Negerin von ihrer ungeschminkten Mutter, Großmutter u. s. w. nur geringschätzend als von "old niggers" spricht, so ähnlich macht es auch die in bezeichneter Weise geschminkte Gesellschaft. Erzählt man ihr beispiels-weise von den in früheren Zeiten verübten Greuelthaten und Halunkenstreichen der herrschenden Klasse, dann wirft sich Madame Hypocrisie gar stolz in die Schultern, zeigt ihre a la Civilisation tätowirte Backen und bemerkt wegwerfend — „ja damals! Heute sind wir weiter, sind viel mehr gebildet, haben eine ganz andere Gesichtsfarbe."

Nun passirt es ihr oft, daß sie sich besäuft und in diesem Zustand vergißt, Toilette zu machen. Pfui Teufel! ist das dann ein Anblick! In diesem Zustand befindet sie sich gegenwärtig. Das Toilettentäschchen oder Schmiertöpfchen liegt umgestülpt in der Ecke und sie, Madame Hypocrisie, im Koth.

In der Besoffenheit verräth der Mensch seinen wahren Charakter, heißt es im Volksmund. Madame macht von dieser Regel, aller Beobachtung nach, keine Ausnahme. So laßt sie uns denn einmal betrachten, die civilisirte Dame, und feststellen, ob sie sich wirklich, wie sie in nüchternem Zustande behauptet, von ihren viehisch=barbarischen Vorfahren unterscheidet.

Zu Ende des 15. Jahrhunderts wurde durch Auflösung der feudalen Gefolg= schaften ein großer Bevölkerungstheil Englands gewaltsam exproprirt (ihres Be= sitzes beraubt) und von Grund und Boden verjagt. Dieses heimath= und erwerblos gemachte Proletariat ward, soweit es kein anderweitiges Unterkommen fand, zu Vagabundage getrieben. Die Regierung Heinrichs VIII. hatte nun nichts Eiligeres zu thun, als Blutgesetze gegen diese Landstreicher zu erlassen.

„Sie sollen," so lautete ein in 1590 erlassenes Gesetz, „an einen Karren hinten angebunden und gegeißelt werden, bis das Blut von ihrem Körper strömt...... Bei zweiter Ertappung soll die Auspeitschung wiederholt und das halbe Ohr abge= schnitten, bei drittem Rückfall aber der Betroffene als schwerer Verbrecher und Feind des Gemeinwesens hingerichtet werden."

Entsetzlich! nicht wahr? Aber trotzdem mehrte sich die Zahl der Land= streicher, und strengere Gesetze wurden erlassen, von denen ich das folgende noch anführen will:

„Eine herumwandernde Person wird für einen Landstreicher und Vagabunden erklärt. Die Friedensrichter sind bevollmächtigt, sie öffentlich auspeitschen zu lassen und bei erster Ertappung sechs Monate, bei zweiter zwei Jahre in's Ge= fängniß zu sperren. Während des Gefängnisses sollen sie so oft und so viel ge= peitscht werden, als die Friedensrichter für gut halten. Die unverbesserlichen (?) Landstreicher sollen auf der linken Schulter mit R gebrandmarkt und wenn wieder auf dem Bettel ertappt, ohne Gnade hingerichtet werden!"

Der englische Schriftsteller Thomas Morus läßt sich hierüber wie folgt ver= nehmen:

„So geschieht's, daß ein gieriger und unersättlicher Vielfraß, die wahre Pest seines Landes, Tausende von Acker Land durch Gewalt und Unbill an sich reißen und die Eigner absetzen kann. Durch ein Mittel oder das andere, es mag biegen oder brechen, werden sie genöthigt fortzurollen — Männer, Weiber, Gatten, Frauen, vaterlose Kinder. Weg schleppen sie sich aus der bekannten und ge= wohnten Heimstätte, ohne einen Ruheplatz zu finden. Und wenn sie umhergeirrt, bis der letzte Heller verzehrt ist, was anders können sie thun außer stehlen und dann, bei Gott, in aller Form Rechtens gehangen werden, oder auf den Bettel auszugehen, wo ihrer ein gleiches Schicksal wartet."

Unter der Regierung Heinrich VIII. wurden von diesen armen Flüchtlingen allein 72,000 hingerichtet!

Das war vor 300 Jahren. Und heute?

Man macht Gesetze, die enteigneten Arbeitslosen — nicht im zweiten oder dritten Betretungsfall, sondern im ersten — zu ersäufen! Das ist der ganze Unterschied.

Nur Raster, ein bekannter hiesiger Großdieb, macht eine Ausnahme. Er hält die Strafe nicht für streng genug, und meint, ob es nicht besser sei, die Arbeitslosen lebendig in Sand zu verschütten, — welche Methode noch den Vortheil der Ersparniß von Begräbnißkosten habe.

Und jeder Großdieb und Philister klatscht dem Vorschlag Beifall!

Sprecht mir von der cynischen Rohheit, der Halunkenstreiche und Verbrechen früherer Jahrhunderte! Die Gegenwart ist nur raffinirter — deshalb auch die Schminke!

* * *

In allen Gesetzfabriken des Landes heißt es: Mehr Waffen, mehr Militär, denn die Arbeiter werden ungemüthlich. Kein Mensch sagt, daß das Aufreizung und Vorbereitung zum Mord sei. Sagt hingegen ein Arbeiter: Wenn Spitzbuben solch' umfassende Geschäftsvorkehrungen treffen, dann scheint es geboten, daß wir, die auserkorenen Opfer, Vorsichtsmaßregeln ergreifen, flugs wird er als Aufwiegler und Mordgesell unter dem Jubelgesang und Waffengeklirr der Spitzbuben auf's Schaffott geschleppt.

Gerade wie früher — barbarisch und gemein wie je zuvor — scheint mir die besoffene Bestie, jetzt, da Madame Justitia die Schminke im Koth abgerieben hat!

13. März 1887.

> — „Die Wellen kommen eine nach der andern herangeschwommen, und eine nach der andern zerbrechen sie auf dem Strande, — aber das Meer schreitet vorwärts!"
>
> (Byron.)

März! ——

Unheimliche Ahnungen beschleichen mich, wunderliche Erinnerungen werden in mir wach — hochverrätherische Stimmung! Es ist März! Gleicht das menschliche Herz dem Saatenfeld, das unter dem wärmenden Hauch der hoch im Wendepunkt stehenden Sonne sich der eisigen Umarmung des Winters entreißt? Gleicht das Blut in unseren Adern dem treibenden Saft der Bäume und Pflanzen, der aus den erstarrten, laublosen Wäldern und farblosen Wiesen neues Leben und herrliches Laubwerk, aus dem der wonnigen Vöglein weitschallende Liebes- und Freiheitsgesänge hervorzaubert und die kahle Erde in einen entzückenden Blumengarten verwandelt? So will es mir scheinen. Ah! auch das unbändige und ungestüme Toben des alten Pluto, was kann es anders sein als Märzstimmung, Märzlaune? Ist er doch sonst ein sehr solider, geduldiger und langmüthiger Geselle......

Von Rechtswegen sollte in geordneten Staaten der Monat März aus dem Kalender ausgetilgt werden. Seine Traditionen sind eine ewige Ermahnung zum Sturz der guten Menschen, die es sich nicht verdrießen lassen, uns zu beherrschen, zu züchtigen, zu plündern und solcher Art die Ordnung für uns Undankbare aufrecht zu erhalten. Es war, wenn ich mich recht entsinne, am 8. März, da der Freiheitsfanatiker, Meuchelmörder und Lumpenhund Brutus mit seinem hochverrätherischen Mordgefolge den braven guten Caesar ermordete zum Dank dafür, daß dieser die ganze Regierungsbürde auf seine Schultern zu laden suchte. Es war im März vor 39 Jahren, da eine Bande von vaterlandslosen Tagedieben, Schreiern, verrückten Kerlen und Mordbrennern in unserm lieben Vaterlande den braven, gutmüthigen, nur auf das Wohl ihres steuerzahlenden Volkes bedachten Landesfürsten den Stuhl vor die Thüre setzten, ein wüstes Geheul anstimmten und von Freiheit und ähnlichem Unsinn kannegießerten. Wiederum war es im März als die verrückten Franzosen, eigentlich nur das Pariser-Pack, sich gegen den von der musterhaften Regierung begangenen Verrath wehrten und auf fernere Fürsorge seitens der Verräther Verzicht leisten wollten, wofür ihrer an die 40,000 ordnungsmäßig und im Namen des Gesetzes geschlachtet wurden.

Wiederum schreiben wir März. Das Väterchen, uneingedenk der ungesunden Jahreszeit, machte eine Spazierfahrt durch die Straßen von Petersburg, um sich an dem Glück seiner lieben Kinder zu weiden........Plötzlich ein gewaltiger Krach! Das Väterchen lag zerfetzt am Boden und ein gedämpfter Schrei der Freude tönte aus den Minengräbern Sibiriens hervor. Das war heut' vor sechs Jahren!

Solcher Natur sind die Ahnungen und Erinnerungen, mit denen sich meine von der Märzluft zu hochverrätherischen Betrachtungen aufgestachelte Seele hin und her quält. Ich sitze einsam in meinem Zimmer und schaue hinauf zu dem hochgewölbten Abendhimmel, an dem die Sterne wie unzählige Lampen hängen,— nur brennen sie so düster und zitternd.. Am Ende sind auch sie von Märzgefühlen befangen.... ...Aber da kommt eine lustige Wolkengruppe; wie aus menschlichen Gestalten zusammengesetzt erscheint sie, die sich hinter einem durchsichtigen Schleier versteckt halten. Wie ehrwürdig sie aussehen — aber was ist denn das? Tragen sie Kapuzen — sind wohl gar Mönche? Nein, nicht doch. Welch' merkwürdige Prozession! Die meisten haben keine — Köpfe........was! ma foi! Da marschirt auch Louis Capet!........Oh, ihr hochverrätherischen Märzlüfte und Wolken, zu welchen Betrachtungen reißt ihr mich hin! — — —

* * *

10. April 1887.

Um die Mitte des vorigen Jahrhunderts lebte in England der Geschichts- und Gesellschafts-Forscher Oliver Goldsmith, — besser bekannt als Romanschriftsteller, in welcher Eigenschaft er nicht nur in der englischen, sondern auch in der Weltliteratur einen hervorragenden Platz einnimmt. Goldsmith war und blieb in Folge seiner Gutherzigkeit sein Leben lang ein „armer Teufel." Geboren als der Sohn eines armen irischen Geistlichen, bekundete er schon früh außergewöhnliche Begabung, wurde aber (vermuthlich war daran diese Begabung schuld) von der Dubliner Universität wegen Ungehorsams relegirt. Nun versuchte er Beschäftigung irgendwelcher Art zu bekommen, um seinen Lebensunterhalt zu erwerben, hatte jedoch kein Glück. Da kaufte er sich schließlich eine Flöte, begab sich auf den Continent und pilgerte nun als Bettelmusikant durch Frankreich, Italien, die Schweiz und Deutschland. Für eine Mahlzeit oder ein Nachtlager blies er den Bauern Etwas vor (war also nicht einmal ein „Kosthausbursche" im Sinne Meit's), — aber auf dieser Wanderschaft bot seinem scharfen Forschersinn sich fortwährend Anregung und Gelegenheit, nach dem ursächlichen Zusammenhang der Dinge im menschlichen Leben zu suchen und den Einfluß zu beobachten, den Verhältnisse und Umstände auf den Charakter der Menschen, sowie auf deren Gesinnungen und Handlungen ausüben. Das Ergebniß seiner mühsamen Untersuchungen hat er später in seinen epochemachenden Romanen niedergelegt und es uns als bleibendes Vermächtniß hinterlassen.

In seinem „Vicar von Wakefield" läßt Goldsmith den Vicar einem für „Freiheit und Liberalismus" begeisterten Minenbesitzer folgendermaßen die Wahrheit sagen: „......Freiheit! Ja, ich liebe die Freiheit, aber mich ekeln die Declamationen über „englische Freiheit" an. Ich möchte alle Menschen als Könige wissen. Wir sind von Natur aus gleich und Keiner hat ein Recht, sich Herrschaft über Andere anzumaßen......In allen Handelsstaaten häuft sich großer Reichthum in Einzelner Hände an, ein Prozeß der noch stets zur Formirung aristokratischer Klassen führte......Der Besitzer angehäuften Reichthums, nachdem er seine Lebens- und Vergnügungsbedürfnisse befriedigt hat, findet keine verlockendere Methode der Verwendung für seine überflüssigen Schätze, als sich Macht und Ansehen dafür zu kaufen (sieh' Roche, Sanford, Mackay, u. s. w.). Das ist, um mich anders auszudrücken, Einhandeln der Freiheit von Bedürftigen und Käuflichen, von Menschen, die um des lieben Brodes willen die Demüthigung der Sklaverei über sich ergehen lassen. Auf solche Weise umgibt jeder Reiche sich mit einem Kreis von Armen, die sich, willenlos und abhängig, um ihn wie die Planeten um die Sonne drehn......Wohin die Herrschaft der Reichen führt, sehen wir, wenn wir unseren Blick nach Holland, Genua, oder Venedig richten, wie das Gesetz die Armen beherrscht und die Reichen das Gesetz beherrschen......Sprecht nur von „Patrioten" und „britischen Freiheitssöhnen"! Ich kenne viele dieser vorgeblichen Wortführer der Freiheit, aber unter ihnen ist nicht ein Einziger, der kein Tyrann und nicht darauf aus wäre, seine Nebenmenschen zu unterjochen."

An einer anderen Stelle legt Goldsmith dem weitgereisten Sohn des Vicars (durch den er seine eigenen Erfahrungen erzählen läßt) diese Worte in den Mund: „......Ich fand auf meinen Reisen, daß die Monarchie die beste Staatsform ist für die Armen, während es sich für Reiche weit schöner in Republiken lebt   Ich fand, daß Reichthum im Allgemeinen in jedem Land nur ein andres Wort für Freiheit war; und daß kein Mensch so entzückt von Freiheitsgedanken ist, daß er nicht sehnlichst wünscht, sich den Willen von andren Personen unterthänig zu machen."

Und wiederum an einer anderen Stelle läßt er den Vicar in Anschauung eines Gefängnisses zu diesen Betrachtungen kommen:

„...... Die Wilden, welche direkt unter dem Einfluß der Naturgesetze stehen, sind, wenn Menschenleben in Betracht kommen, sehr zartfühlend; und selten vergießen sie Blut, und auch dann nur, um grausame Bluthaten zu sühnen. Unsere angelsächsischen Vorfahren, kriegerisch wie sie waren, hatten nur wenige Hinrichtungen in Friedenszeiten, und dasselbe gilt von allen jungen Regierungen, so lange sie dem Zweck ihrer Entstehung noch nicht entwachsen sind. Es ist nur in „civilisirten" Gemeinwesen, wo Strafgesetze angewendet werden — von den Reichen gegen die Armen! Regierungen, wenn sie altern, werden sie mürrisch. Gleichsam als ob unser Eigenthum uns in dem Verhältniß theurer würde, wie es sich vermehrt; und als ob je mächtiger unser Reichthum desto größer unsre Furcht, — so wird unser Besitz täglich mit mehr neuen Gesetzen eingezäunt, mit Gefängnissen und Galgen versehen, um Eindringlinge fortzuscheuchen......"

Ich glaubte, die Zustände in den Ver. Monopolen von N. A., die Furcht der Besitzenden, deren Patriotismus und Freiheitssinn, wie letztere Tugenden sich vor der letzten Wahl wieder manifestirten, die Kreisbewegung ihrer Satelliten u.´ s. w. nicht schärfer beleuchten zu können, als dies in den obigen Auszügen geschieht und angedeutet ist; — deshalb citirte ich aus einem Buch, das vor 125 Jahren in England (nicht in Deutschland oder Frankreich) geschrieben wurde.

*   *   *

Goldsmith erkannte bereits, daß die Klassenherrschaft eine begleitende Erscheinung ungleicher und unvernünftiger Besitzverhältnisse ist, und daß dieselbe sich überall da am schärfsten entwickelt, wo sie eine besondere politische Anerkennung nicht besitzt, wo sie ihre Unterdrückung und Tyrannei mit freiheitlichen Gemeinplätzen, nichtssagenden Formeln und dergleichen mehr verdeckt. Als die Arbeiter-Partei in Milwaukee eigne Richter-Candidaten aufstellte, da schrieen die Reichen: „wir wollen keine Klassenjustiz", und stellten ihre eigenen Candidaten auf. Als in Chicago die Arbeiter-Partei ihr eignes Ticket „aufgestellt" hatte, schrie der ci-devant-Sozialist Harry Rubens: „Das ist ein Klassenticket; wir (die Reichen) müssen dem ein unparteiisches Ticket gegenüberstellen." Die Arbeiter-Partei hat auf Grund des ihr zustehenden Rechtes zwei Männer aus ihren Reihen als Friedensrichter vorgeschlagen; das hiesige Richter-Colleg hat deren Ernennung empfohlen, aber die „unparteiische" Presse schreit: „wir wollen keine parteiischen Friedensrichter; der Senat wird Verstand genug besitzen, die Empfehlung dieser Beiden zu verwerfen."

So schwindelt man den Dummen vor, daß der Richterstand hierzulande ein unparteiischer ist, und daß es hier keine Klassen giebt; — im nächsten Augenblick lassen sich dieselben Schwindler aber zum bittersten Klassenhaß fortreißen und verrathen sich selber. Unter unparteiischer Justizpflege versteh'n diese Leutchen ihre Klassenjustiz, ebenso wie sie unter Freiheit ihre Freiheit versteh'n. In Boston schleuderte vor einigen Wochen ein streikender Straßenbahnkutscher einen Stein nach einer Car, welche von Scabs bedient wurde. Der Stein traf nicht, aber der Werfer wurde verhaftet und — obgleich der Milderungsgrund vorlag, daß er zur Zeit betrunken gewesen — zu einem Jahr Zuchthaus verurtheilt. Ein nichtstreikender, gewöhnlicher Mensch wäre für dieselbe That im höchsten Fall um $5.00 bestraft worden.

Das ist keine Klassenjustiz, schöner Harry (Rubens, Advokat und Er-Sozialist) he?

Vor dem versoffenen „Richter" und Gambler Meech, der sich von professionellen Einbrechern goldene Uhren schenken läßt, stand vor 3 Wochen ein junger Mann, ein Streiker, dem beim Herausziehen seines Taschentuches einige kleine Boycottkarten aus der Tasche gefallen waren. Er wurde ohne jedweden Beweis wegen Vertheilung von Circularen auf der Straße zur höchsten Strafe verurtheilt. Es genügte der Umstand, daß er ein unzufriedener Arbeiter war.

Das ist keine Klassenjustiz, schöner Harry, he?

Der Finne Jakobson wurde gehenkt, weil er seinen „Boß", der ihn um den verdienten Lohn betrügen wollte, erschoß; der „Boß" Bruschke schoß aus purem Frevelmuth zwei Arbeiter nieder und wurde nicht einmal angeklagt.

Bewahre: Hier gibts keine Klassenjustiz, schöner Harry!

Richter Anthony schickt einen Matrosen, der in seiner Besoffenheit einen Ueberrock gestohlen hat, auf zwei Jahre nach Joliet, und läßt einen Mann, der $2500 unterschlagen hat, mit einem schwachen Verweis frei ausgehn, weil er der Sohn reicher und respektabler Eltern ist.

Nein, der schöne Harry hat Recht, hier gibt's keine Klassenjustiz!

Ein armes Dienstmädchen wird verdächtigt, seiner Herrschaft einen Servietten Ring entwendet zu haben. Sie wird in die Folterkammer des Herrn Shea geschleppt, dort den professionellen Louis ausgestellt und — wenn sie gefällt, von diesen „erstanden", wenn nicht, wird sie in der Countyjail untergebracht, um dann vielleicht nach einigen Monaten wieder in Freiheit gesetzt zu werden. Die „Boodler" stehlen 2 Millionen aus dem öffentlichen Schatz. Sie werden von einer Grandjury in Anklagezustand versetzt — nicht als Diebe, sondern als harmlose Verschwörer. Aber der Sheriff weigert sich, die Herren zu verhaften; er läßt ihnen höflich mittheilen, gelegentlich doch 'mal vorzusprechen und Bürgschaft zu leisten. Dann entschuldigt er sich ebenso höflich, die Herrschaften belästigt zu haben.

Klassenjustiz in diesem Lande — ? Unsinn, schöner Harry! Unsinn! Die Sozialisten sind Schlechtschwätzer!

Acht Männer werden zum Tode verurtheilt, weil sie Reden für Einführung der Achtstunden-Arbeit hielten, derweilen die Reichen ihre Miethlinge auf die Arbeiter hetzen und sie im Namen des Gesetzes mit Schmähungen, Revolvern und Knüppeln traktiren.

Das ist der deutlichste Beweis, daß es hierzulande keine Klassenjustiz gibt. Der schöne Harry hat Recht, mag Goldsmith auch hundertmal gesagt haben — „Das Gesetz beherrscht die Armen, und die Reichen beherrschen des Gesetz!"

*   *   *

19 Juni, 1887.

Wenn sich irgend ein Volk durch Heuchelei vor anderen Völkern auszeichnet, dann ist dies das englische, ganz besonders aber dessen amerikanischer Bastard.

In zwei Wochen ist der „Fortoftschulei." Der Leser weiß, daß der vierte Juli der denkwürdige Tag ist, an dem im Jahre 1776 die in Philadelphia versammelten Vertreter der amerikanischen Colonien die Unabhängigkeits-Erklärung erließen und damit die Grundlage der Republik legten. Es war kein geringes Wagniß: Jeder, der das rebellische Schriftstück unterzeichnete, unterzeichnete sein eigenes Todesurtheil, das Todesurtheil des Hochverräthers, im Falle die Revolution gegen die bestehende Colonial-Regierung und das mächtige England mißglücken würde...... Der vierte Juli wurde später, nach dem siegreichen Verlauf der Revolution, zum Nationalfeiertag erhoben und ist es bis auf den heutigen Tag geblieben. Obgleich wir dies als allgemein bekannt voraussetzen, haben wir es dennoch kurz angeführt, um das Ereigniß hervorzuheben, welches die Nation am 4. Juli eines jeden Jahres feiert — heuchlerisch feiert.

Und nun — worin besteht diese Heuchelei?

Der Verfasser der Unabhängigkeits-Erklärung war Thomas Jefferson. Der hiesige Freidenker, General Trumbull, hielt vor einiger Zeit einen Vortrag über diesen Mann. Er sagte:

„Man nennt Jefferson den Vater der „amerikanischen Demokratie." Das mag richtig oder falsch sein, je nachdem, was man unter der Bezeichnung versteht. Ich habe in meinem Leben manche politische Drahtzieherei gesehen und Usurpationen habgieriger Monopole, welche man mit der Berufung auf Jefferson zu rechtfertigen suchte — Dinge, gegen die sein 83jähriges Leben ein einziger, ununterbrochener Protest war...... Die Demokratie Jefferson's war nicht sowohl ein Regierungssystem, als vielmehr ein jede Regierungsform bekämpfendes politisches Prinzip...... Jefferson folgerte, daß eine Regierung nichts besitzen könne, weder Macht noch Geld, das nicht zuvor dem Volke genommen worden sei, und je weniger sie deshalb von Beiden besitze, desto mehr davon verbleibe den Bürgern und desto besser sei es. Er war nicht nur Gegner einer „starken Regierung", er wollte ebenso wenig etwas von einer beständigen Regierung wissen. Er ließ seinen Blick über die Geschichte schweifen, und überall bemerkte er die hervortretende Tendenz der Regierungen: die Freiheit der Völker zu verkürzen und sich zum Despotismus zu entwickeln. Jede Regierung war ihm verdächtig, und deshalb befürwortete er nicht nur öfteren Wechsel der Präsidenten, Richter und Gesetzgeber, sondern auch der Constitution. Keine Constitution, meinte er, solle länger als 34 Jahre bestehen, und jede Generation müsse sich eine neue machen. Er konnte die Regierungsidee von dem Begriff der rohen Gewalt nicht trennen; er hielt die Ausübung von Tyrannei für den natürlichen Instinkt der Macht. Einmal sagte er: „Ich bin überzeugt, daß jene Völker, welche ohne Regierung leben, in ihrer Gesammtheit sich eines unendlich höheren Grades von Glück erfreuen, als diejenigen, welche unter europäischen Regierungen leben."

Die von Shay in Massachusetts inscenirte Revolution gegen jedwede Regierung entschuldigte er, ja mehr, er ging soweit, gelegentliche Rebellionen, ob Grund dafür vorhanden sei oder nicht, als ein gesundes politisches Erfrischungsmittel ganz offen zu befürworten. Er sagte: „Gott verhüte, daß wir jemals 20 Jahre ohne eine Rebellion bleiben! Welches Land kann seine Freiheit bewahren, wenn seine Herrscher nicht von Zeit zu Zeit gewarnt werden, daß das Volk noch Widerstandsgeist besitzt? Laßt sie Waffen ergreifen. Was will der Verlust von einigen Menschenleben heißen? Der Freiheitsbaum muß von Zeit zu Zeit mit dem Blut von Patrioten und Tyrannen erfrischt werden: es ist sein natürlicher Dünger."

Nach Anführung einer Anzahl interessanter Begebnisse aus dem Leben Jefferson's, welche uns den Denker und Idealisten lieb gewinnen lassen, fuhr General Trumbull — ein sehr conservativer Mann, beiläufig bemerkt — wie folgt fort:

„In Religionssachen war Jefferson Freidenker, in Sozialphilosophie Individualist, in Politik war er Demokrat und seine politischen Anschauungen nannte man Anarchismus......Die Föderalisten warnten das Volk vor Jefferson; er wolle die Anarchie etabliren und in jedem Ort eine Guillotine errichten (grad' wie heut'!), sagte sie. Jefferson stellte die Dunkelmänner, deren Absicht es war, die junge Republik zu meucheln, bloß, und errang einen durchschlagenden Erfolg."

*   *   *

Es mögen die obigen Auszüge aus dem Trumbull'schen Vortrag zur Charakteristik des Mannes genügen, der an der Spitze der Revolution stand, welcher diese Republik ihr Entstehen verdankt. Jefferson war der intellektuelle Urheber und Leiter jener Revolution und der gewaltige Geist, der dem neugeschaffenen Staatengebilde durch die Proklamirung der Menschenrechte den Lebenshauch einblies.

Und diesen Mann feiert unsere Generation?

Unsere Generation, die die Menschenrechte abgeschafft hat und nur noch Eigenthumsrechte kennt, feiert den Tag der Unabhängigkeits-Erklärung?

Jawohl. Politische Vertrauensschwindler, plumpe Kümmelblättchen=
Männer, Usurpatoren, Pfaffen, Rechtsfälscher, Freiheitswürger, feige Deserteure,
verächtliche Spione, wollüstige Faulenzer, habgierige Halsabschneider, Wucherer,
aufgeblähte Goldfrösche, „friedliebende" Spießer, seichte Laffen und Anarchisten=
Henker — Alles schwimmt in „Patriotismus", knallt Feuerwerk ab, hißt das
Sternen=Banner auf, lauscht schwulstigen Freiheitspauken und jubelt und johlt —
Alles zu Ehren des „Fortoftschulei"!

Ist denn das Hohn? Die Bekenner des von dem Anarchisten Jefferson ver=
kündigten Evangeliums wirft man als Verbrecher in die Kerker, schleppt sie auf's
Schaffot, ächtet und schmält sie, indessen man die Erinnerung an Jenen durch fest=
liche Demonstrationen feiert? Hohn? Nein, Heuchelei — nichtswürdige, wider=
wärtige Heuchelei ist es!

Es war Marat, der einst sagte:„ Regierungen bedienen sich allerhand
Possenspiele, um das Volk zu unterhalten, zu täuschen und zu betrügen, damit
es nicht zum Bewußtsein „seiner selbst gelangen möge." Zu einem solchen Pos=
senspiel ist die „Fortoffschulei"=Feier in unserer Zeit herabgesunken. Denn
lebte Thomas Jefferson heute, dann würde derselbe Mob, der den Todten feiert,
wüthen, toben und schreien — „Hängt den Mörder! In diesem freiem Lande
ist kein Platz für die ausländischen Mordbrenner=Lehren des blutgierigen Ha=
lunken!"

*　　*　　*

Und dieses Jahr beabsichtigt die organisirte und unorganisirte Heuchelei nun
gar, aus der Feier des vierten Juli eine große Protest=Affaire zu machen. Pro=
testiren will der Amerikanismus — auf Deutsch: die Heuchelei — gegen die Be=
kenner der Jeffersonischen Weltanschauung, gegen die Idee der Unabhängigkeitser=
klärung, gegen den Anarchismus!

Ist das nicht grotesk? Don Rodrigo Powderly, der putzige Cid, hat an seine
Vasallen die Forderung ergehen lassen, den vierten Juli im Sinne der Freiheits=
würger, und als gehorsame Unterthanen der Meuchelmörder der Republik zu
feiern!

Wir bringen aus diesem Grunde obige Aussprüche der Verfassers der Unab=
hängigkeitserklärung zur Kenntniß unserer Leser und hoffen, daß sie das An=
denken des großen Mannes in würdiger Weise ehren werden. Wir hoffen, daß
sie den heuchlerischen Gaunern, welche den Anarchisten Jefferson zu einem s t a a t s=
r e t t e r i s c h e n Freiheits=Verräther und professionellen Patrioten zu machen,
bestrebt sind, dessen eigene Worte unter die Nase schieben und die ehrlosen Schwind=
ler entlarven werden.

Wir setzen uns durch die Veröffentlichung jener Aussprüche der größten
Gefahr aus. Unter den Bestimmungen des Merritt=Gesetzes, welches nunmehr
vom Gouverneur unterzeichnet ist, genügen jene Citate, um uns in's Zuchthaus

oder an den Galgen zu bringen. Aber es soll von uns nicht heißen, daß wir je aus Furcht geschwiegen hätten, wo Reden Pflicht war. Und daß die Lehren des Gründers unserer Republik heute als Verbrechen gelten und bestraft werden, darin allein liegt eine so überwältigende Ironie, daß man ihretwegen schon etwas wagen muß.

Die letzten Stunden.

Wie vorauszusehen, waren weder der „Arm der Gerechtigkeit", noch das Flehen von Tausenden, der Protest von Hunderttausenden, mächtig genug, den kapitalistischen Verschwörern ihre Opfer zu entreißen. Das Staats=Obergericht war der "Citizens' Association" gefällig, bestätigte das Urtheil erster Instanz und setzte den Tag der Hinrichtung auf dem 11. November, 1887, fest. Das Bundes=Obergericht, das ja bekanntlich stets im Interesse der Kapitalisten „unparteiisch" handelt, wies ein an dasselbe gestelltes Gesuch, sich mit dem Pro= zeß zu befassen, einfach ab und der Gouverneur des Staates Illinois, beschwich= tigte sein „Gewissen" damit, den Winken des Dioskuren=Paares Grinnell und Gary gemäß, Schwab und Fielden zu lebenslänglicher Zuchthausstrafe zu begnad= igen und die Anderen ihrem Schicksal zu überlassen. (Neebe war bekanntlich schon einige Wochen früher heimlich nach Joliet abgeführt worden.)

Daß dies so kommen werde, wenn das arbeitende Volk nicht mit andern Mitteln, als Bitten und Proteste, gegen den geplanten Justizmord auftreten würde, darüber waren sich Spies und Genossen klar. Aber dies ließ diesen, gleich den andern Opfern der Klassenjustiz, kalt. An dem, dem Tage der Ermordung vorangehenden Samstag, als es den Freunden der „Achte" zum letztenmal erlaubt war, diese zu sehen und zu sprechen, war Spies bei guter Laune und gefaßt, wie er das stets während seiner langwierigen Haft gewesen war. Er unterhielt sich mit den anwesenden Verwandten und Bekannten, in ernster und scherzhafter Weise, und hatte für die, nicht gerade sehr feinfühlenden, wenn auch wohlmeinenden Trostspender und Hoffnungsmeier, nur ein feines, satyrisches Lächeln......„Ich bin herzlich froh, daß die Geschichte zu Ende geht, das Possen= spiel ekelt mich an," sagte er bei'm Abschiednehmen zu einem Freund.

Aus Gründen, die hier nicht angeführt werden können, ließ sich Spies her= bei, mit Fielden und Schwab einen „Appell um Gerechtigkeit" an den Gouverneur zu unterzeichnen, richtete aber noch am selben Tage ein Schreiben an genannten Beamten, in welchem er sein Leben zur Rettung seiner Kameraden offerirte. Das Schreiben lautet in der Uebersetzung wie folgt:

„An den Gouverneur Oglesby.

Werther Herr!

Die Thatsache, daß Einige von uns an Sie um Gerechtigkeit (unter dem Begnadigungs-Vorrecht) appellirten, während Andere sich weigerten, dies zu thun, sollte bei Entscheidung unseres Falles nicht in Betracht gezogen werden. Einige meiner Freunde haben Sie um absoluten Pardon ersucht, da sie das große Unrecht, welches ihnen angethan worden, so intensiv fühlen, daß sie die Idee der Begnadigung nicht mit dem Bewußtsein ihrer Unschuld vereinigen können. Die Anderen (darunter auch ich) haben zwar dasselbe Gefühl, sind aber vielleicht eher im Stande, die Sache ruhiger, leidenschaftsloser zu beurtheilen; Sie vergessen nicht, daß es, durch systematisches Lügen, Verdrehen und Beschimpfen, der Presse gelungen ist, unter einem großen Theile der Bevölkerung ein bitteres Gefühl des Hasses hervorzurufen, das von einem Manne, und sei er noch so mächtig, muthig und gerecht, kaum überwunden werden kann. Dies Gefühl zu besiegen wäre wohl eine psychologische Unmöglichkeit, und um Eure Excellenz nicht in die Lage zu bringen, zwischen blindem Fanatismus einer schlecht unterrichteten Menge auf der einen, und der Gerechtigkeit auf der andern Seite entscheiden zu müssen, haben wir beschlossen, unsern Fall Ihnen bedingungslos zu unterbreiten.

Ich flehe Sie an, bei der Entscheidung unseres Schicksals diesen Zwiespalt der Handlungen nicht auf Ihr Gemüth einwirken zu lassen. Während unseres Prozesses hat der Ankläger klar und offen gezeigt, daß er bereit ist, meine Mit-Angeklagten mit leichten Strafen entkommen zu lassen, wenn nur ich geschlachtet werde. Es schien mir und vielen Anderen, daß der Ankläger mit einem, und zwar meinem Leben, zufrieden sein würde. Grinnell hat dies in seiner Argumentation auch ganz deutlich und offen gesagt. Ich beabsichtige hiermit nicht, meine Unschuld an irgend einem Verbrechen, und speziell an dem, dessen ich beschuldigt bin, zu beweisen, ich überlasse dies getrost der Geschichte; aber an Sie möchte ich mich als der angebliche „Haupt-Verschwörer" (das Faktum, daß ich überhaupt nie irgend welcher Verschwörung angehört habe, lasse ich ganz aus dem Spiel) wenden, und Sie fragen: wenn Menschenleben geopfert werden muß, genügt dann das meine nicht? Der Staats-Anwalt von Cook County hat nicht mehr verlangt. Nehmen Sie es denn; nehmen Sie mein Leben! Ich offerire es Ihnen, damit Sie die Wuth eines halbbarbarischen Pöbels befriedigen und das Leben meiner Kameraden retten können! Ich weiß, daß jeder einzelne meiner Kameraden ebenso, und vielleicht noch mehr, bereit ist zu sterben, als ich, und es ist nicht zu ihrer Rettung, daß ich mich dazu anbiete; sondern im Namen des Fortschritts und im Interesse, wenn möglich, einer friedlichen Lösung der sozialen Frage, die berufen ist, die Menschheit auf eine höhere Stufe der Civilisation zu bringen, thue ich dies. Im Namen der Ueberlieferungen unseres Landes bitte ich

Sie, einen siebenfachen Mord an Männern, deren einziges Verbrechen darin besteht, daß sie Idealisten sind, daß sie für eine bessere Zukunft für Alle wirkten,
zu verhindern.

Wenn ein gesetzlicher Mord begangen werden muß, dann
lassen Sie es an einem, an meinem Leben, genügen!

A. Spies."

Selbstverständlich berücksichtigte Gouverneur Oglesby dieses Schreiben nicht;
derselbe ist ein treuer Diener der herrschenden Geldsäcke, und deren Blutdurst war
so groß, daß er unmöglich durch die Hinschlachtung eines Menschenlebens gestillt werden konnte, es mußten deren wenigstens fünf sein!—

Der für die Erwürgung festgesetzte Tag rückte näher und näher. Die den
Gefangenen bislang gewährten geringen Privilegien wurden denselben entzogen
und der angebliche, am Vormittag des 6. November's in Lingg's Zelle
gemachte „Bombenfund," wurde als Vorwand benutzt, unsere Freunde gänzlich zu
isoliren. Den Gesinnungsgenossen, welche gekommen waren, den Braven ein
Wort der Ermuthigung, ein letztes Lebewohl zu sagen, wurde der Zutritt zu dem
Gefängniß verweigert. Noch schlimmer erging es den Familien „unserer Sieben"
(Neebe saß zur Zeit bekanntlich schon im Zuchthaus). Denselben wurde zwar
am Sonntag Zulaß zum Gefängniß gewährt, jedoch nicht erlaubt, ihre Lieben zu
sehen. Außerdem wurden die unglücklichen Frauen seitens des Henkers Matson
in roher, flegelhafter Weise behandelt und ihnen das Gebäude verwiesen. Aber
trotz gänzlicher Abgeschlossenheit von der Welt, — ihren Familien und Freunden,
blieb der Muth unserer Helden ungebrochen.

Spies vertrieb sich die Zeit mit Lesen, Briefschreiben und literarischer Arbeit,
oder führte mit der „Todtenwache" ein Gespräch über sozial-politische Fragen.
Kein Zeichen des Mißbehagens, der Furcht, der Entmuthigung! Verlassen
von seinen Freunden, Anhängern und den Tausenden von Arbeitern, für deren Besserstellung er seit Jahren gearbeitet, gekämpft und
geopfert hatte, stand er allein da, ein Fels im tosenden Meere der Leidenschaft, des
Hasses, der Furcht — und blickte kühn und voll Verachtung seinen Mördern und
deren willigen Werkzeugen in's Auge! Und gleich ihm die andern „Galgen-
Candidaten" — Parsons, Fischer, Engel, Lingg!

Die Nachricht, daß Gouverneur Oglesby sich geweigert habe, den Opfern einer
barbarischen Klassenjustiz gegenüber Gerechtigkeit, oder auch nur Milde walten
zu lassen, nahm Spies — gleich den Andern — mit stoischem Gleichmuth auf.

Einen Pfaffen, der ihm Donnerstag Abend einen Besuch abstattete und den
Versuch machte, den trotzigen Ketzer zu beugen, wies er mit den Worten ab: „Ich
bedarf Ihrer nicht. Gehen Sie zu Jenen, die mit Sünden
beladen sind."

Um 7 Uhr Abends wurde er nach dem Bibliothekzimmer geführt. Kurze
Zeit darauf trat seine alte Mutter ein, um von ihrem braven, edlen Sohn, dem
Liebling ihres Herzens, dem Stolz ihres Daseins, Abschied auf ewig zu nehmen!
Es war eine herzzerreißende, unvergeßliche Scene. Schluchzend, bebend, umarmte
sie den dem Tode geweihten Sohn und rief voll bitteren Schmerzens aus: „Mein
Sohn, mein Liebling, muß ich Dich denn so verlieren?!"
Liebreich, schonend, tröstete der Sohn die Mutter. Er preßte Kuß auf Kuß auf
die zitternden Lippen der weinenden, gramgebeugten Frau. Plötzlich entwand er
sich der Umarmung der so theuren Mutter und sagte mit milder, aber fester
Stimme: „Mutter, es ist Zeit daß wir uns trennen." Eine letzte Umarmung,
ein letzter Kuß — — und die Mutter wankte blutenden Herzens davon, ihren
edlen, stolzen Sohn, in den Krallen des Henkers zurücklassend...... Nachdem die
Mutter geschieden, kam Nina van Zandt an die Reihe, um von dem Auserwählten
ihres Herzens Abschied zu nehmen auf immer. —

Die letzte Nacht verlief ruhig. Selbst das Geräusch, welches das Zimmern
des Galgens verursachte, brachte unsere Freunde nicht aus dem Gleichgewicht der
Seele. Auch die Mittheilung, daß es, entgegen dem sonst üblichen Brauch, ihnen
nicht erlaubt sein werde, vom Schaffot aus Reden zu halten, ließ sie kalt.
Kannten sie doch ihre Gegner — deren Feigheit, Grausamkeit, Niedertracht!

Als Spies gegen Mitternacht gefragt wurde, ob er nicht schwach fühle, griff
er lächelnd zu einem vor ihm liegenden Band von „Marc. Cook's Gedichte" und
las mit ruhiger, ausdrucksvoller Stimme, die folgenden Verse vor:

"This hand is a steady
As when, in the old days,
It plucked the a ready
Ripe fruit from life's tree —
The apples that weighted the boughs in the gold days,
When blazed the great sun of promise for me.

"Yes, perfectly steady,
With no trace of trembling;
Though all is now ready,
The dainty glass here,
Pray observe there is nothing remotely resembling
The outward expression of commonplace fear.

"Yet, I stand on the threshold
Of the realmless hereafter,
Too late to take fresh hold
On hope or on life.
Nevermore on my ear shall sound the glad laughter
Of children still eager and hot for the strife.

"For here in this wine-glass,
This colorlos liquor —
This rare, this devine glass —
The power I've caught
To send the soul on to its destiny quicker
. Then speeds the intangible essence of thought.

"And see, now, how steady
The glass is uplifted!
'Tis drained! And already
I'm gasping for breath.
Out of the icy black waters I've drifted —
Out on the fathomless ocean called death."

Hierauf unterhielt er sich bis gegen 2 Uhr Morgens mit seinen Wächtern, begab sich dann in's Bett und schlief, wie seine drei Gefährten (Lingg hatte bekanntlich Tags zuvor durch Selbstentleibung den Henkern ein Schnippchen ge= schlagen) ruhig und gesund bis gegen 7 Uhr Morgens.

Zur angegebenen Zeit erhob er sich, wusch sich und aß mit gutem Appetit sein Frühstück. Hierauf schrieb er Abschiedsbriefe an Mutter und Schwester und Gattin. Ihm vom Gefängnißarzt angebotene Stimulanzen wies er lächelnd zurück. Einen gegen 10 Uhr von Herrn Wm. W. Salter empfangenen Brief beantwortete er wie folgt:

„Mr. Salter! Empfangen Sie meinen Dank für Ihre freundliche Theil= nahme an unserem Schicksale. O nein! Ich bin durchaus nicht rachsüchtig. Mein Fehler liegt nicht in dieser Richtung. Ich bin zu empfindlich, zu gefühlvoll — das ist mein Fehler. Ich fühle ähnlich wie John Huß, als er sagte: "O sancta simplicitas!" („O heilige Einfalt!") Leben Sie wohl!

A. Spies."

Später erschien Sheriff Matson und verlas den „Hinrichtungsbefehl." Spies lächelte und setzte die Conversation mit seinem Wächter fort, welche durch das Erscheinen des Oberhenkers unterbrochen worden war.

Um 11 Uhr schickten sich des Letzteren Knechte an, die vier Opfer für den letzten Gang „vorzubereiten"......Nachdem ihnen die Hände gefesselt und die „Todtenhemden" angezogen waren, wurden sie in den nördlichen Corridor, wo der Galgen errichtet war, geführt.

Lautlose Stille herrschte.

Durch die Fenster fielen die Sonnenstrahlen auf die Häupter der Märtyrer — ein letzter Gruß aus lichten Höhen!

Um 11:50 stiegen unsere Genossen die Stufen zum Galgen empor. Nicht ein einziger ihrer Freunde war zugegen. Der Oberhenker Matson hatte sich ent= schieden geweigert, einem Vertreter des arbeitenden Volkes die Erlaubniß zu er= theilen, der Erwürgung beizuwohnen.

Mit festem Tritt stellte sich Spies unter die erste Schlinge, dann kam
Fischer, dann Engel und zuletzt Parsons. Hinter jedem derselben stand ein
Deputy, der ihnen die Schlinge um den Hals legte. Fischer und Engel warfen
einen lächelnden Blick auf die Umstehenden. Spies und Parsons standen ruhig
und gefaßt da. Nicht eine Muskel bewegte sich, als der kalte Strick um den Hals
gelegt wurde. Parsons sagte hierbei: „Die Schlinge ist zu fest!" Als man
ihnen die Kappe über den Kopf zog, neigte sich Fischer zu Spies und lispelte ihm
etwas in's Ohr, während Engel lächelnd dem hinter ihm stehenden Deputy "Good
Bye" sagte.

Da erscholl Spies' kräftige Stimme: „Die Zeit wird kommen,
wenn unser Schweigen mächtiger sein wird, als die Stim=
men, welche Sie heute erdrosseln!"

Fischer rief: „Hurrah für Anarchie!"

Engel: „Hurrah für Anarchie!"

Fischer: „Dies ist der glücklichste Moment meines Lebens!"

Parsons: Wird es mir erlaubt sein, Männer Amerika's,
zu sprechen? Lassen Sie mich sprechen Sheriff Matson!
Vernehmt die Stimme des Volkes! O — — —"

Ein Krach, ein Fall und — der Mord war geschehen!

Keiner hatte beim Fallen das Genick gebrochen. Langsam, „kunstgerecht"
wurden sie zu Tode strangulirt. Man wollte sie die starke Hand des Gesetzes
recht empfindlich fühlen lassen......

Amerika hatte fünf seiner besten Söhne verloren — die Republik hatte fünf
Freiheitskämpfer erwürgt — im Namen von Gesetz und Ordnung, hatte man
den Versuch gemacht, die Anarchie — Freiheit, Ordnung und Humanität — zu
erdrosseln.

Die gefürchteten Führer des Volkes, die treuesten Freunde der Armen, waren
gemordet — todt! Die Wucherer, die Ausbeuter, die politischen, religiösen und
Preß=Pfaffen, jubilirten!

Und das arbeitende Volk, die Freunde der Ermordeten? — — das hatte sich
noch nicht erholt von der Ueberraschung — „daß solche Dinge in einer Republik
geschehen können......."

O Volk, o Volk, wann wirst Du zur Erkenntniß Deiner Macht gelangen?!

„Die Anarchie ist todt!" brüllte am Abend des 11. November's das sieges=
tolle Ausbeuterpack.

„Ich war, ich bin, ich werde sein!" durchbrauste es die Herzen aller freien
Menschen — — und mit majestätischer Ruhe zog der ewige, unbezwingliche Geist
des Fortschritts seine Bahnen weiter......

Am folgenden Sonntag, den 13. Nov., fand die Beisetzung der Gemordeten
auf dem Friedhof „Waldheim" statt. Wohl an die hunderttausend Menschen

nahmen an der Leichenfeier theil. Sie alle waren überzeugt von der Ungeheuer-
lichkeit des geschehenen Mordes. Sie trauerten, weinten, und fluchten der
Mörder!

Warum zogen diese Hunderttausend nicht zwei Tage
früher nach dem Ort der Schandthat, um den Mord zu verhindern, ihre Freunde zu retten?! — — —

Was half die Trauer und die Entrüstung den Todten?

Unsere Freunde wurden zum Galgen geschleppt und strangulirt, weil sie der
Freiheit treueste Wächter, der Menschheit beste Freunde, des arbeitenden Volkes
muthigste Vorkämpfer waren.

Und das Volk ließ den Mord geschehen, ließ seine Feinde Racheorgien feiern,
am hellen, lichten Tage!

O Volk, Du bist zwar gut; aber ein großer Thor! —

————————

Anhang.

Die letzten Briefe.

„11. Nov. '87, Morgens 9 Uhr.

Liebe Mutter und Gretchen!

Eine einzige Bitte habe ich an Euch: seid ruhig und gefaßt! Seht, mir wird es desto leichter, wenn ich weiß, daß ihr meinen Mördern die Gelegenheit nicht gebt, Euch schwach zu sehen......Meine Sachen — Bücher, Kleidungsstücke u. s. w., laßt später abholen. Herr Folz wird Euch die Sachen übergeben. Die Bücher können als Familien=Stücke unter die Geschwister vertheilt werden. Einige der Bücher gehören der Nina. Sollte Nina irgend ein Andenken wünschen, dann laßt sie sich, was sie wünscht, aussuchen. Im Uebrigen lebt wohl; laßt Euch nicht vom Kummer übermannen — denkt, daß es leicht ist, für die Sache der Menschheit zu sterben. Nicht Jedem ist diese Auszeichnung gewährt.

Lebt wohl, Ihr Lieben, —

August.“

„11. Nov. '87, Morgens 9 Uhr.

Mein geliebtes Weib!

Die Stunde ist gekommen. Sei stark; zeige keine Schwäche. Es ist für mich keine schwere Aufgabe, für die Sache der Menschheit zu sterben......Halte Dich tapfer, und lebe um Deinen Gatten — nicht gerächt, sondern dessen schändliche Ermordung von jener blinden, unwissenden Masse, für deren Heil er starb, verstanden und beklagt zu sehen. Lebe, um die Sache der Humanität und des Fortschritts triumphiren zu sehen über die Tyrannei und die Verschwörung der Reichen gegen das Volk.

Meine letzten Gedanken gehören Dir, mein Lieb' — meine letzten Wünsche sind für Dich......

Lebe wohl!

August.“

Fragment.

„...... Es bedarf keines weiteren Beweises, daß wir des Verbrechens, dessen die Gegner uns zeihen, nicht schuldig sind. Es wird allgemein zugestanden, daß wir deshalb bestraft werden müßten, weil wir gefährliche Menschen seien. Deshalb der Haß des großen Publikums, dessen Opfer wir sind. Wir sind nicht die ersten Opfer des öffentlichen Verurtheils und Hasses, noch werden wir die letzten sein...... Mit nur einer Ausnahme waren wir Alle zwischen acht und zwanzig Jahre hier ansäßig; einige von uns sind weit und breit bekannt, Andere weniger. Ist auch nur das Geringste gegen unseren Charakter vorzubringen? Haben wir je aus unseren Nebenmenschen Vortheil gezogen? Waren wir unehrlich, streitsüchtig oder sonst übelwollend? Ist es nicht eine Thatsache, daß diejenigen, welche seit Jahren mit uns bekannt sind, sich lobend über uns aussprechen, obgleich sie unseren prinzipiellen Ansichten feindlich gesinnt sind? „Ah! aber diese Ansichten sind eine Gefahr für die Gesellschaft", wirft ein Leser ein, und fährt fort:

„Schämen Sie sich nicht, sich mit Angelegenheiten zu befassen, die Sie möglicher Weise an den Galgen bringen können?" Hierauf antworten wir: „Sie reden nicht brav, werther Freund, wenn Sie bei der Entscheidung über Recht oder Unrecht — Gefahr, Tod oder Leben, oder sonst Etwas, in Erwägung ziehen. Der rechtliche Mann zieht bei seinen Reden und Handlungen weder Belohnung noch Strafe in Betracht. Er redet und handelt so, wie es nach seinem besten Wissen und Urtheil recht zu sein scheint. Nach Ihrer Ansicht wären unsere revolutionären Vorfahren schamlose Schufte gewesen, weil sie gegen Großbritanien rebellirten, denn sie waren sich doch sicher der Gefahr bewußt, der sie sich dadurch aussetzten. Aber darum kümmerten sich dieselben nicht; sie waren von der Gerechtigkeit ihrer Sache überzeugt und handelten demgemäß. Es war dieselbe Sache mit den Soldaten im letzten Bürgerkrieg. Es ist dieselbe Sache, wenn ein Mann sein eigenes Leben riskirt, um das eines Nebenmenschen zu retten! Der Mensch muß Recht thun um des Rechtes willen und nicht irgend einer Belohnung zu Liebe......"

Sympathie- und Beileids- Beschlüsse der Central Labor Union von Chicago.

An die Genossen Parsons, Lingg, Spies, Engel, Schwab, Neebe, Fielden und Fischer;

Cook County Jail, Chicago, Jll.

Werthgeschätzte Kameraden!

Aus innerster Ueberzeugung und im Auftrage der Central Labor Union, erledige ich mich hiermit des mir durch einen Beschluß derselben zu Theil gewordenen Auftrages, der darin besteht, Euch, Freunde, ohne alle Phrasen und Sentimenta-

lität, wie es sich auch den Verhältnissen gemäß geziemt, die Achtung und Anerkennung dieser Organisation auszusprechen, für die Haltung, die Ihr während der
ganzen Zeit des Prozesses bewahrt habt.

Die Meinungsverschiedenheiten, die sich in letzter Zeit bei Euch nach der einen
oder anderen Seite hin bemerkbar machen, können bei uns nicht in Frage kommen,
da wir als Anhänger einer Idee, die einem Jeden die größtmöglichste persönliche
Freiheit garantirt, uns für nicht berechtigt halten, die Handlungsweise des Einen
oder Anderen zu kritisiren; als Männer, die Ihr seid, und als welche Ihr Euch
stets bewährt habt, seid Ihr nur Euch selbst Rechenschaft schuldig.

Mag diese Justiz-Comödie einen Ausgang nehmen, wie sie will, dafür garantirt die Central Labor Union, daß sie Alles thun wird, um zu verhindern, — daß
die Familien, deren Häupter für die größte, erhabendste und edelste Sache — die
Emancipation der enterbten Klasse und für die Wiedergeburt wahrer Menschlichkeit — gekämpft haben und gefallen sind, oder hinter Kerkermauern lebendig begraben wurden, dem Elende preisgegeben werden. Wir werden Alles thun, was
in unseren Kräften steht, auf daß Eure Kinder das richtige Verständniß bekommen von der Tragweite des Schrittes, den die heutige Gesellschaft augenblicklich
zu unternehmen bereit ist; sie sollen lernen, mit Stolz ihrer Väter zu gedenken,
die ihnen entrissen wurden durch eine barbarische, heuchlerische „Gerechtigkeits"-
Düftelei weil sie die unterdrückte Menschheit mehr liebten wie sich selbst; sie sollen
lernen, daß es ihre Pflicht ist, für die Lehren ihrer Väter einzutreten und eifrige
Apostel derselben zu werden; auch wir werden unsere Kinder in diesem Sinne er-
ziehen, und so ein Geschlecht heranbilden, das edlere Begriffe vom Leben haben
wird als das heutige, das in der Befriedigung der rohen Genußsucht alle seine
Wünsche erfüllt sieht.

Wahrlich, Freunde, man möchte sich vor Scham das Antlitz verdecken, wenn
man bedenkt, daß es möglich sein kann, daß 8 Männer wie Ihr, 18 Monate bereits hinter den Kerkermauern schmachten für eine Sache, die nur den bestehenden
sozialen Verhältnissen und dem logischen Denken entspringt, daß die große
Masse, die Arbeiter-Armee, keine größere Macht, keinen größeren Einfluß besitzt auf die heutigen Verhältnisse und daß sie nicht im Stande ist, von
den Vertretern der regierenden Klasse Eure Freilassung zu ertrotzen! — Allein,
ist es auch die Schuld der enterbten Klasse, daß sie kein richtiges Verständniß hat
von der Lage, in der sie zu leben gezwungen wird? Nein, denn die schon Jahr-
tausende während Knechtung und Entrechtung eines Theiles der menschlichen Gesellschaft erzeugte den Glauben in dem so entstandenen Proletariat, daß es gewisser-
maßen nur zur Knechtung geboren wird, daß es Jedem unterthan sein müße, der
ein besseres Kleid trägt, oder auf irgend eine Weise zu Reichthümern gelangt ist!
Wie kann es auch anders möglich sein! Wurde nicht in der Vergangenheit, wie
in der Gegenwart, jeder Apostel welcher den Armen das Menschenrecht predigte,
von den Machthabenden so schnell wie möglich für immer mundtodt gemacht?

Aber wie Alles seine Grenzen hat, so wird auch dieses scheußliche Unrecht, welches schon so lange an uns verübt wird, seine Grenze finden, und zwar um so schneller je rücksichtsloser unsere Gegner verfahren.

Sie mögen Euch morden oder lebendig begraben, für uns werdet Ihr leben; und die Nachwelt wird sicher mit Mitleid auf die Vergangenheit zurückblicken, nicht begreifend, wie man Männer Eures Charakters, auf so schändliche Weise vergewaltigen konnte.

Wir danken Euch für die Dienste, die Ihr uns, der Central Labor Union, erwiesen, indem Ihr für uns Eure Zeit geopfert habt, in der Ueberzeugung der Menschheit von Nutzen zu sein. Wir rufen Euch Allen ein herzliches Adieu zu für den Fall, daß das Verhängniß, welches Euch und wo möglich die ganze Gesellschaft bedroht, nicht durch ein vernünftiges Eingreifen der Staats-Executive abgewendet wird. — Es lebe wahre Freiheit, Gleichheit und Brüderlichkeit!

Mit Gruß und Handschlag

Euer

W. Urban,
Secretär der Central Labor Union.

Chicago, den 7. Nov. 1887.

An die

schwergeprüften Hinterbliebenen

unserer

Vorkämpfer:

August Spies, Albert R. Parsons, Louis Lingg, Adolph Fischer, George Engel.

Werthe Freundinnen und Freunde!

Wohl wissend, daß der entsetzliche Verlust, der Euch betroffen, durch Nichts in der Welt zu ersetzen ist, und die Euren Herzen geschlagenen Wunden niemals gänzlich vernarben werden, möchten wir, obwohl selbst von tiefer Trauer erfüllt, doch versuchen, Euren Schmerz einigermaßen zu lindern und Eure Sorgen um die Zukunft möglichst zu verscheuchen.

Die bei jedem denkenden, vorurtheilsfreien Menschen über allem Zweifel fest-stehende Thatsache, daß Eure Lieben, unsere heldenmüthigen Vorkämpfer, so ganz unverdienter Weise, und nur, weil sie stets für die Rechte der Unterbrückten einge-treten, ihres Lebens beraubt wurden, gibt uns und sollte auch Euch die tröstliche Gewißheit geben, daß Millionen gerecht und edel gesinnter Menschen Euren Kum-mer mitempfinden und in den „gesetzlich" Gemordeten keine Verbrecher, sondern Märtyrer einer großen Sache, Vorkämpfer einer erhabenen Idee erblicken. Die selbstverständliche Folge hiervon wird sein, daß die hohen, bisher leider noch wenig verstandenen Ideale, für welche Eure Lieben so stolz und trotzig, so heroisch in den Tod gingen, unzählige Anhänger gewinnen, und dadurch ihrer Verwirk-lichung näher gebracht werden. Ja, der Geist der von Euch und uns Betrauerten, der Geist des Fortschritts und der Wahrheit, den man mit der sterblichen Hülle glaubte vernichten zu können, er lebt fort und wird sich trotz aller Hindernisse immer mächtiger entfalten. Diese Zuversicht möge Euch aufrichten in Eurem Schmerz.

Die Geschichte nennt uns eine große Anzahl von Märtyrern, die für Wahr-heit und Recht gekämpft und gestorben; die Geschichte meldet auch, daß in den meisten Fällen die Angehörigen jener Helden mit Stolz von ihren Todten sprachen. Nun, auch Ihr, trauernde Eltern, Gattinnen, Geschwister und Kinder unserer Märtyrer, dürft mit wohlberechtigtem Stolz derselben gedenken, denn durch ihre unerschütterliche Prinzipientreue haben unsere gefallenen Helden sich die Achtung und Bewunderung aller denkenden Menschen, ja selbst ihrer erbittertsten Gegner, erworben.

Indem wir zum Schluß Euch unseres innigsten Mitgefühls versichern, geloben wir gleichzeitig, alles in unseren Kräften Stehende zu thun, um Euer künftiges Geschick so freundlich wie möglich zu gestalten.

Hochachtungsvoll,

Die Central Labor Union von Chicago,

und die darin vertretenen Organisationen:

Internationale Bierbrauer= und Mälzer=Union.
Nord= und Nordwest=Chicago Ziegelmacher=Union.
Möbelarbeiter=Union No. 1, Möbelarbeiter=Union No. 3, Pullman.
Brüderschaft der Zimmerleute und Schreiner, Union No. 54.
Brüderschaft der Zimmerleute und Schreiner, Union No. 240, Lake View.
Brüderschaft der Zimmerleute und Schreiner, Union No. 241.
Brüderschaft der Zimmerleute und Schreiner, Union No. 242.
Brüderschaft der Zimmerleute und Schreiner, Union No. 243.
Brüderschaft der Zimmerleute und Schreiner, Union No. 244.
Brüderschaft der Zimmerleute und Schreiner, Union No. 291.
Metallarbeiter=Union, Branch No. 1.
Metallarbeiter=Union, Branch No. 2.
Internationale Bäcker=Union No. 49.
Metallarbeiter=Union, Branch No. 4.
Unabhängige Bäcker=Union No. 1.
Unabhängige Bäcker=Union No. 2.
Lumber= (Bauholz) Arbeiter=Union von Chicago.
Typographia No. 9.
Gegenseitiger Drechsler=Unterstützungs=Verein.
Progressive Internationale Cigarrenmacher=Union No. 15.
Deutsche Sattler=Union.
Kutscher= und Wagenbauer=Union.
Terra Cotta=Arbeiter=Union.
Progressive Schneider=Union.
Vereinigte Handwerker=Union.
Bierfaßküfer=Union.
Biertreiber=Union von Chicago.

Rede, gehalten von A. Spies bei der Reinsdorf-Feier.

(den 8. Februar 1885.)

„Das Chicagoer Proletariat hat durch die heutige Versammlung eine vorläufige Antwort auf den Streich des preußischen Henkerbeils gegeben; eine Antwort, die an Deutlichkeit nichts zu wünschen übrig läßt.... In den verschiedenen Zeitabschnitten der Geschichte treten uns einzelne gigantische Gestalten entgegen, in denen sich all das Gute und Erhabene ihrer Zeit vereinigte und die, getrieben von unbezähmbarer, unwiderstehlicher Kraft, das Gebäude der stabilen Ordnung erschütterten, niederrissen und es in seiner eigenen Fäulniß begraben. Wohl wurden auch sie unter den stürzenden Balken und Trümmern begraben, aber phönixgleich erhob sich aus ihren todten Leibern ein allgewaltiger und mächtiger Geist, ein neuer Geist, der das begonnene Werk mit magischer Hand zu Ende führte. Solche Gestalten kann man mit Recht als die intellektuellen und moralischen Grundpfeiler neuer, werdender Gesellschafts-Ordnungen betrachten. Ein solcher Mann war auch unser Genosse Reinsdorf, dessen Andenken wir heute feiern. Er hat in die Herzen der Proletarier die Saat der Hoffnung gesäet, indem er uns ein Beispiel der selbstlosesten Hingebung, des bewunderungswürdigsten Opfermuthes und der höchsten Tapferkeit lieferte. Er war ein ganzer Mann, „jeder Zoll an ihm ein Mann.“ Kühn und unerschrocken bot er seinen Kopf dem Henkerbeil dar und mit fester Stimme, als stehe er auf der Rednerbühne und spreche zu seinen unterdrückten und enterbten Brüdern und Schwestern des Weltalls, rief er begeistert: „Nieder mit der Barbarei! Es lebe die Anarchie!“

Werde Jeder von Euch, von uns ein Reinsdorf und die „Gerechtigkeit, die da waltet“, die über Reinsdorf den Tod verhängte, die die Eingeborenen in Kamerun, wenn sie sich weigern preußische Kleider zu kaufen, todtschießen läßt, die mit Mord, Raub und Brand das freie Volk der Sudanesen in's Sklavenjoch zu spannen trachtet, die die große Volksmasse plündert und beraubt, um sie dann in Hunger und Elend zu Grunde gehen zu lassen, die das Proletariermädchen Martha Seidel verurtheilt und ihren Vergewaltiger ehrt — diese „Gerechtigkeit“ wird dann bald nicht mehr sein. Mark Antonius sagt: „Die Gerechtigkeit ist zu den wilden Thieren geflohen.“ Und so muß es wohl auch sein; ihr sonderbares Walten bürgt für die Richtigkeit. Die Mitglieder der J. A. A., die Brüder Reinsdorf's, haben die Wahrheit dieser Worte begriffen. Die Gerechtigkeit der wilden Thiere ist Macht und Gewalt. Dieser Gerechtigkeit kann man nur mit Macht und Gewalt begegnen. Die Macht ist auf Seiten der Proletarier. Reinsdorf hat uns gezeigt, sie zu benutzen. Wir können das Andenken des großen Todten nicht besser ehren, als indem wir versuchen, ihm gleich zu werden.“ (Applaus.)

Proklamation der Internationalen Arbeiter Association.

Angenommen auf dem im Jahre 1883 zu Pittsburg abgehaltenen Congreß.

An die Arbeiter der Ver. Staaten von Nord-Amerika.

Mitarbeiter:

In der Unabhängigkeits-Erklärung der Vereinigten Staaten dieses Landes heißt es:

„Wenn eine lange Reihe von Mißbräuchen und Anmaßungen ohne Unterlaß zu dem einzigen Zwecke, das Volk unter die Botmäßigkeit des Despotismus zu bringen, verfolgt worden ist, hat das Volk nicht nur das Recht, sondern auch die Pflicht, die Regierung zu stürzen und sich für seine künftige Sicherheit andere Einrichtungen zu schaffen."

Ist denn nun aber nicht der Moment gekommen, diesen Gedanken eines Thomas Jefferson — des wahren Begründers der amerikanischen Republik — zu praktiziren? Werden wir etwa nicht zu viel regiert?

Und ist etwa unsere Regierung etwas Anderes, als eine Institution der Verschwörung bevorrechteter Klassen gegen das Volk — gegen Euch?

Mitarbeiter! Höret, was wir Euch unter solchen Umständen zu sagen haben. Leset das nachstehende Manifest, welches in Eurem Interesse und zum Wohle Eurer Weiber und Kinder, für Humanität und Fortschritt von uns erlassen wurde!

Die heutige sogenannte „Ordnung" ist begründet auf Ausbeutung der Besitzlosen durch die Besitzenden.

Diese Ausbeutung besteht darin, daß die Besitzenden (Kapitalisten) die Arbeitskraft der Besitzlosen durchschnittlich um den Preis der bloßen Existenz-Unkosten (Lohn) kaufen und Alles, was durch Anwendung derselben über diesen Betrag der Neuwerthe (Produkte) geschaffen wird, für sich in Anspruch nehmen, d. h. stehlen. Da die Besitzlosen wegen ihrer Armuth gezwungen sind, ihre Arbeitskraft den Besitzenden zum Kauf anzubieten; und da die heutige Groß-Produktion es mit sich bringt, daß die technische Entwicklung mit riesiger Geschwindigkeit von Statten geht, so daß unter Anwendung von immer weniger menschlichen Arbeitskräften immer größere Waarenmengen erzeugt werden, so nimmt das Angebot von Arbeitskräften stetig zu, während die Nachfrage sich verringert. Das ist der Grund, weshalb die Arbeiter im Selbstverkauf immer stärker gegen einander konkurriren, wodurch die Löhne fort und fort sinken, mindestens aber über einen Betrag, der zur Erhaltung der Arbeitsfähigkeit absolut nothwendig ist, durchschnittlich nicht hinaus gelangen..

Während auf solche Weise den Besitzlosen jede Möglichkeit, in die Reihen der Besitzenden sich empor zu arbeiten, selbst der aufreibendsten Thätigkeit ungeachtet vollkommen abgeschnitten ist, werden die Wohlhabenden vermöge der immer stärkeren Beraubung der arbeitenden Klasse in stetig zunehmendem Maaße reicher, ohne daß sie irgendwie produktiv zu sein brauchen.

Sind aber wirklich einige ehemalige Arbeiter zu Vermögen gelangt, so haben sie das nicht ihrer eigenen Arbeit zu verdanken, sondern nur sehr zufälligen und seltenen Gelegenheiten zur Spekulation auf die Arbeit Anderer. Mit der Zunahme des individuellen Vermögens steigt die Habgier der Besitzenden. Sie konkurriren unter sich um den Raub an den Volksmassen mit allen Mitteln. In diesem Kampfe unterliegen durchschnittlich die mäßig Begüterten, wohingegen die eigentlichen Großkapitalisten ihre Reichthümer bis in's Ungeheuerliche anschwellen lassen, ganze Produktionszweige nebst Handel und Verkehr in ihren wenigen Händen konzentriren und zu Monopolisten sich entwickeln.

Die Vermehrung der Produkte bei gleichzeitiger Verringerung des Durchschnittseinkommens der arbeitenden Volksmassen führt von Zeit zu Zeit zu sogenannten Geschäfts- und Handelskrisen, welche das Elend der Besitzlosen auf die Spitze treiben. Die Statistik der Ver. Staaten von Nordamerika zeigt, daß nach Abzug des Rohmaterials, der Kapitalzinsen u. s. w., die besitzenden Klassen mehr als fünf Achtel aller Produkte für sich in Anspruch nehmen und höchstens drei Achtel derselben den Arbeitern überlassen. Da nun aber die besitzende Klasse nur sehr wenig zahlreich ist, so vermag sie ihren „Profit" durchaus nicht zu verbrauchen, und da die Arbeiter nicht mehr konsumiren können, als sie erhalten, so tritt von Zeit zu Zeit sogenannte „Ueberproduktion" ein.

Außerdem bringt es die zunehmende Ausmerzung von Arbeitskräften aus dem Produktions-Prozesse mit sich, daß ein jährlich steigender Prozentsatz der besitzlosen Bevölkerung total verarmt und dem „Verbrechen", der Vagabundage, der Prostitution, dem Selbstmord, dem Hungertode, und der mannigfaltigsten Verkommenheit in die Arme getrieben wird.

Dieses System ist ungerecht, wahnwitzig und raubmörderisch. Deshalb ist dessen vollkommene Zerstörung mit allen Mitteln und größter Energie seitens eines jeden Menschen, der darunter leidet und durch seine Unthätigkeit wider dasselbe nicht für dessen Fortbestand mitverantwortlich sein will, anzustreben. An dessen Stelle ist die wirkliche Ordnung zu setzen.

Diese kann nur dann hergestellt werden, wenn alle Arbeits-Instrumente, Grund und Boden und sonstige Bedingnisse der Produktion, kurzum das ganze durch die Arbeit erzeugte Kapital in gesellschaftliches Eigenthum verwandelt wird. Denn nur unter dieser Vorbedingung ist jede Möglichkeit zu weiterer Ausbeutung des Menschen durch den Menschen abgeschnitten. Nur vermittelst gemeinsamen unzertheilbaren Kapitales können Alle in den Stand gesetzt werden, die Früchte gemeinsamer Thätigkeit voll und ganz zu genießen. Nur bei der Unmöglichkeit, individuell (privatim) Kapital zu erwerben, ist Jeder gezwungen, zu arbeiten, wenn er einen Anspruch auf's Leben erheben will.

Weder Herrschaft noch Knechtschaft werden künftighin in der menschlichen Gesellschaft existiren.

Diese Ordnung der Dinge bringt es auch noch mit sich, daß je nach dem Bedarfe der Gesammtheit produzirt wird, und daß Keiner mehr als etliche Stunden des Tages zu arbeiten braucht, Alle aber bennoch in reichlichstem Maße alle ihre Bedürfnisse befriedigen vermögen. Damit ist auch Zeit und Gelegenheit gegeben, die denkbar höchste Bildungsmöglichkeit dem ganzen Volk zu erschließen, d. h. mit den Privilegien des Vermögens und der Geburt auch die Vorrechte höheren Wissens auszumerzen.

Der Herstellung eines solchen Systems stehen vor Allem die politischen Organisationen der kapitalistischen Klassen, — mögen sich dieselben Monarchien oder Republiken nennen — im Wege. Diese politischen Gebilde (Staaten), welche ganz und gar in den Händen der Besitzenden sich befinden, haben augenscheinlich keinen anderen Zweck, als den der Aufrechterhaltung der heutigen Ausbeutungs-Unordnung.

Die Gesetze kehren ihre Spitzen sammt und sonders gegen das arbeitende Volk. So weit das Gegentheil der Fall zu sein scheint, dienen sie einerseits dazu, den Arbeitern Sand in die Augen zu streuen, anderseits werden sie von den herrschenden Klassen einfach umgangen.

Die Schule selbst ist nur dazu da, um die Sprößlinge der Reichen mit jenen Eigenschaften auszustatten, welche nöthig sind ihre Klassenherrschaft aufrecht zu erhalten. Den Kindern der Armen wird kaum formale Elementarbildung beigebracht, diese aber des Weiteren auf Lehrgegenstände hingelenkt, welche nur den Zweck haben, Dünkel, Vorurtheile, Knechtssinn, kurzum Unverstand zu erzeugen.

Die Kirche vollends sucht die Volksmassen durch einen Hinweis auf einen erdichteten Himmel den Verlust des Paradieses auf Erden verschmerzen zu lassen. Die Presse hingegen sorgt für die Verwirrung der Geister im öffentlichen Leben.

Alle diese Institutionen, weit entfernt, der Volksaufklärung zu dienen, haben die Aufgabe, das Volk nicht zu Verstand kommen zu lassen. Sie stehen vollkommen im Solde und unter der Botmäßigkeit der kapitalistischen Klassen. Die Arbeiter haben somit von keiner anderen Seite in ihren Kämpfen gegen das bestehende System Hülfe zu erwarten. Sie müssen ihre Befreiung durch eigene Kraft erringen.

So wenig als in früheren Zeiten je eine bevorrechtete Klasse ihre Tyrannei aufgegeben hat, so wenig ist anzunehmen, daß die Kapitalisten der Neuzeit auf ihre Privilegien und ihre Herrschaft verzichten, ohne daß sie dazu gezwungen werden.

Wenn es darüber je einen Zweifel hätte geben können, so würden die Brutali=
täten, welche sich die Bourgeoisie aller Länder — in Amerika wie in Europa —
gegenwärtig fort und fort zu Schulden kommen läßt, so oft es sich irgendwo Pro=
letarier in den Sinn kommen lassen, an eine Verbesserung ihrer Lage energisch
heran zu treten, wahrlich genug Klarheit verbreitet haben.

Somit ist es nur selbstverständlich, daß der Kampf des Proletariats gegen
die Bourgeoisie einen gewaltthätig revolutionären Charakter haben muß, und
daß bloße Lohnkämpfe nicht zum Ziele führen.

Wir könnten durch zahlreiche Illustrationen zeigen, daß alle Versuche, welche
in der Vergangenheit gemacht wurden, das heutige ungeheuerliche Gesellschafts=
System durch friedliche Mittel, wie z. B. durch den Stimmkasten, zu beseit=
igen, ganz nutzlos waren und mithin auch in der Zukunft bleiben müssen, und
zwar aus folgenden Gründen: Die politischen Institutionen unserer Zeit sind
nur Machtmittel der besitzenden Klassen; deren Zweck besteht lediglich in der Auf=
rechterhaltung der Vorrechte Eurer Ausbeuter; jede Reform zu Euren Gunsten
würde diese Privilegien verkürzen; dazu können die Privilegirten nicht ihre
Zustimmung geben, denn das wäre für sie Selbstmord! Wir wissen also, daß
die herrschenden Klassen nicht freiwillig auf ihre Vorrechte verzichten und uns
keine Konzessionen machen werden. Unter allen biesen Umständen bleibt nur ein
Mittel übrig—die Gewalt.

Unsere Vorfahren (die Freiheitskämpfer von 1776—81) haben uns nicht nur
gelehrt, daß gegen Tyrannen die Gewalt gerechtfertigt und das einzige Abhülfs=
mittel ist, sondern sie haben uns in dieser Beziehung selbst ein unsterbliches Bei=
spiel gegeben. Durch Gewalt haben sich unsere Vorfahren von ihren fremden
Unterbrückern befreit, und durch Gewalt haben sich auch deren Nachfolger von der
einheimischen Unterbrückung frei zu machen.

Darum ist es Euer Recht, es ist Eure Pflicht— sagt Jefferson — Euch zu
bewaffnen!

Agitation behufs Organisation; Organisation zum Zweck der Rebellion,
darin sind in wenigen Worten die Wege gekennzeichnet, welche die Arbeiter ein=
zuschlagen haben, wenn sie ihrer Ketten ledig werden wollen. Und da die Lage
der Dinge in allen Ländern der sog. „Kultur"=Welt die gleiche ist; da ferner die
Regierungen aller Monarchien und Republiken vollkommen Hand in Hand arbeiten,
wenn es sich darum handelt, gegen die Bestrebungen des denkenden Theiles der
Arbeiter Front zu machen; da endlich auf den Sieg des arbeitenden Volkes nur
dann zuversichtlich gerechnet werden kann, wenn die Proletarier den Entscheid=
ungskampf gegen ihre Unterbrücker gleichzeitig auf der ganzen Linie der bürger=
lichen (kapitalistischen) Gesellschaft in Scene setzen, so ist die internationale Völ=
kerverbrüderung wie sie in der Internationalen Arbeiter=Association ihren Aus=
druck findet, ganz von selbst als eine Nothwendigkeit gegeben.

Unsere Platform.

Was wir erstreben ist somit einfach und klar:

1. Zerstörung der bestehenden Klassenherrschaft mit allen Mitteln, d. h., durch energisches, unerbittliches, revolutionäres und internationales Handeln.

2. Errichtung einer auf genossenschaftlicher Organisation der Produktion beruhenden freien Gesellschaft.

3. Freier Austausch der gleichwerthigen Produkte durch die produktiven Organisationen selbst und ohne Zwischenhandel und Profitmacherei.

4. Organisation des Erziehungswesens auf religionsloser, wissenschaftlicher und gleichheitlicher Basis für beide Geschlechter.

5. Vollkommene Gleichberechtigung Aller ohne Unterschied von Geschlecht und Rasse.

6. Regelung aller öffentlichen Angelegenheiten durch freie Gesellschafts=verträge der autonomen (unabhängigen) Kommunen und Genossenschaften.